创业商法教程

黄茉莉 主编

中国财经出版传媒集团
中国财政经济出版社

图书在版编目（CIP）数据

创业商法教程／黄茉莉主编．--北京：中国财政经济出版社，2021.4

ISBN 978-7-5223-0426-7

Ⅰ．①创… Ⅱ．①黄… Ⅲ．①商法－中国－高等学校－教材 Ⅳ．①D923.99

中国版本图书馆CIP数据核字（2021）第048428号

责任编辑：马 真　　　　责任印制：党 辉
封面设计：智点创意　　　责任校对：张 凡

创业商法教程
CHUANGYE SHANGFA JIAOCHENG

中国财政经济出版社 出版

URL：http://www.cfeph.cn
E-mail：cfeph@cfeph.cn

（版权所有　翻印必究）

社址：北京市海淀区阜成路甲28号　邮政编码：100142
营销中心电话：010-88191522
天猫网店：中国财政经济出版社旗舰店
网址：https://zgczjjcbs.tmall.com
北京密兴印刷有限公司印刷　各地新华书店经销
成品尺寸：185mm×260mm　16开　12印张　287 000字
2021年4月第1版　2021年4月北京第1次印刷
定价：39.00元
ISBN 978-7-5223-0426-7
（图书出现印装问题，本社负责调换，电话：010-88190548）
本社质量投诉电话：010-88190744
打击盗版举报热线：010-88191661　QQ：2242791300

前 言

当前高校创业教育如火如荼,不过其中创业法律方面的课程并没有受到充分重视,创业教育课程体系很少设置创业法律课程,大多用法律基础课程或传统商法课程代替。诚然创业过程中遇到的主要是商事法律问题,但是传统商法教材的内容体系并不完全适合创业法律需求,因此,笔者萌发了撰写一本创业法律教材的想法。

本书以商事主体准入、运行、退出、经营、融资、纠纷解决为主线,从创业活动准入、创业组织安排、创业市场竞争、创业活动开展、创业融资及争议解决等角度对创业中经常遇到的商事法律问题进行梳理,一方面选取主要的创业商事法律知识进行理论介绍,另一方面配以对应的思考练习和推荐学习资源,教师既可以在课堂授课中将这些练习内容用于案例讨论,也可以将其作为课后作业布置给学生用于复习。作为本书的主要特色,思考题的编写注重结合创业实践中出现的典型问题,问题难度较大且涉及知识点较多,有助于全面培养学生综合解决创业法律问题的能力,同时思考题辅以对创业过程中遇到的商业风险和商业问题的启发式提问,希望能更好地将创业商业问题与创业法律问题有机融合,从而促进创业法律教育的效果。

本书主要内容框架如下:第一章讲解商事主体设立与创业活动准入,内容包括商事活动的主体资格、个人独资企业设立、合伙企业设立、公司设立、商事活动准入的法律判断;第二章讲解商事主体运行与创业组织安排,内容包括个人独资企业运行、合伙企业运行、公司运行;第三章讲解商事主体退出与创业市场竞争,内容包括个人独资企业解散、合伙企业解散、公司解散、破产;第四章讲解商事主体经营与创业活动开展(一),内容包括物权、知识产权;第五章讲解商事主体经营与创业活动开展(二),内容包括合同、人力资源管理;第六章讲解商事主体经营与创业活动开展(三),内容包括产品质量和消费者保护、反垄断和反不正当竞争;第七章讲解商事主体融资及创业纠纷解决,内容包括证券法、诉讼与仲裁。

本书在编写过程中参考了多部商法教材和网络案例资源，同时也从实务部门法律工作者处获得了许多宝贵的第一手案例材料用于书中案例编写，在此一并表示感谢。因能力所限，本书肯定存在不少不足和错漏，笔者将在今后不断完善。

黄茉莉

2021 年 1 月 23 日

目 录

第一章 商事主体设立与创业活动准入 ………………………………………（ 1 ）
  第一节 商事活动的主体资格 …………………………………………（ 1 ）
  第二节 个人独资企业设立 ……………………………………………（ 2 ）
  第三节 合伙企业设立 …………………………………………………（ 3 ）
  第四节 公司设立 ………………………………………………………（ 5 ）
  第五节 商事活动准入的法律判断 ……………………………………（ 10 ）
  本章思考练习题 …………………………………………………………（ 12 ）
  本章推荐学习资料 ………………………………………………………（ 22 ）

第二章 商事主体运行与创业组织安排 ………………………………………（ 23 ）
  第一节 个人独资企业运行 ……………………………………………（ 23 ）
  第二节 合伙企业运行 …………………………………………………（ 24 ）
  第三节 公司运行 ………………………………………………………（ 27 ）
  本章思考练习题 …………………………………………………………（ 37 ）
  本章推荐学习资料 ………………………………………………………（ 38 ）

第三章 商事主体退出与创业市场竞争 ………………………………………（ 42 ）
  第一节 个人独资企业解散 ……………………………………………（ 42 ）
  第二节 合伙企业解散 …………………………………………………（ 43 ）
  第三节 公司解散 ………………………………………………………（ 44 ）
  第四节 破产 ……………………………………………………………（ 46 ）
  本章思考练习题 …………………………………………………………（ 56 ）
  本章推荐学习资料 ………………………………………………………（ 70 ）

第四章 商事主体经营与创业活动开展（一） ………………………………（ 75 ）
  第一节 物权 ……………………………………………………………（ 75 ）
  第二节 知识产权 ………………………………………………………（ 86 ）
  本章思考练习题 …………………………………………………………（ 92 ）
  本章推荐学习资料 ………………………………………………………（ 94 ）

第五章 商事主体经营与创业活动开展（二） (109)
第一节 合同 (109)
第二节 人力资源管理 (141)
本章思考练习题 (147)

第六章 商事主体经营与创业活动开展（三） (151)
第一节 产品质量和消费者保护 (151)
第二节 反垄断和反不正当竞争 (156)
本章思考练习题 (160)

第七章 商事主体融资及创业纠纷解决 (171)
第一节 证券法 (171)
第二节 诉讼与仲裁 (175)
本章思考练习题 (180)

参考文献 (184)

第一章

商事主体设立与创业活动准入

【教学目标】

本章通过商事活动准入引出创业中首先需要解决的商事主体经营合法性问题。在系统介绍个人独资企业、合伙企业和公司三类主要企业组织形式的特点及设立条件基础上，结合实例分析让学生树立合法开展创业经营的理念，熟悉商事主体的主要类型、设立程序、门槛条件以及商事活动准入相关法律和政策的搜索路径，掌握分析和判断商事活动合法性以及选择企业组织形式的基本技巧。

第一节　商事活动的主体资格

一、主体资格的类型

人们开展商事活动要以一定的主体形式来承载，比较简单的主体形式有个体工商户和农村承包经营户。自然人从事工商业经营，经依法登记，为个体工商户。个体工商户可以起字号。农村集体经济组织的成员，依法取得农村土地承包经营权，从事家庭承包经营的，为农村承包经营户。个体工商户的债务，个人经营的，以个人财产承担；家庭经营的，以家庭财产承担；无法区分的，以家庭财产承担。农村承包经营户的债务，以从事农村土地承包经营的农户财产承担；事实上由农户部分成员经营的，以该部分成员的财产承担。不过更多主体采取法人或非法人组织形式从事商事活动。非法人组织是不具有法人资格，但是能够依法以自己的名义从事民事活动的组织。非法人组织包括个人独资企业、合伙企业、不具有法人资格的专业服务机构等。法人是具有民事权利能力和民事行为能力，依法独立享有民事权利和承担民事义务的组织。法人有营利法人和非营利法人之分，进行商事活动的主要是营利法人。以取得利润并分配给股东等出资人为目的成立的法人，为营利法人。营利法人包括有限责任公司、股份有限公司和其他企业法人等。

二、主体资格与准入审批

在实践中较常见的商事组织形式是个人独资企业、合伙企业和公司，相关法律法规对于不同组织形式设立应具备的条件均有明确规定，创业者或其他打算进入商事领域的主体只有了解这些组织形式的法律差异才能作出更适合自己的选择。

此外，需要特别注意的是，进行商事活动的主体通常在选择前述某一种组织形式后按照相关法律规定的设立条件和程序操作即可获得相应的主体资格，但是对于一些需要事前审批许可的经营领域，打算从事该领域经营的主体不仅需要选择一种法律认可的组织形式，还需要事前获得从事该领域经营的特别资质许可方能合法开展经营。例如，我国《公司法》第十二条规定："公司的经营范围中属于法律、行政法规规定须经批准的项目，应当依法经过批准。"

第二节 个人独资企业设立

一、个人独资企业的概念与设立

（一）个人独资企业的概念

个人独资企业，是指依照《个人独资企业法》在中国境内设立，由一个自然人投资，财产为投资人个人所有，投资人以其个人财产对企业债务承担无限责任的经营实体。

（二）个人独资企业设立条件及流程

设立个人独资企业应当具备下列条件：（1）投资人为一个自然人；（2）有合法的企业名称；（3）有投资人申报的出资；（4）有固定的生产经营场所和必要的生产经营条件；（5）有必要的从业人员。

申请设立个人独资企业，应当由投资人或者其委托的代理人向个人独资企业所在地的登记机关提交设立申请书、投资人身份证明、生产经营场所使用证明等文件。委托代理人申请设立登记时，应当出具投资人的委托书和代理人的合法证明。

个人独资企业设立申请书应当载明：企业的名称和住所；投资人的姓名和居所；投资人的出资额和出资方式；经营范围。

个人独资企业的名称应当与其责任形式及从事的营业相符合。个人独资企业营业执照的签发日期为个人独资企业成立日期。在领取个人独资企业营业执照前，投资人不得以个人独资企业名义从事经营活动。法律、行政法规禁止从事营利性活动的人，不得作为投资人申请设立个人独资企业。

二、个人独资企业的财产性质与债务承担

个人独资企业投资人对本企业的财产依法享有所有权，其有关权利可以依法进行转让或继承。个人独资企业投资人在申请企业设立登记时明确以其家庭共有财产作为个人出资的，应当依法以家庭共有财产对企业债务承担无限责任。

第三节 合伙企业设立

一、合伙企业的概念

合伙企业是自然人、法人和其他组织依照《合伙企业法》在中国境内设立的普通合伙企业或有限合伙企业。普通合伙企业由普通合伙人组成，合伙人对合伙企业债务承担无限连带责任。有限合伙企业由普通合伙人和有限合伙人组成，普通合伙人对合伙企业债务承担无限连带责任，有限合伙人以其认缴的出资额为限对合伙企业债务承担责任。

二、普通合伙企业的设立条件、出资及合伙协议

（一）普通合伙企业的设立条件

设立普通合伙企业，应当具备下列条件：（1）有两个以上合伙人。合伙人为自然人的，应当具有完全民事行为能力；（2）有书面合伙协议；（3）有合伙人认缴或者实际缴付的出资；（4）有合伙企业的名称和生产经营场所；（5）法律、行政法规规定的其他条件。

（二）普通合伙企业的出资

合伙人可以用货币、实物、知识产权、土地使用权或者其他财产权利出资，也可以用劳务出资。合伙人以实物、知识产权、土地使用权或者其他财产权利出资，需要评估作价的，可以由全体合伙人协商确定，也可以由全体合伙人委托法定评估机构评估。合伙人以劳务出资的，其评估办法由全体合伙人协商确定，并在合伙协议中载明。

合伙人应当按照合伙协议约定的出资方式、数额和缴付期限，履行出资义务。以非货币财产出资的，依照法律、行政法规的规定，需要办理财产权转移手续的，应当依法办理。

（三）合伙协议

设立合伙企业应签订合伙协议，合伙协议依法由全体合伙人协商一致、以书面形式订立。合伙协议应当载明下列事项：合伙企业的名称和主要经营场所的地点；合伙目的和合伙经营范围；合伙人的姓名或者名称、住所；合伙人的出资方式、数额和缴付期限；利润分配、亏损分担方式；合伙事务的执行；入伙与退伙；争议解决办法；合伙企业的解散与清算；违约责任。合伙协议经全体合伙人签名、盖章后生效。合伙人按照合伙协议享有权利，履行义务。修改或者补充合伙协议，应当经全体合伙人一致同意，但是合伙协议另有约定的除外。合伙协议未约定或者约定不明确的事项，由合伙人协商决定；协商不成的，依照《合伙企业法》和其他有关法律、行政法规的规定处理。

三、特殊的普通合伙企业

以专业知识和专门技能为客户提供有偿服务的专业服务机构，可以设立为特殊的普通合伙企业。该类合伙企业的一个合伙人或者数个合伙人在执业活动中因故意或者重大过失造成合伙企业债务的，应当承担无限责任或者无限连带责任，其他合伙人以其在合伙企业中的财

产份额为限承担责任；合伙人在执业活动中非因故意或者重大过失造成的合伙企业债务以及合伙企业的其他债务，由全体合伙人承担无限连带责任；合伙人执业活动中因故意或者重大过失造成的合伙企业债务，以合伙企业财产对外承担责任后，该合伙人应当按照合伙协议的约定对给合伙企业造成的损失承担赔偿责任。

四、有限合伙企业

有限合伙企业与普通合伙企业有许多相似之处，在法律适用上也有不少共同之处，故除法律对有限合伙企业的特别规定外，普通合伙企业的法律规范均适用于有限合伙企业，下面介绍一下有限合伙企业的主要特殊规定。

（一）有限合伙企业的合伙人

有限合伙企业由2个以上50个以下合伙人设立；但是，法律另有规定的除外。有限合伙企业至少应当有1个普通合伙人。

（二）有限合伙企业的合伙协议

有限合伙企业合伙协议除普通合伙企业合伙协议的一般载明事项外，还应当约定：普通合伙人和有限合伙人的姓名或者名称、住所；执行事务合伙人应具备的条件和选择程序；执行事务合伙人权限与违约处理办法；执行事务合伙人的除名条件和更换程序；有限合伙人入伙、退伙的条件、程序以及相关责任；有限合伙人和普通合伙人相互转变程序。

（三）有限合伙企业的出资

有限合伙人可以用货币、实物、知识产权、土地使用权或者其他财产权利作价出资，但不得以劳务出资。有限合伙人应当按照合伙协议的约定按期足额缴纳出资；未按期足额缴纳的，应当承担补缴义务，并对其他合伙人承担违约责任。

（四）有限合伙企业的事务执行

有限合伙企业由普通合伙人执行合伙事务。执行事务合伙人可以要求在合伙协议中确定执行事务的报酬及报酬提取方式。有限合伙人不执行合伙事务，不得对外代表有限合伙企业。

（五）有限合伙企业的利润分配

有限合伙企业不得将全部利润分配给部分合伙人，但是合伙协议另有约定的除外。有限合伙人可以同本有限合伙企业进行交易，但是合伙协议另有约定的除外。有限合伙人可以自营或者同他人合作经营与本有限合伙企业相竞争的业务，但是合伙协议另有约定的除外。有限合伙人可以将其在有限合伙企业中的财产份额出质，但是合伙协议另有约定的除外。有限合伙人可以按照合伙协议的约定向合伙人以外的人转让其在有限合伙企业中的财产份额，但应当提前30日通知其他合伙人。

（六）有限合伙企业的责任承担

第三人有理由相信有限合伙人为普通合伙人并与其交易的，该有限合伙人对该笔交易承担与普通合伙人同样的责任。有限合伙人未经授权以有限合伙企业名义与他人进行交易，给有限合伙企业或者其他合伙人造成损失的，该有限合伙人应当承担赔偿责任。新入伙的有限合伙人对入伙前有限合伙企业的债务，以其认缴的出资额为限承担责任。

（七）普通合伙人与有限合伙人的相互转换

除合伙协议另有约定外，普通合伙人转变为有限合伙人，或者有限合伙人转变为普通合伙人，应当经全体合伙人一致同意。有限合伙人转变为普通合伙人的，对其作为有限合伙人期间有限合伙企业发生的债务承担无限连带责任。普通合伙人转变为有限合伙人的，对其作为普通合伙人期间合伙企业发生的债务承担无限连带责任。

第四节 公司设立

一、公司的概念及分类

公司是企业法人，有独立的法人财产，享有法人财产权。公司以其全部财产对公司的债务承担责任。

中国的《公司法》将公司分为有限责任公司和股份有限公司两类。有限责任公司的股东以其认缴的出资额为限对公司承担责任，股份有限公司的股东以其认购的股份为限对公司承担责任。

二、有限责任公司的设立条件、公司章程及出资

（一）有限责任公司的设立条件

设立有限责任公司，应当具备下列条件：（1）股东符合法定人数；（2）有符合公司章程规定的全体股东认缴的出资额；（3）股东共同制定公司章程；（4）有公司名称，建立符合有限责任公司要求的组织机构；（5）有公司住所。

有限责任公司由50个以下股东出资设立。

（二）公司章程

有限责任公司章程应当载明下列事项：（1）公司名称和住所；（2）公司经营范围；（3）公司注册资本；（4）股东的姓名或者名称；（5）股东的出资方式、出资额和出资时间；（6）公司的机构及其产生办法、职权、议事规则；（7）公司法定代表人；（8）股东会会议认为需要规定的其他事项。股东应当在公司章程上签名、盖章。

（三）出资

股东可以用货币出资，也可以用实物、知识产权、土地使用权等可以用货币估价并可以

依法转让的非货币财产作价出资，但是法律、行政法规规定不得作为出资的财产除外。对作为出资的非货币财产应当评估作价，核实财产，不得高估或者低估作价。法律、行政法规对评估作价有规定的，从其规定。

股东应当按期足额缴纳公司章程中规定的各自所认缴的出资额。股东以货币出资的，应当将货币出资足额存入有限责任公司在银行开设的账户；以非货币财产出资的，应当依法办理其财产权的转移手续。股东不按照前款规定缴纳出资的，除应当向公司足额缴纳外，还应当向已按期足额缴纳出资的股东承担违约责任。

三、特殊的有限责任公司——一人有限责任公司

一人有限责任公司，是指只有一个自然人股东或者一个法人股东的有限责任公司。

一个自然人只能投资设立一个一人有限责任公司。该一人有限责任公司不能投资设立新的一人有限责任公司。一人有限责任公司应当在公司登记中注明自然人独资或者法人独资，并在公司营业执照中载明。

四、特殊的有限责任公司——国有独资公司

国有独资公司是指国家单独出资、由国务院或者地方人民政府授权本级人民政府国有资产监督管理机构履行出资人职责的有限责任公司。

国有独资公司章程由国有资产监督管理机构制定，或者由董事会制定报国有资产监督管理机构批准。

五、股份有限公司的设立条件、公司章程及设立方式

（一）股份有限公司的设立条件

设立股份有限公司，应当具备下列条件：（1）发起人符合法定人数；（2）有符合公司章程规定的全体发起人认购的股本总额或者募集的实收股本总额；（3）股份发行、筹办事项符合法律规定；（4）发起人制定公司章程，采用募集方式设立的经创立大会通过；（5）有公司名称，建立符合股份有限公司要求的组织机构；（6）有公司住所。

（二）股份有限公司的设立方式

股份有限公司的设立，可以采取发起设立或者募集设立的方式。发起设立，是指由发起人认购公司应发行的全部股份而设立公司。募集设立，是指由发起人认购公司应发行股份的一部分，其余股份向社会公开募集或者向特定对象募集而设立公司。

设立股份有限公司，应当有2人以上200人以下为发起人，其中须有半数以上的发起人在中国境内有住所。

股份有限公司采取发起设立方式设立的，注册资本为在公司登记机关登记的全体发起人认购的股本总额。在发起人认购的股份缴足前，不得向他人募集股份。

股份有限公司采取募集方式设立的，注册资本为在公司登记机关登记的实收股本总额。法律、行政法规以及国务院决定对股份有限公司注册资本实缴、注册资本最低限额另有规定的，从其规定。

以发起设立方式设立股份有限公司的，发起人应当书面认足公司章程规定其认购的股

份,并按照公司章程规定缴纳出资。以非货币财产出资的,应当依法办理其财产权的转移手续。发起人不依照前款规定缴纳出资的,应当按照发起人协议承担违约责任。发起人认足公司章程规定的出资后,应当选举董事会和监事会,由董事会向公司登记机关报送公司章程以及法律、行政法规规定的其他文件,申请设立登记。

以募集设立方式设立股份有限公司的,发起人认购的股份不得少于公司股份总数的35%,但是法律、行政法规另有规定的,从其规定。

(三) 公司章程

股份有限公司章程应当载明下列事项:(1) 公司名称和住所;(2) 公司经营范围;(3) 公司设立方式;(4) 公司股份总数、每股金额和注册资本;(5) 发起人的姓名或者名称、认购的股份数、出资方式和出资时间;(6) 董事会的组成、职权和议事规则;(7) 公司法定代表人;(8) 监事会的组成、职权和议事规则;(9) 公司利润分配办法;(10) 公司的解散事由与清算办法;(11) 公司的通知和公告办法;(12) 股东大会会议认为需要规定的其他事项。

六、发起人、出资人责任及公司设立过程中的债务承担

(一) 发起人、出资人责任

为设立公司而签署公司章程、向公司认购出资或者股份并履行公司设立职责的人,应当认定为公司的发起人,包括有限责任公司设立时的股东。

发起人为设立公司以自己名义对外签订合同,合同相对人可以请求该发起人承担合同责任。发起人以设立中公司名义对外签订合同,公司成立后合同相对人可以请求公司承担合同责任。

公司成立后对设立过程中签订的合同予以确认,或者已经实际享有合同权利或者履行合同义务,合同相对人可以请求公司承担合同责任。公司成立后有证据证明发起人利用设立中公司的名义为自己的利益与相对人签订合同,公司可以以此为由主张不承担合同责任,但相对人为善意的除外。

公司因故未成立,债权人可以请求全体或者部分发起人对设立公司行为所产生的费用和债务承担连带清偿责任。部分发起人依照前款规定承担责任后,可以请求其他发起人分担,其他发起人通常按照约定的责任承担比例分担责任;没有约定责任承担比例的,按照约定的出资比例分担责任;没有约定出资比例的,按照均等份额分担责任。因部分发起人的过错导致公司未成立,其他发起人可以主张其承担设立行为所产生的费用和债务的,应当根据过错情况,确定过错一方的责任范围。

发起人因履行公司设立职责造成他人损害,公司成立后受害人可以请求公司承担侵权赔偿责任;公司未成立,受害人可以请求全体发起人承担连带赔偿责任。

公司或者无过错的发起人承担赔偿责任后,可以向有过错的发起人追偿。

股份有限公司的认股人未按期缴纳所认股份的股款,经公司发起人催缴后在合理期间内仍未缴纳,公司发起人对该股份另行募集的,应当认定该募集行为有效。认股人延期缴纳股款给公司造成损失,公司可以请求该认股人承担赔偿责任。

出资人以不享有处分权的财产出资,当事人之间对于出资行为效力产生争议的,可以参照《物权法》第一百零六条的规定予以认定。以贪污、受贿、侵占、挪用等违法犯罪所得的货币出资后取得股权的，对违法犯罪行为予以追究、处罚时，应当采取拍卖或者变卖的方式处置其股权。

出资人以划拨土地使用权出资，或者以设定权利负担的土地使用权出资，公司、其他股东或者公司债权人主张认定出资人未履行出资义务的，通常法院会责令当事人在指定的合理期间内办理土地变更手续或者解除权利负担；逾期未办理或者未解除的，法院会认定出资人未依法全面履行出资义务。

出资人以非货币财产出资，未依法评估作价，公司、其他股东或者公司债权人请求认定出资人未履行出资义务的，通常法院会委托具有合法资格的评估机构对该财产评估作价。评估确定的价额显著低于公司章程所定价额的，法院会认定出资人未依法全面履行出资义务。

出资人以房屋、土地使用权或者需要办理权属登记的知识产权等财产出资，已经交付公司使用但未办理权属变更手续，公司、其他股东或者公司债权人主张认定出资人未履行出资义务的，法院通常会责令当事人在指定的合理期间内办理权属变更手续；在前述期间内办理了权属变更手续的，法院通常认定其已经履行了出资义务；出资人主张自其实际交付财产给公司使用时享有相应股东权利的，法院通常会予以支持。

出资人以前款规定的财产出资，已经办理权属变更手续但未交付给公司使用，公司或者其他股东主张其向公司交付、并在实际交付之前不享有相应股东权利的。

出资人以其他公司股权出资，符合下列条件的，应当认定出资人已履行出资义务：（1）出资的股权由出资人合法持有并依法可以转让；（2）出资的股权无权利瑕疵或者权利负担；（3）出资人已履行关于股权转让的法定手续；（4）出资的股权已依法进行了价值评估。股权出资不符合前款第（1）（2）（3）项的规定，公司、其他股东或者公司债权人请求认定出资人未履行出资义务的，法院通常会责令该出资人在指定的合理期间内采取补正措施，以符合上述条件；逾期未补正的，法院通常认定其未依法全面履行出资义务。

公司成立后，公司、股东或者公司债权人以相关股东的行为符合下列情形之一且损害公司权益为由，请求认定该股东抽逃出资的，法院通常会予以支持：（1）将出资款项转入公司账户验资后又转出；（2）通过虚构债权债务关系将其出资转出；（3）制作虚假财务会计报表虚增利润进行分配；（4）利用关联交易将出资转出；（5）其他未经法定程序将出资抽回的行为。

股东未履行或者未全面履行出资义务，公司或者其他股东请求其向公司依法全面履行出资义务的，法院通常会支持。

公司债权人请求未履行或者未全面履行出资义务的股东在未出资本息范围内对公司债务不能清偿的部分承担补充赔偿责任的，法院通常会支持。

（二）公司设立过程中的债务承担

股东抽逃出资，公司或者其他股东请求其向公司返还出资本息、协助抽逃出资的其他股东、董事、高级管理人员或者实际控制人对此承担连带责任的，法院通常会予以支持。

公司债权人请求抽逃出资的股东在抽逃出资本息范围内对公司债务不能清偿的部分承担补充赔偿责任、协助抽逃出资的其他股东、董事、高级管理人员或者实际控制人对此承担连带责任的，法院通常会支持。

第三人代垫资金协助发起人设立公司，双方明确约定在公司验资后或者在公司成立后将该发起人的出资抽回以偿还该第三人，发起人依照前述约定抽回出资偿还第三人后又不能补足出资，相关权利人可以请求第三人连带承担发起人因抽回出资而产生的相应责任。

出资人以符合法定条件的非货币财产出资后，因市场变化或者其他客观因素导致出资财产贬值，公司、其他股东或者公司债权人不能请求该出资人承担补足出资责任，除非当事人另有约定的除外。

股东未履行或者未全面履行出资义务或者抽逃出资，公司根据公司章程或者股东会决议对其利润分配请求权、新股优先认购权、剩余财产分配请求权等股东权利作出相应的合理限制，该股东不能请求认定该限制无效的。

有限责任公司的股东未履行出资义务或者抽逃全部出资，经公司催告缴纳或者返还，其在合理期间内仍未缴纳或者返还出资，公司以股东会决议解除该股东的股东资格，该股东不能请求确认该解除行为无效的。

有限责任公司的股东未履行或者未全面履行出资义务即转让股权，受让人对此知道或者应当知道，公司可以请求该股东履行出资义务、受让人对此承担连带责任。受让人根据前款规定承担责任后，可以向该未履行或者未全面履行出资义务的股东追偿，但当事人另有约定的除外。

七、股东身份认定

当事人之间对股权归属发生争议，一方请求人民法院确认其享有股权的，应当证明以下事实之一：（1）已经依法向公司出资或者认缴出资，且不违反法律法规强制性规定；（2）已经受让或者以其他形式继受公司股权，且不违反法律法规强制性规定。

当事人依法履行出资义务或者依法继受取得股权后，公司未根据《公司法》第三十二条、第三十三条的规定签发出资证明书、记载于股东名册并办理公司登记机关登记，当事人可以请求公司履行上述义务。

有限责任公司的实际出资人与名义出资人订立合同，约定由实际出资人出资并享有投资权益，以名义出资人为名义股东，实际出资人与名义股东对该合同效力发生争议的，如无《合同法》第五十二条规定的情形，应当认定该合同有效。前款规定的实际出资人与名义股东因投资权益的归属发生争议，实际出资人可以以其实际履行了出资义务为由向名义股东主张权利。名义股东不能以公司股东名册记载、公司登记机关登记为由否认实际出资人权利。

实际出资人未经公司其他股东半数以上同意，不能请求公司变更股东、签发出资证明书、记载于股东名册、记载于公司章程并办理公司登记机关登记的。

名义股东将登记于其名下的股权转让、质押或者以其他方式处分，实际出资人以其对于股权享有实际权利为由，请求认定处分股权行为无效的，可以参照《物权法》第一百零六条的规定处理。

名义股东处分股权造成实际出资人损失，实际出资人可以请求名义股东承担赔偿责任。

公司债权人以登记于公司登记机关的股东未履行出资义务为由，请求其对公司债务不能清偿的部分在未出资本息范围内承担补充赔偿责任，股东不能以其仅为名义股东而非实际出资人为由进行抗辩。名义股东根据前款规定承担赔偿责任后，可以向实际出资人追偿的。

股权转让后尚未向公司登记机关办理变更登记，原股东将仍登记于其名下的股权转让、质押或者以其他方式处分，受让股东以其对于股权享有实际权利为由，请求认定处分股权行为无效的，可以参照《物权法》第一百零六条的规定处理。

原股东处分股权造成受让股东损失，受让股东可以请求原股东承担赔偿责任、未及时办理变更登记有过错的董事、高级管理人员或者实际控制人承担相应责任；受让股东对于未及时办理变更登记也有过错的，可以适当减轻上述董事、高级管理人员或者实际控制人的责任。

冒用他人名义出资并将该他人作为股东在公司登记机关登记的，冒名登记行为人应当承担相应责任；公司、其他股东或者公司债权人不能以未履行出资义务为由，请求被冒名登记为股东的承担补足出资责任或者对公司债务不能清偿部分的赔偿责任。

第五节　商事活动准入的法律判断

一、商事活动准入

商事活动准入通俗地讲就是在某一具体商业领域开展经营的资格。从事没有特许经营要求的商事活动，经营者在确定了自己选择的企业组织形式后，按照与这类企业组织形式相关法律法规规定的设立条件和程序设立企业即可。如果从事的商事活动需要经过国家行政主管部门事前审批，那么在企业设立前必须先完成企业准入许可审批。

创业者需要了解自己所计划从事的商业领域是否属于需要事前获得准入资格的行业，特别需要注意的是，同样的创业活动在不同时期是否需要获取准入资格不一定相同，也就是说国家法律法规和政策针对哪些商业活动需要经过事前特许资质审批的规定是处于不断变动当中的，不能用静止的眼光来看待准入问题，必须在准备进入某一领域之前了解最新的准入法律和政策规定，才能真正做到合法创业。

二、商事活动准入的法律判断

投资一项商事活动之前，首先需要了解该类活动准入是否存在限制，这是保障投资安全的第一道防线。准入限制可能存在于狭义的法律规定中，也可能存在于广义的法律规定中，狭义的法律规定指全国人大及其常委会制定和颁布的法律，广义的法律则涵盖法律、行政法规、地方性法规、部门规章、地方性政府规章、监管部门规定、行政主管部门的政策性规定等多个种类的规范来源。对商事活动准入作法律判断应尽量全面搜集相关法律法规、政策及各类政府部门文件的规定才能得出可靠结论。

准入的法律判断和审查不是先从全国人大及其常委会颁布的法律入手，准入问题与一国的产业政策密切相关，存在很大变动性，法律、行政法规、地方性法规、部门规章、地方性政府规章是无法随时更新以适应的，通常关于准入的具体规定需要到监管部门规定、行政主管部门的政策性规定中去寻找。准入限制有的针对所有主体，这类限制就是通常所说的禁止投资的领域，所涉领域要么是非法活动，要么是国家出于各种目的考量目前不允许从事的活动；大部分准入限制针对的只是部分主体，限制其投资特定领域。准入限制的时间性很强，目前限制的过去也许不限制，过去限制的也许未来可能放开限制。仔细分析并准确判断准入的法律可行性是创业者首先要具备的法律意识和技能，否则贸然投资于一项有准入限制的商事活动，无论商业计划有多完美，都只是空中楼阁。

【实例解析】

某大学食品工程学院几名研究生研制了一款饮料，该饮料经在校内同学中试饮用具有非常明显的提神效果，于是这几名同学打算在淘宝上开一家网店售卖这种饮料。这一创业想法的合法实施首先需要解决依法生产和网上经营准入问题。

步骤一：确定创业活动涉及领域，锁定法律、政策搜索路径。

案例中所涉创业是自己生产饮料在网上开设门店自行销售，创业的范围涉及生产、销售两种经营行为，需要明确法律法规和政策对生产和网络销售饮料的相关资质许可规定。

饮料属于食品范畴，故《食品安全法》作为食品领域根本大法应适用，该法对食品生产、销售行为均有规范，鉴于案例中的饮料销售活动在网络上进行，故专门规范网络经营的《电子商务法》也应适用。这两部法律属于狭义上的法律范畴，都是全国人大制定和颁布，效力层次高，行政法规、地方性法规、部门规章、地方性政府规章及各级行政主管机关制定的各类政策性规范文件均不能与其强制性规定相冲突。如果这两部法律没有规定或规定不明的，下位法可以补充，在法律适用时就参照下位法的相关规定，适用的原则是特别法优于普通法，后法优于前法。比如《网络交易管理办法》是国家工商行政管理总局2014年颁布施行的，《电子商务法》是全国人大常委会2018年颁布施行的，尽管《网络交易管理办法》相对《电子商务法》是特别法，但由于《电子商务法》颁布在后且效力层次更高，故适用时应参照《电子商务法》而不是《网络交易管理办法》。同样的道理，如果全国人大及其常委会以外的有权机关根据其立法权限或行政权限制定和颁布了关于饮料生产和销售方面法规或政策性规定，如果在《食品安全法》（最近一次修订在2015年）修订前颁布施行，则适用《食品安全法》的规定，除非《食品安全法》没有相关规定，才适用之前颁布的下位法；如果下位法的颁布施行在《食品安全法》修订后，则先审查其与《食品安全法》有无原则性冲突，如果没有，则根据后法优于前法的原则，适用相应下位法而不是《食品安全法》，除非该下位法对相关问题没有规定。

总之，准确确定经营活动准入所涉法律法规和政策不是一个简单的判断题，必须对经营活动所属行业的各层次法律法规和对应主管部门的政策性规范全面搜集和整理才能最终锁定应参照适用的法律法规和政策规范。案例所涉食品生产和网络销售的主管行政部门是国家市场监管管理总局，其下属的网络交易监督管理司、食品生产安全监督管理司和食品经营安全监督管理司对案例所涉经营行为有直接监管权力，他们颁布的相关政策性规定与前述法律规定一样对于经营活动的合法开展都具有法律约束力，是进行准入法律判断搜索过程中不能缺少的环节。

步骤二：仔细分析法律法规和政策规范，把握准入要求。

案例中的创业活动是经营者自产自销而不是代销他人生产的食品，故其必须同时具备生产和销售资质，根据《食品安全法》第三十五条规定："国家对食品生产经营实行许可制度。从事食品生产、食品销售、餐饮服务，应当依法取得许可。但是，销售食用农产品，不需要取得许可。"也就是说，这几名研究生如果想合法在网上开店销售自己研制的这款饮料首先需要取得合法生产饮料的资质，具体资质要求根据饮料所属食品的细类搜索相关资质规范确定。

在取得生产饮料的合法资质许可后，在网上合法销售饮料还需要具备网络销售的相关资质。根据《电子商务法》第九条规定："本法所称电子商务经营者，是指通过互联网等信息网络从事销售商品或者提供服务的经营活动的自然人、法人和非法人组织，包括电子商务平台经营者、平台内经营者以及通过自建网站、其他网络服务销售商品或者提供服务的电子商务经营者。"显然案例中几名研究生打算在淘宝上开设店铺，属于平台内经营者。线下开店要办理相关手续，那么线上开店呢？根据《电子商务法》第十条规定："电子商务经营者应当依法办理市场主体登记。但是，个人销售自产农副产品、家庭手工业产品，个人利用自己的技能从事依法无须取得许可的便民劳务活动和零星小额交易活动，以及依照法律、行政法规不需要进行登记的除外。"也就是说除了少数例外情形，网上开店同样需要办理登记手续。而且该法第十二条规定："电子商务经营者从事经营活动，依法需要取得相关行政许可的，应当依法取得行政许可。"因此，不仅线下销售食品需要通过申请行政许可取得相关资质，线上销售食品同样不能回避申请行政许可取得相关资质这一环节，否则就是违法销售。一些在线下不允许销售的食品，线上同样不能销售，《电子商务法》第十三条规定："电子商务经营者销售的商品或者提供的服务应当符合保障人身、财产安全的要求和环境保护要求，不得销售或者提供法律、行政法规禁止交易的商品或者服务。"

上面只是从法律层面分析了案例所涉创业活动的准入问题，在实践中还必须穷尽行政主管部门各类最新政策规范和文件，才能保证全面了解经营准入方面的所有强制性要求，使创业活动有一个良好开端，为降低创业风险奠定扎实基础。

延伸思考：如果这几名研究生打算设立一家企业来运作生产销售饮料的网店，但在合伙企业和公司两种企业形式之间不知道如何选择，请你给他们介绍一下合伙企业和公司在设立条件方面的差异。

本章思考练习题

1. 一名外国人与几名中国居民拟共同投资开办一家物流企业，他们初步的想法是设立一家有限责任公司，总投资人民币17亿元，企业主要从事航空物流运输。请你为他们提供一份投资法律分析报告，为物流企业的准入和设立提供咨询意见。

我们为大家制作咨询意见提供了部分参考资料，但同学们不必囿于这些资料，可以根据自身对问题的思考搜集资料，投资法律分析报告至少应包含以下主要内容：第一，外国投资者能否在中国境内直接投资设立物流企业？相关法律法规和政策依据是什么？第二，航空物流企业是否有特定的资质许可要求？规定资质许可要求的法律或政策性规范有哪些？负责审批的行政部门有哪些？第三，是否能够以有限责任公司的形式设立该物流企业？我国对外国投资者在该类企业中的股权比例有无限制？

参考资料1——《中华人民共和国外商投资法》

(2019年3月15日第十三届全国人民代表大会第二次会议通过)

目 录

第一章 总 则
第二章 投资促进
第三章 投资保护
第四章 投资管理
第五章 法律责任
第六章 附 则

第一章 总 则

第一条 为了进一步扩大对外开放，积极促进外商投资，保护外商投资合法权益，规范外商投资管理，推动形成全面开放新格局，促进社会主义市场经济健康发展，根据宪法，制定本法。

第二条 在中华人民共和国境内（以下简称中国境内）的外商投资，适用本法。

本法所称外商投资，是指外国的自然人、企业或者其他组织（以下称外国投资者）直接或者间接在中国境内进行的投资活动，包括下列情形：

（一）外国投资者单独或者与其他投资者共同在中国境内设立外商投资企业；

（二）外国投资者取得中国境内企业的股份、股权、财产份额或者其他类似权益；

（三）外国投资者单独或者与其他投资者共同在中国境内投资新建项目；

（四）法律、行政法规或者国务院规定的其他方式的投资。

本法所称外商投资企业，是指全部或者部分由外国投资者投资，依照中国法律在中国境内经登记注册设立的企业。

第三条 国家坚持对外开放的基本国策，鼓励外国投资者依法在中国境内投资。

国家实行高水平投资自由化便利化政策，建立和完善外商投资促进机制，营造稳定、透明、可预期和公平竞争的市场环境。

第四条 国家对外商投资实行准入前国民待遇加负面清单管理制度。

前款所称准入前国民待遇，是指在投资准入阶段给予外国投资者及其投资不低于本国投资者及其投资的待遇；所称负面清单，是指国家规定在特定领域对外商投资实施的准入特别管理措施。国家对负面清单之外的外商投资，给予国民待遇。

负面清单由国务院发布或者批准发布。

中华人民共和国缔结或者参加的国际条约、协定对外国投资者准入待遇有更优惠规定的，可以按照相关规定执行。

第五条 国家依法保护外国投资者在中国境内的投资、收益和其他合法权益。

第六条 在中国境内进行投资活动的外国投资者、外商投资企业，应当遵守中国法律法规，不得危害中国国家安全、损害社会公共利益。

第七条 国务院商务主管部门、投资主管部门按照职责分工，开展外商投资促进、保护和管理工作；国务院其他有关部门在各自职责范围内，负责外商投资促进、保护和管理的相关工作。

县级以上地方人民政府有关部门依照法律法规和本级人民政府确定的职责分工，开展外商投资促进、保护和管理工作。

第八条 外商投资企业职工依法建立工会组织，开展工会活动，维护职工的合法权益。外商投资企业应当为本企业工会提供必要的活动条件。

第二章 投资促进

第九条 外商投资企业依法平等适用国家支持企业发展的各项政策。

第十条 制定与外商投资有关的法律、法规、规章，应当采取适当方式征求外商投资企业的意见和建议。

与外商投资有关的规范性文件、裁判文书等，应当依法及时公布。

第十一条 国家建立健全外商投资服务体系，为外国投资者和外商投资企业提供法律法规、政策措施、投资项目信息等方面的咨询和服务。

第十二条 国家与其他国家和地区、国际组织建立多边、双边投资促进合作机制，加强投资领域的国际交流与合作。

第十三条 国家根据需要，设立特殊经济区域，或者在部分地区实行外商投资试验性政策措施，促进外商投资，扩大对外开放。

第十四条 国家根据国民经济和社会发展需要，鼓励和引导外国投资者在特定行业、领域、地区投资。外国投资者、外商投资企业可以依照法律、行政法规或者国务院的规定享受优惠待遇。

第十五条 国家保障外商投资企业依法平等参与标准制定工作，强化标准制定的信息公开和社会监督。

国家制定的强制性标准平等适用于外商投资企业。

第十六条 国家保障外商投资企业依法通过公平竞争参与政府采购活动。政府采购依法对外商投资企业在中国境内生产的产品、提供的服务平等对待。

第十七条 外商投资企业可以依法通过公开发行股票、公司债券等证券和其他方式进行融资。

第十八条 县级以上地方人民政府可以根据法律、行政法规、地方性法规的规定，在法定权限内制定外商投资促进和便利化政策措施。

第十九条 各级人民政府及其有关部门应当按照便利、高效、透明的原则，简化办事程序，提高办事效率，优化政务服务，进一步提高外商投资服务水平。

有关主管部门应当编制和公布外商投资指引，为外国投资者和外商投资企业提供服务和便利。

第三章 投资保护

第二十条 国家对外国投资者的投资不实行征收。

在特殊情况下，国家为了公共利益的需要，可以依照法律规定对外国投资者的投资实行征收或者征用。征收、征用应当依照法定程序进行，并及时给予公平、合理的补偿。

第二十一条 外国投资者在中国境内的出资、利润、资本收益、资产处置所得、知识产权许可使用费、依法获得的补偿或者赔偿、清算所得等，可以依法以人民币或者外汇自由汇入、汇出。

第二十二条　国家保护外国投资者和外商投资企业的知识产权，保护知识产权权利人和相关权利人的合法权益；对知识产权侵权行为，严格依法追究法律责任。

国家鼓励在外商投资过程中基于自愿原则和商业规则开展技术合作。技术合作的条件由投资各方遵循公平原则平等协商确定。行政机关及其工作人员不得利用行政手段强制转让技术。

第二十三条　行政机关及其工作人员对于履行职责过程中知悉的外国投资者、外商投资企业的商业秘密，应当依法予以保密，不得泄露或者非法向他人提供。

第二十四条　各级人民政府及其有关部门制定涉及外商投资的规范性文件，应当符合法律法规的规定；没有法律、行政法规依据的，不得减损外商投资企业的合法权益或者增加其义务，不得设置市场准入和退出条件，不得干预外商投资企业的正常生产经营活动。

第二十五条　地方各级人民政府及其有关部门应当履行向外国投资者、外商投资企业依法作出的政策承诺以及依法订立的各类合同。

因国家利益、社会公共利益需要改变政策承诺、合同约定的，应当依照法定权限和程序进行，并依法对外国投资者、外商投资企业因此受到的损失予以补偿。

第二十六条　国家建立外商投资企业投诉工作机制，及时处理外商投资企业或者其投资者反映的问题，协调完善相关政策措施。

外商投资企业或者其投资者认为行政机关及其工作人员的行政行为侵犯其合法权益的，可以通过外商投资企业投诉工作机制申请协调解决。

外商投资企业或者其投资者认为行政机关及其工作人员的行政行为侵犯其合法权益的，除依照前款规定通过外商投资企业投诉工作机制申请协调解决外，还可以依法申请行政复议、提起行政诉讼。

第二十七条　外商投资企业可以依法成立和自愿参加商会、协会。商会、协会依照法律法规和章程的规定开展相关活动，维护会员的合法权益。

第四章　投资管理

第二十八条　外商投资准入负面清单规定禁止投资的领域，外国投资者不得投资。

外商投资准入负面清单规定限制投资的领域，外国投资者进行投资应当符合负面清单规定的条件。

外商投资准入负面清单以外的领域，按照内外资一致的原则实施管理。

第二十九条　外商投资需要办理投资项目核准、备案的，按照国家有关规定执行。

第三十条　外国投资者在依法需要取得许可的行业、领域进行投资的，应当依法办理相关许可手续。

有关主管部门应当按照与内资一致的条件和程序，审核外国投资者的许可申请，法律、行政法规另有规定的除外。

第三十一条　外商投资企业的组织形式、组织机构及其活动准则，适用《中华人民共和国公司法》、《中华人民共和国合伙企业法》等法律的规定。

第三十二条　外商投资企业开展生产经营活动，应当遵守法律、行政法规有关劳动保护、社会保险的规定，依照法律、行政法规和国家有关规定办理税收、会计、外汇等事宜，并接受相关主管部门依法实施的监督检查。

第三十三条 外国投资者并购中国境内企业或者以其他方式参与经营者集中的，应当依照《中华人民共和国反垄断法》的规定接受经营者集中审查。

第三十四条 国家建立外商投资信息报告制度。外国投资者或者外商投资企业应当通过企业登记系统以及企业信用信息公示系统向商务主管部门报送投资信息。

外商投资信息报告的内容和范围按照确有必要的原则确定；通过部门信息共享能够获得的投资信息，不得再行要求报送。

第三十五条 国家建立外商投资安全审查制度，对影响或者可能影响国家安全的外商投资进行安全审查。

依法作出的安全审查决定为最终决定。

第五章 法律责任

第三十六条 外国投资者投资外商投资准入负面清单规定禁止投资的领域的，由有关主管部门责令停止投资活动，限期处分股份、资产或者采取其他必要措施，恢复到实施投资前的状态；有违法所得的，没收违法所得。

外国投资者的投资活动违反外商投资准入负面清单规定的限制性准入特别管理措施的，由有关主管部门责令限期改正，采取必要措施满足准入特别管理措施的要求；逾期不改正的，依照前款规定处理。

外国投资者的投资活动违反外商投资准入负面清单规定的，除依照前两款规定处理外，还应当依法承担相应的法律责任。

第三十七条 外国投资者、外商投资企业违反本法规定，未按照外商投资信息报告制度的要求报送投资信息的，由商务主管部门责令限期改正；逾期不改正的，处十万元以上五十万元以下的罚款。

第三十八条 对外国投资者、外商投资企业违反法律、法规的行为，由有关部门依法查处，并按照国家有关规定纳入信用信息系统。

第三十九条 行政机关工作人员在外商投资促进、保护和管理工作中滥用职权、玩忽职守、徇私舞弊，或者泄露、非法向他人提供履行职责过程中知悉的商业秘密的，依法给予处分；构成犯罪的，依法追究刑事责任。

第六章 附 则

第四十条 任何国家或者地区在投资方面对中华人民共和国采取歧视性的禁止、限制或者其他类似措施的，中华人民共和国可以根据实际情况对该国家或者该地区采取相应的措施。

第四十一条 对外国投资者在中国境内投资银行业、证券业、保险业等金融行业，或者在证券市场、外汇市场等金融市场进行投资的管理，国家另有规定的，依照其规定。

第四十二条 本法自 2020 年 1 月 1 日起施行。《中华人民共和国中外合资经营企业法》、《中华人民共和国外资企业法》、《中华人民共和国中外合作经营企业法》同时废止。

本法施行前依照《中华人民共和国中外合资经营企业法》、《中华人民共和国外资企业法》、《中华人民共和国中外合作经营企业法》设立的外商投资企业,在本法施行后五年内可以继续保留原企业组织形式等。具体实施办法由国务院规定。

参考资料2——相关政策

2020年3月24日,国务院总理李克强主持召开国务院常务会议。会议指出,我国国际航空货运能力存在明显短板,受疫情冲击国际航空客机腹舱货运大幅下降,对我国产业的国际供应链带来较大影响。要采取有效措施提高我国国际航空货运能力,既保通保运保供,又增强物流国际竞争力。一要加强国际协作,畅通国际快件等航空货运,对疫情期间国际货运航线给予政策支持。鼓励增加货机,发展全货机运输。一视同仁支持各种所有制航空货运发展,鼓励航空货运企业与物流企业联合重组,支持快递企业发展空中、海外网络。二要完善航空货运枢纽网络。对货运功能较强的机场,放开高峰时段对货运航班的时刻限制。在京津冀、长三角、粤港澳和成渝等地区具备条件的国际枢纽机场实行24小时通关。三要健全航空货运标准,建立航空公司、邮政快递、货站等互通共享的信息平台。升级改造现有机场设施,完善冷链、快件分拣等设施。推进以货运为主的机场建设。

2018年12月民航局《新时代民航强国建设行动纲要》提出建设新时代民航强国的主要任务:拓展国际化、大众化的航空市场空间。重点是着力拓展国际航空市场,着力推进航空服务大众化,着力开拓航空物流市场,着力拓展现代综合交通运输服务空间,全面提升航空服务质量。

2018年12月国家发改委、交通运输部《国家物流枢纽布局和建设规划》提出到2020年,通过优化整合、功能提升,布局建设30个左右辐射带动能力较强、现代化运作水平较高、互联衔接紧密的国家物流枢纽,促进区域内和跨区域物流活动组织化、规模化运行,培育形成一批资源整合能力强、运营模式先进的枢纽运营企业,初步建立符合我国国情的枢纽建设运行模式,形成国家物流枢纽网络基本框架。

参考资料3——论文

请在图书馆数据库资源中的知网网站搜索硕士论文《中日物流企业市场准入法律制度比较研究》。

2. 请大家阅读下面文件,回答问题:
(1) 文件中涉及民营企业准入的内容有哪些?
(2) 你认为这些关于准入的政策精神会对哪些具体的企业准入法律规范产生影响?
(3) 你从文件中发现了哪些民营企业未来创业商机?

《中共中央 国务院关于优化公平竞争的市场环境,进一步放开民营企业市场准入》发布时间2019-12-22

改革开放40多年来,民营企业在推动发展、促进创新、增加就业、改善民生和扩大开放等方面发挥了不可替代的作用。民营经济已经成为我国公有制为主体多种所有制经济共同发展的重要组成部分。为进一步激发民营企业活力和创造力，充分发挥民营经济在推进供给侧结构性改革、推动高质量发展、建设现代化经济体系中的重要作用，现就营造更好发展环境支持民营企业改革发展提出如下意见。

一、总体要求

（一）指导思想。以习近平新时代中国特色社会主义思想为指导，全面贯彻党的十九大和十九届二中、三中、四中全会精神，深入落实习近平总书记在民营企业座谈会上的重要讲话精神，坚持和完善社会主义基本经济制度，坚持"两个毫不动摇"，坚持新发展理念，坚持以供给侧结构性改革为主线，营造市场化、法治化、国际化营商环境，保障民营企业依法平等使用资源要素、公开公平公正参与竞争、同等受到法律保护，推动民营企业改革创新、转型升级、健康发展，让民营经济创新源泉充分涌流，让民营企业创造活力充分迸发，为实现"两个一百年"奋斗目标和中华民族伟大复兴的中国梦作出更大贡献。

（二）基本原则。坚持公平竞争，对各类市场主体一视同仁，营造公平竞争的市场环境、政策环境、法治环境，确保权利平等、机会平等、规则平等；遵循市场规律，处理好政府与市场的关系，强化竞争政策的基础性地位，注重采用市场化手段，通过市场竞争实现企业优胜劣汰和资源优化配置，促进市场秩序规范；支持改革创新，鼓励和引导民营企业加快转型升级，深化供给侧结构性改革，不断提升技术创新能力和核心竞争力；加强法治保障，依法保护民营企业和企业家的合法权益，推动民营企业筑牢守法合规经营底线。

二、优化公平竞争的市场环境

（三）进一步放开民营企业市场准入。深化"放管服"改革，进一步精简市场准入行政审批事项，不得额外对民营企业设置准入条件。全面落实放宽民营企业市场准入的政策措施，持续跟踪、定期评估市场准入有关政策落实情况，全面排查、系统清理各类显性和隐性壁垒。在电力、电信、铁路、石油、天然气等重点行业和领域，放开竞争性业务，进一步引入市场竞争机制。支持民营企业以参股形式开展基础电信运营业务，以控股或参股形式开展发电配电售电业务。支持民营企业进入油气勘探开发、炼化和销售领域，建设原油、天然气、成品油储运和管道输送等基础设施。支持符合条件的企业参与原油进口、成品油出口。在基础设施、社会事业、金融服务业等领域大幅放宽市场准入。上述行业、领域相关职能部门要研究制定民营企业分行业、分领域、分业务市场准入具体路径和办法，明确路线图和时间表。

（四）实施公平统一的市场监管制度。进一步规范失信联合惩戒对象纳入标准和程序，建立完善信用修复机制和异议制度，规范信用核查和联合惩戒。加强优化营商环境涉及的法规规章备案审查。深入推进部门联合"双随机、一公开"监管，推行信用监管和"互联网+监管"改革。细化明确行政执法程序，规范执法自由裁量权，严格规范公正文明执法。完善垄断性中介管理制度，清理强制性重复鉴定评估。深化要素市场化配置体制机制改革，健全市场化要素价格形成和传导机制，保障民营企业平等获得资源要素。

（五）强化公平竞争审查制度刚性约束。坚持存量清理和增量审查并重，持续清理和废除妨碍统一市场和公平竞争的各种规定和做法，加快清理与企业性质挂钩的行业准入、资质标准、产业补贴等规定和做法。推进产业政策由差异化、选择性向普惠化、功能性转变。严格审查新出台的政策措施，建立规范流程，引入第三方开展评估审查。建立面向各类市场主体的有违公平竞争问题的投诉举报和处理回应机制并及时向社会公布处理情况。

（六）破除招投标隐性壁垒。对具备相应资质条件的企业，不得设置与业务能力无关的企业规模门槛和明显超过招标项目要求的业绩门槛等。完善招投标程序监督与信息公示制度，对依法依规完成的招标，不得以中标企业性质为由对招标责任人进行追责。

三、完善精准有效的政策环境

（七）进一步减轻企业税费负担。切实落实更大规模减税降费，实施好降低增值税税率、扩大享受税收优惠小微企业范围、加大研发费用加计扣除力度、降低社保费率等政策，实质性降低企业负担。建立完善监督检查清单制度，落实涉企收费清单制度，清理违规涉企收费、摊派事项和各类评比达标活动，加大力度清理整治第三方截留减税降费红利等行为，进一步畅通减税降费政策传导机制，切实降低民营企业成本费用。既要以最严格的标准防范逃避税，又要避免因为不当征税影响企业正常运行。

（八）健全银行业金融机构服务民营企业体系。进一步提高金融结构与经济结构匹配度，支持发展以中小微民营企业为主要服务对象的中小金融机构。深化联合授信试点，鼓励银行与民营企业构建中长期银企关系。健全授信尽职免责机制，在内部绩效考核制度中落实对小微企业贷款不良容忍的监管政策。强化考核激励，合理增加信用贷款，鼓励银行提前主动对接企业续贷需求，进一步降低民营和小微企业综合融资成本。

（九）完善民营企业直接融资支持制度。完善股票发行和再融资制度，提高民营企业首发上市和再融资审核效率。积极鼓励符合条件的民营企业在科创板上市。深化创业板、新三板改革，服务民营企业持续发展。支持服务民营企业的区域性股权市场建设。支持民营企业发行债券，降低可转债发行门槛。在依法合规的前提下，支持资管产品和保险资金通过投资私募股权基金等方式积极参与民营企业纾困。鼓励通过债务重组等方式合力化解股票质押风险。积极吸引社会力量参与民营企业债转股。

（十）健全民营企业融资增信支持体系。推进依托供应链的票据、订单等动产质押融资，鼓励第三方建立供应链综合服务平台。民营企业、中小企业以应收账款申请担保融资的，国家机关、事业单位和大型企业等应付款方应当及时确认债权债务关系。推动抵质押登记流程简便化、标准化、规范化，建立统一的动产和权利担保登记公示系统。积极探索建立为优质民营企业增信的新机制，鼓励有条件的地方设立中小民营企业风险补偿基金，研究推出民营企业增信示范项目。发展民营企业债券融资支持工具，以市场化方式增信支持民营企业融资。

（十一）建立清理和防止拖欠账款长效机制。各级政府、大型国有企业要依法履行与民营企业、中小企业签订的协议和合同，不得违背民营企业、中小企业真实意愿或在约定的付款方式之外以承兑汇票等形式延长付款期限。加快及时支付款项有关立法，建立拖欠账款问题约束惩戒机制，通过审计监察和信用体系建设，提高政府部门和国有企业的拖欠失信成本，对拖欠民营企业、中小企业款项的责任人严肃问责。

四、健全平等保护的法治环境

（十二）健全执法司法对民营企业的平等保护机制。加大对民营企业的刑事保护力度，依法惩治侵犯民营企业投资者、管理者和从业人员合法权益的违法犯罪行为。提高司法审判和执行效率，防止因诉讼拖延影响企业生产经营。保障民营企业家在协助纪检监察机关审查调查时的人身和财产合法权益。健全知识产权侵权惩罚性赔偿制度，完善诉讼证据规则、证据披露以及证据妨碍排除规则。

（十三）保护民营企业和企业家合法财产。严格按照法定程序采取查封、扣押、冻结等措施，依法严格区分违法所得、其他涉案财产与合法财产，严格区分企业法人财产与股东个人财产，严格区分涉案人员个人财产与家庭成员财产。持续甄别纠正侵犯民营企业和企业家人身财产权的冤错案件。建立涉政府产权纠纷治理长效机制。

五、鼓励引导民营企业改革创新

（十四）引导民营企业深化改革。鼓励有条件的民营企业加快建立治理结构合理、股东行为规范、内部约束有效、运行高效灵活的现代企业制度，重视发挥公司律师和法律顾问作用。鼓励民营企业制定规范的公司章程，完善公司股东会、董事会、监事会等制度，明确各自职权及议事规则。鼓励民营企业完善内部激励约束机制，规范优化业务流程和组织结构，建立科学规范的劳动用工、收入分配制度，推动质量、品牌、财务、营销等精细化管理。

（十五）支持民营企业加强创新。鼓励民营企业独立或与有关方面联合承担国家各类科研项目，参与国家重大科学技术项目攻关，通过实施技术改造转化创新成果。各级政府组织实施科技创新、技术转化等项目时，要平等对待不同所有制企业。加快向民营企业开放国家重大科研基础设施和大型科研仪器。在标准制定、复审过程中保障民营企业平等参与。系统清理与企业性质挂钩的职称评定、奖项申报、福利保障等规定，畅通科技创新人才向民营企业流动渠道。在人才引进支持政策方面对民营企业一视同仁，支持民营企业引进海外高层次人才。

（十六）鼓励民营企业转型升级优化重组。鼓励民营企业因地制宜聚焦主业加快转型升级。优化企业兼并重组市场环境，支持民营企业做优做强，培育更多具有全球竞争力的世界一流企业。支持民营企业参与国有企业改革。引导中小民营企业走"专精特新"发展之路。畅通市场化退出渠道，完善企业破产清算和重整等法律制度，提高注销登记便利度，进一步做好"僵尸企业"处置工作。

（十七）完善民营企业参与国家重大战略实施机制。鼓励民营企业积极参与共建"一带一路"、京津冀协同发展、长江经济带发展、长江三角洲区域一体化发展、粤港澳大湾区建设、黄河流域生态保护和高质量发展、推进海南全面深化改革开放等重大国家战略，积极参与乡村振兴战略。在重大规划、重大项目、重大工程、重大活动中积极吸引民营企业参与。

六、促进民营企业规范健康发展

（十八）引导民营企业聚精会神办实业。营造实干兴邦、实业报国的良好社会氛围，鼓励支持民营企业心无旁骛做实业。引导民营企业提高战略规划和执行能力，弘扬工匠精神，通过聚焦实业、做精主业不断提升企业发展质量。大力弘扬爱国敬业、遵纪守法、艰苦奋斗、创新发展、专注品质、追求卓越、诚信守约、履行责任、勇于担当、服务社会的优秀企业家精神，认真总结梳理宣传一批典型案例，发挥示范带动作用。

（十九）推动民营企业守法合规经营。民营企业要筑牢守法合规经营底线，依法经营、依法治企、依法维权，认真履行环境保护、安全生产、职工权益保障等责任。民营企业走出去要遵法守法、合规经营，塑造良好形象。

（二十）推动民营企业积极履行社会责任。引导民营企业重信誉、守信用、讲信义，自觉强化信用管理，及时进行信息披露。支持民营企业赴革命老区、民族地区、边疆地区、贫困地区和中西部、东北地区投资兴业，引导民营企业参与对口支援和帮扶工作。鼓励民营企业积极参与社会公益、慈善事业。

（二十一）引导民营企业家健康成长。民营企业家要加强自我学习、自我教育、自我提升，珍视自身社会形象，热爱祖国、热爱人民、热爱中国共产党，把守法诚信作为安身立命之本，积极践行社会主义核心价值观。要加强对民营企业家特别是年轻一代民营企业家的理想信念教育，实施年轻一代民营企业家健康成长促进计划，支持帮助民营企业家实现事业新老交接和有序传承。

七、构建亲清政商关系

（二十二）建立规范化机制化政企沟通渠道。地方各级党政主要负责同志要采取多种方式经常听取民营企业意见和诉求，畅通企业家提出意见诉求通道。鼓励行业协会商会、人民团体在畅通民营企业与政府沟通等方面发挥建设性作用，支持优秀民营企业家在群团组织中兼职。

（二十三）完善涉企政策制定和执行机制。制定实施涉企政策时，要充分听取相关企业意见建议。保持政策连续性稳定性，健全涉企政策全流程评估制度，完善涉企政策调整程序，根据实际设置合理过渡期，给企业留出必要的适应调整时间。政策执行要坚持实事求是，不搞"一刀切"。

（二十四）创新民营企业服务模式。进一步提升政府服务意识和能力，鼓励各级政府编制政务服务事项清单并向社会公布。维护市场公平竞争秩序，完善陷入困境优质企业的救助机制。建立政务服务"好差评"制度。完善对民营企业全生命周期的服务模式和服务链条。

（二十五）建立政府诚信履约机制。各级政府要认真履行在招商引资、政府与社会资本合作等活动中与民营企业依法签订的各类合同。建立政府失信责任追溯和承担机制，对民营企业因国家利益、公共利益或其他法定事由需要改变政府承诺和合同约定而受到的损失，要依法予以补偿。

八、组织保障

（二十六）建立健全民营企业党建工作机制。坚持党对支持民营企业改革发展工作的领导，增强"四个意识"，坚定"四个自信"，做到"两个维护"，教育引导民营企业和企业家拥护党的领导，支持企业党建工作。指导民营企业设立党组织，积极探索创新党建工作方式，围绕宣传贯彻党的路线方针政策、团结凝聚职工群众、维护各方合法权益、建设先进企业文化、促进企业健康发展等开展工作，充分发挥党组织的战斗堡垒作用和党员的先锋模范作用，努力提升民营企业党的组织和工作覆盖质量。

（二十七）完善支持民营企业改革发展工作机制。建立支持民营企业改革发展的领导协调机制。将支持民营企业发展相关指标纳入高质量发展绩效评价体系。加强民营经济统计监测和分析工作。开展面向民营企业家的政策培训。

（二十八）健全舆论引导和示范引领工作机制。加强舆论引导，主动讲好民营企业和企业家故事，坚决抵制、及时批驳澄清质疑社会主义基本经济制度、否定民营经济的错误言论。在各类评选表彰活动中，平等对待优秀民营企业和企业家。研究支持改革发展标杆民营企业和民营经济示范城市，充分发挥示范带动作用。

各地区各部门要充分认识营造更好发展环境支持民营企业改革发展的重要性，切实把思想和行动统一到党中央、国务院的决策部署上来，加强组织领导，完善工作机制，制定具体措施，认真抓好本意见的贯彻落实。国家发展改革委要会同有关部门适时对支持民营企业改革发展的政策落实情况进行评估，重大情况及时向党中央、国务院报告。

3. 白某、秦某、石某是好友，他们商量共同创业开办一家提供大数据分析服务的企业，白某出资货币 300 万元，秦某以第三人授权给他的专利使用权出资，希望作价 180 万元，石某用自己出资购买但产权登记在父母名下的一套房产出资，希望作价 200 万元。三人打算成立一家有限责任公司。请你帮他们设计一套完整的企业设立方案，方案阐明设立步骤、出资流程，并附上公司章程。

本章推荐学习资料

国家发展和改革委员会与商务部是负责企业经营活动和项目审批的两家重要行政机关，建议大家登录其官方网站，熟悉网站政策文件的查询方式，并尝试搜索文件——《外商投资准入特别管理措施（负面清单）(2020 年版)》。

第二章

商事主体运行与创业组织安排

【教学目标】

本章通过商事主体运行机制和内部治理引出创业经营中的组织安排问题，在系统介绍个人独资企业、合伙企业和公司三类企业组织形式的主要内部机构基础上，详细阐述不同机构的职权和运行机制，让学生在头脑里树立企业内部治理是创业顺利进行基石的概念，熟悉不同商事主体的内部治理流程，掌握利用企业内部制度设计实现自身经营理念和经营目标的初步技巧，并对投资者和经营管理者在企业组织安排中的不同立场有深入理解和认识。

第一节 个人独资企业运行

一、个人独资企业的事务管理

个人独资企业因其投资人对企业债务承担无限责任，故法律对其企业运行的干预性规范很少，投资人可以自行管理企业事务，也可以委托或者聘用其他具有民事行为能力的人负责企业的事务管理。投资人委托或者聘用他人管理个人独资企业事务，应当与受托人或者被聘用的人签订书面合同，明确委托的具体内容和授予的权利范围。受托人或者被聘用的人员应当履行诚信、勤勉义务，按照与投资人签订的合同负责个人独资企业的事务管理。特别需要注意的是，投资人对受托人或者被聘用的人员职权的限制，不得对抗善意第三人。

二、个人独资企业管理人员的义务

投资人委托或者聘用的管理个人独资企业事务的人员不得有下列行为：（1）利用职务上的便利，索取或者收受贿赂；（2）利用职务或者工作上的便利侵占企业财产；（3）挪用企业的资金归个人使用或者借贷给他人；（4）擅自将企业资金以个人名义或者以他人名义开立账户储存；（5）擅自以企业财产提供担保；（6）未经投资人同意，从事与本企业相竞争的业务；（7）未经投资人同意，同本企业订立合同或者进行交易；（8）未经投资人同意，擅自将企业商标或者其他知识产权转让给他人使用；（9）泄露本企业的商业秘密；（10）法律、行政法规禁止的其他行为。

三、个人独资企业的财务及用工管理

个人独资企业应当依法设置会计账簿，进行会计核算。

个人独资企业招用职工的，应当依法与职工签订劳动合同，保障职工的劳动安全，按时、足额发放职工工资。

第二节 合伙企业运行

一、合伙企业的财产

合伙人的出资、以合伙企业名义取得的收益和依法取得的其他财产，均为合伙企业的财产。合伙人在合伙企业清算前，不得请求分割合伙企业的财产，但是《合伙企业法》另有规定的除外。合伙人在合伙企业清算前私自转移或者处分合伙企业财产的，合伙企业不得以此对抗善意第三人。

二、合伙份额的转让、出质

除合伙协议另有约定外，合伙人向合伙人以外的人转让其在合伙企业中的全部或者部分财产份额时，须经其他合伙人一致同意。合伙人之间转让在合伙企业中的全部或者部分财产份额时，应当通知其他合伙人。

合伙人向合伙人以外的人转让其在合伙企业中的财产份额的，在同等条件下，其他合伙人有优先购买权，但是合伙协议另有约定的除外。

合伙人以外的人依法受让合伙人在合伙企业中的财产份额的，经修改合伙协议即成为合伙企业的合伙人，依照《合伙企业法》和修改后的合伙协议享有权利，履行义务。

合伙人以其在合伙企业中的财产份额出质的，须经其他合伙人一致同意；未经其他合伙人一致同意，其行为无效，由此给善意第三人造成损失的，由行为人依法承担赔偿责任。

三、合伙事务执行

合伙人对执行合伙事务享有同等的权利。按照合伙协议的约定或者经全体合伙人决定，可以委托一个或者数个合伙人对外代表合伙企业，执行合伙事务；作为合伙人的法人、其他组织执行合伙事务的，由其委派的代表执行。委托一个或者数个合伙人执行合伙事务的，其他合伙人不再执行合伙事务；不执行合伙事务的合伙人有权监督执行事务合伙人执行合伙事务的情况。

由一个或者数个合伙人执行合伙事务的，执行事务合伙人应当定期向其他合伙人报告事务执行情况以及合伙企业的经营和财务状况，其执行合伙事务所产生的收益归合伙企业，所产生的费用和亏损由合伙企业承担。合伙人为了解合伙企业的经营状况和财务状况，有权查阅合伙企业会计账簿等财务资料。

合伙人分别执行合伙事务的，执行事务合伙人可以对其他合伙人执行的事务提出异议。提出异议时，应当暂停该项事务的执行。

受委托执行合伙事务的合伙人不按照合伙协议或者全体合伙人的决定执行事务的，其他合伙人可以决定撤销该委托。

四、合伙事务决策与表决

合伙人对合伙企业有关事项作出决议，按照合伙协议约定的表决办法办理。合伙协议未约定或者约定不明确的，实行合伙人一人一票并经全体合伙人过半数通过的表决办法。《合伙企业法》对合伙企业的表决办法另有规定的，从其规定。

除合伙协议另有约定外，合伙企业的下列事项应当经全体合伙人一致同意：（1）改变合伙企业的名称；（2）改变合伙企业的经营范围、主要经营场所的地点；（3）处分合伙企业的不动产；（4）转让或者处分合伙企业的知识产权和其他财产权利；（5）以合伙企业名义为他人提供担保；（6）聘任合伙人以外的人担任合伙企业的经营管理人员。

五、合伙人及被聘任管理人员对合伙企业的义务

合伙人不得自营或者同他人合作经营与本合伙企业相竞争的业务。除合伙协议另有约定或者经全体合伙人一致同意外，合伙人不得同本合伙企业进行交易。合伙人不得从事损害本合伙企业利益的活动。

被聘任的合伙企业的经营管理人员应当在合伙企业授权范围内履行职务。被聘任的合伙企业的经营管理人员，超越合伙企业授权范围履行职务，或者在履行职务过程中因故意或者重大过失给合伙企业造成损失的，依法承担赔偿责任。

六、合伙企业的盈亏承担

合伙企业的利润分配、亏损分担，按照合伙协议的约定办理；合伙协议未约定或者约定不明确的，由合伙人协商决定；协商不成的，由合伙人按照实缴出资比例分配、分担；无法确定出资比例的，由合伙人平均分配、分担。

合伙协议不得约定将全部利润分配给部分合伙人或者由部分合伙人承担全部亏损。

七、合伙企业与第三人关系

合伙企业对合伙人执行合伙事务以及对外代表合伙企业权利的限制，不得对抗善意第三人。

八、合伙企业债务的承担

合伙企业对其债务，应先以其全部财产进行清偿。合伙企业不能清偿到期债务的，合伙人承担无限连带责任。合伙人由于承担无限连带责任，清偿数额超过《合伙企业法》第三十三条第一款规定的其亏损分担比例的，有权向其他合伙人追偿。

合伙人发生与合伙企业无关的债务，相关债权人不得以其债权抵销其对合伙企业的债务，也不得代位行使合伙人在合伙企业中的权利。合伙人的自有财产不足清偿其与合伙企业无关的债务的，该合伙人可以其从合伙企业中分取的收益用于清偿；债权人也可以依法请求人民法院强制执行该合伙人在合伙企业中的财产份额用于清偿。人民法院强制执行合伙人的财产份额时，应当通知全体合伙人，其他合伙人有优先购买权；其他合伙人未购买，又不同意将该财产份额转让给他人的，依照《合伙企业法》第五十一条的规定为该合伙人办理退伙结算，或者办理削减该合伙人相应财产份额的结算。

九、入伙

新合伙人入伙，除合伙协议另有约定外，应当经全体合伙人一致同意，并依法订立书面入伙协议。订立入伙协议时，原合伙人应当向新合伙人如实告知原合伙企业的经营状况和财务状况。

入伙的新合伙人与原合伙人享有同等权利，承担同等责任。入伙协议另有约定的，从其约定。新合伙人对入伙前合伙企业的债务承担无限连带责任。

十、退伙

（一）退伙的事由

合伙协议约定合伙期限的，在合伙企业存续期间，有下列情形之一的，合伙人可以退伙：（1）合伙协议约定的退伙事由出现；（2）经全体合伙人一致同意；（3）发生合伙人难以继续参加合伙的事由；（4）其他合伙人严重违反合伙协议约定的义务。合伙协议未约定合伙期限的，合伙人在不给合伙企业事务执行造成不利影响的情况下，可以退伙，但应当提前30日通知其他合伙人。合伙人违反《合伙企业法》第四十五条、第四十六条的规定退伙的，应当赔偿由此给合伙企业造成的损失。

合伙人有下列情形之一的，当然退伙：（1）作为合伙人的自然人死亡或者被依法宣告死亡；（2）个人丧失偿债能力；（3）作为合伙人的法人或者其他组织依法被吊销营业执照、责令关闭、撤销，或者被宣告破产；（4）法律规定或者合伙协议约定合伙人必须具有相关资格而丧失该资格；（5）合伙人在合伙企业中的全部财产份额被人民法院强制执行。

合伙人被依法认定为无民事行为能力人或者限制民事行为能力人的，经其他合伙人一致同意，可以依法转为有限合伙人，普通合伙企业依法转为有限合伙企业。其他合伙人未能一致同意的，该无民事行为能力或者限制民事行为能力的合伙人退伙。退伙事由实际发生之日为退伙生效日。

合伙人有下列情形之一的，经其他合伙人一致同意，可以决议将其除名：（1）未履行出资义务；（2）因故意或者重大过失给合伙企业造成损失；（3）执行合伙事务时有不正当行为；（4）发生合伙协议约定的事由。对合伙人的除名决议应当书面通知被除名人。被除名人接到除名通知之日，除名生效，被除名人退伙。被除名人对除名决议有异议的，可以自接到除名通知之日起30日内，向人民法院起诉。

合伙人死亡或者被依法宣告死亡的，对该合伙人在合伙企业中的财产份额享有合法继承权的继承人，按照合伙协议的约定或者经全体合伙人一致同意，从继承开始之日起，取得该合伙企业的合伙人资格。

有下列情形之一的，合伙企业应当向合伙人的继承人退还被继承合伙人的财产份额：（1）继承人不愿意成为合伙人；（2）法律规定或者合伙协议约定合伙人必须具有相关资格，而该继承人未取得该资格；（3）合伙协议约定不能成为合伙人的其他情形。

合伙人的继承人为无民事行为能力人或者限制民事行为能力人的，经全体合伙人一致同意，可以依法成为有限合伙人，普通合伙企业依法转为有限合伙企业。全体合伙人未能一致同意的，合伙企业应当将被继承合伙人的财产份额退还该继承人。

（二）退伙的责任承担

合伙人退伙，其他合伙人应当与该退伙人按照退伙时的合伙企业财产状况进行结算，退还退伙人的财产份额。退伙人对给合伙企业造成的损失负有赔偿责任的，相应扣减其应当赔偿的数额。

退伙时有未了结的合伙企业事务的，待该事务了结后进行结算。

退伙人在合伙企业中财产份额的退还办法，由合伙协议约定或者由全体合伙人决定，可以退还货币，也可以退还实物。

退伙人对基于其退伙前的原因发生的合伙企业债务，承担无限连带责任。合伙人退伙时，合伙企业财产少于合伙企业债务的，退伙人应当依照《合伙企业法》第三十三条第一款的规定分担亏损。

第三节 公司运行

一、股东的主要义务

公司股东应当遵守法律、行政法规和公司章程，依法行使股东权利，不得滥用股东权利损害公司或者其他股东的利益；不得滥用公司法人独立地位和股东有限责任损害公司债权人的利益。公司股东滥用股东权利给公司或者其他股东造成损失的，应当依法承担赔偿责任。公司股东滥用公司法人独立地位和股东有限责任，逃避债务，严重损害公司债权人利益的，应当对公司债务承担连带责任。

公司的控股股东、实际控制人、董事、监事、高级管理人员不得利用其关联关系损害公司利益。违反前款规定，给公司造成损失的，应当承担赔偿责任。

二、股东的主要权利

（一）查阅公司财务资料及其他资料

股东有权查阅、复制公司章程、股东会会议记录、董事会会议决议、监事会会议决议和财务会计报告。股东可以要求查阅公司会计账簿。股东要求查阅公司会计账簿的，应当向公司提出书面请求，说明目的。公司有合理根据认为股东查阅会计账簿有不正当目的，可能损害公司合法利益的，可以拒绝提供查阅，并应当自股东提出书面请求之日起 15 日内书面答复股东并说明理由。公司拒绝提供查阅的，股东可以请求人民法院要求公司提供查阅。

（二）分红权和增资优先认购权

股东享有分红权与优先认购权。股东按照实缴的出资比例分取红利；公司新增资本时，股东有权优先按照实缴的出资比例认缴出资。但是，全体股东约定不按照出资比例分取红利或者不按照出资比例优先认缴出资的除外。

有限责任公司的自然人股东因继承发生变化时，其他股东不能依据《公司法》第七十一条第三款规定行使优先购买权,但公司章程另有规定或者全体股东另有约定的除外。

(三) 转让股权

有限责任公司的股东向股东以外的人转让股权,应就其股权转让事项以书面或者其他能够确认收悉的合理方式通知其他股东征求同意。其他股东半数以上不同意转让,不同意的股东不购买的,视为同意转让。经股东同意转让的股权,其他股东可以要求转让股东应当向其以书面或者其他能够确认收悉的合理方式通知转让股权的同等条件。经股东同意转让的股权,在同等条件下,转让股东以外的其他股东可以主张优先购买的,但转让股东依据《公司法司法解释四》第二十条放弃转让的除外。在判断是否符合《公司法》第七十一条第三款及《公司法司法解释四》所称的"同等条件"时,应当考虑转让股权的数量、价格、支付方式及期限等因素。

有限责任公司的股东主张优先购买转让股权的,应当在收到通知后,在公司章程规定的行使期间内提出购买请求。公司章程没有规定行使期间或者规定不明确的,以通知确定的期间为准,通知确定的期间短于30日或者未明确行使期间的,行使期间为30日。

有限责任公司的股东向股东以外的人转让股权,未就其股权转让事项征求其他股东意见,或者以欺诈、恶意串通等手段,损害其他股东优先购买权,其他股东可以主张按照同等条件购买该转让股权,但其他股东自知道或者应当知道行使优先购买权的同等条件之日起30日内没有主张,或者自股权变更登记之日起超过1年的除外。前款规定的其他股东在提出确认股权转让合同及股权变动效力等请求时应同时主张按照同等条件购买转让股权,但其他股东非因自身原因导致无法行使优先购买权,请求损害赔偿的除外。股东以外的股权受让人,因股东行使优先购买权而不能实现合同目的的,可以依法请求转让股东承担相应民事责任。

通过拍卖向股东以外的人转让有限责任公司股权的,适用《公司法》第七十一条第二款、第三款或者第七十二条规定的"书面通知""通知""同等条件"时,根据相关法律、司法解释确定。在依法设立的产权交易场所转让有限责任公司国有股权的,适用《公司法》第七十一条第二款、第三款或者第七十二条规定的"书面通知""通知""同等条件"时,可以参照产权交易场所的交易规则。

(四) 请求赔偿权

股东行使知情权后泄露公司商业秘密导致公司合法利益受到损害,公司可以请求该股东赔偿相关损失。辅助股东查阅公司文件材料的会计师、律师等泄露公司商业秘密导致公司合法利益受到损害,公司可以请求其赔偿相关损失。

公司董事、高级管理人员等未依法履行职责,导致公司未依法制作或者保存《公司法》第三十三条、第九十七条规定的公司文件材料,给股东造成损失,股东可以依法请求负有相应责任的公司董事、高级管理人员承担民事赔偿责任。

三、股东会(有限责任公司)职权和股东会会议

(一) 股东会职权

有限责任公司股东会由全体股东组成。股东会是公司的权力机构,依法行使职权。股东会行使下列职权:(1) 决定公司的经营方针和投资计划;(2) 选举和更换非由职工代表担

任的董事、监事,决定有关董事、监事的报酬事项;(3)审议批准董事会的报告;(4)审议批准监事会或者监事的报告;(5)审议批准公司的年度财务预算方案、决算方案;(6)审议批准公司的利润分配方案和弥补亏损方案;(7)对公司增加或者减少注册资本作出决议;(8)对发行公司债券作出决议;(9)对公司合并、分立、解散、清算或者变更公司形式作出决议;(10)修改公司章程;(11)公司章程规定的其他职权。对前款所列事项股东以书面形式一致表示同意的,可以不召开股东会会议,直接作出决定,并由全体股东在决定文件上签名、盖章。

(二)股东会会议

首次股东会会议由出资最多的股东召集和主持。

股东会会议分为定期会议和临时会议。定期会议应当依照公司章程的规定按时召开。代表 1/10 以上表决权的股东,1/3 以上的董事,监事会或者不设监事会的公司的监事提议召开临时会议的,应当召开临时会议。

有限责任公司设立董事会的,股东会会议由董事会召集,董事长主持;董事长不能履行职务或者不履行职务的,由副董事长主持;副董事长不能履行职务或者不履行职务的,由半数以上董事共同推举一名董事主持。有限责任公司不设董事会的,股东会会议由执行董事召集和主持。董事会或者执行董事不能履行或者不履行召集股东会会议职责的,由监事会或者不设监事会的公司的监事召集和主持;监事会或者监事不召集和主持的,代表 1/10 以上表决权的股东可以自行召集和主持。

召开股东会会议,应当于会议召开 15 日前通知全体股东,但是公司章程另有规定或者全体股东另有约定的除外。股东会应当对所议事项的决定形成会议记录,出席会议的股东应当在会议记录上签名。

股东会会议由股东按照出资比例行使表决权,但是公司章程另有规定的除外。股东会的议事方式和表决程序,除《公司法》有规定的外,由公司章程规定。股东会会议作出修改公司章程、增加或者减少注册资本的决议,以及公司合并、分立、解散或者变更公司形式的决议,必须经代表 2/3 以上表决权的股东通过。

四、董事会(有限责任公司)职权和董事会会议

(一)董事会职权

董事会对股东会负责,行使下列职权:(1)召集股东会会议,并向股东会报告工作;(2)执行股东会的决议;(3)决定公司的经营计划和投资方案;(4)制定公司的年度财务预算方案、决算方案;(5)制定公司的利润分配方案和弥补亏损方案;(6)制定公司增加或者减少注册资本以及发行公司债券的方案;(7)制定公司合并、分立、解散或者变更公司形式的方案;(8)决定公司内部管理机构的设置;(9)决定聘任或者解聘公司经理及其报酬事项,并根据经理的提名决定聘任或者解聘公司副经理、财务负责人及其报酬事项;(10)制定公司的基本管理制度;(11)公司章程规定的其他职权。

(二)董事会会议

有限责任公司设董事会,其成员为 3—13 人,但是《公司法》第五十条另有规定的除

外。两个以上的国有企业或者两个以上的其他国有投资主体投资设立的有限责任公司，其董事会成员中应当有公司职工代表；其他有限责任公司董事会成员中可以有公司职工代表。董事会中的职工代表由公司职工通过职工代表大会、职工大会或者其他形式民主选举产生。董事会设董事长1人，可以设副董事长。董事长、副董事长的产生办法由公司章程规定。

董事任期由公司章程规定，但每届任期不得超过3年。董事任期届满，连选可以连任。董事任期届满未及时改选，或者董事在任期内辞职导致董事会成员低于法定人数的，在改选出的董事就任前，原董事仍应当依照法律、行政法规和公司章程的规定，履行董事职务。

董事会会议由董事长召集和主持；董事长不能履行职务或者不履行职务的，由副董事长召集和主持；副董事长不能履行职务或者不履行职务的，由半数以上董事共同推举1名董事召集和主持。

董事会的议事方式和表决程序，除《公司法》有规定的外，由公司章程规定。董事会应当对所议事项的决定形成会议记录，出席会议的董事应当在会议记录上签名。董事会决议的表决，实行一人一票。

五、经理

有限责任公司可以设经理，由董事会决定聘任或者解聘。经理对董事会负责，行使下列职权：(1) 主持公司的生产经营管理工作，组织实施董事会决议；(2) 组织实施公司年度经营计划和投资方案；(3) 拟定公司内部管理机构设置方案；(4) 拟定公司的基本管理制度；(5) 制定公司的具体规章；(6) 提请聘任或者解聘公司副经理、财务负责人；(7) 决定聘任或者解聘除应由董事会决定聘任或者解聘以外的负责管理人员；(8) 董事会授予的其他职权。公司章程对经理职权另有规定的，从其规定。经理列席董事会会议。

六、执行董事

股东人数较少或者规模较小的有限责任公司，可以设1名执行董事，不设董事会。执行董事可以兼任公司经理。执行董事的职权由公司章程规定。

七、监事会（有限责任公司）职权和监事会会议

（一）监事会职权

监事会、不设监事会的公司的监事行使下列职权：(1) 检查公司财务；(2) 对董事、高级管理人员执行公司职务的行为进行监督，对违反法律、行政法规、公司章程或者股东会决议的董事、高级管理人员提出罢免的建议；(3) 当董事、高级管理人员的行为损害公司的利益时，要求董事、高级管理人员予以纠正；(4) 提议召开临时股东会会议，在董事会不履行本法规定的召集和主持股东会会议职责时召集和主持股东会会议；(5) 向股东会会议提出提案；(6) 依照《公司法》第一百五十一条的规定，对董事、高级管理人员提起诉讼；(7) 公司章程规定的其他职权。

（二）监事会会议

有限责任公司设监事会，其成员不得少于3人。股东人数较少或者规模较小的有限责任公司，可以设1—2名监事，不设监事会。监事会应当包括股东代表和适当比例的公司职工

代表，其中职工代表的比例不得低于1/3，具体比例由公司章程规定。监事会中的职工代表由公司职工通过职工代表大会、职工大会或者其他形式民主选举产生。监事会设主席1人，由全体监事过半数选举产生。监事会主席召集和主持监事会会议；监事会主席不能履行职务或者不履行职务的，由半数以上监事共同推举1名监事召集和主持监事会会议。董事、高级管理人员不得兼任监事。

监事的任期每届为3年。监事任期届满，连选可以连任。监事任期届满未及时改选，或者监事在任期内辞职导致监事会成员低于法定人数的，在改选出的监事就任前，原监事仍应当依照法律、行政法规和公司章程的规定，履行监事职务。

监事可以列席董事会会议，并对董事会决议事项提出质询或者建议。监事会、不设监事会的公司的监事发现公司经营情况异常，可以进行调查；必要时，可以聘请会计师事务所等协助其工作，费用由公司承担。

监事会每年度至少召开一次会议，监事可以提议召开临时监事会会议。监事会的议事方式和表决程序，除本法有规定的外，由公司章程规定。监事会决议应当经半数以上监事通过。监事会应当对所议事项的决定形成会议记录，出席会议的监事应当在会议记录上签名。

监事会、不设监事会的公司的监事行使职权所必需的费用，由公司承担。

八、公司决议的无效或被撤销

公司股东会或者股东大会、董事会的决议内容违反法律、行政法规的无效。股东会或者股东大会、董事会的会议召集程序、表决方式违反法律、行政法规或者公司章程，或者决议内容违反公司章程的，股东可以自决议作出之日起60日内，请求人民法院撤销。股东依照前款规定提起诉讼的，人民法院可以应公司的请求，要求股东提供相应担保。公司根据股东会或者股东大会、董事会决议已办理变更登记的，人民法院宣告该决议无效或者撤销该决议后，公司应当向公司登记机关申请撤销变更登记。

请求认定股东会或者股东大会、董事会决议无效或者撤销的案件，符合下列情形之一的，应认定相关决议文件无效或者伪造的相关内容无效：（1）决议内容违反法律、行政法规强制性规定；（2）公司未召集会议或者召集了会议但未进行表决或者表决人数未达到法定多数即形成了决议文件；（3）公司虽然召集了会议，但会议决议与会议记录不符，且公司不能证明会议记录内容存在错误；（4）会议决议的股东或者董事签名系伪造或者其他伪造会议或会议决议的情形。

股东以未收到开会通知而对会议的召开不知情为由可以起诉请求认定股东会、股东大会决议无效或者请求撤销股东会、股东大会决议的。公司有证据证明已经向股东履行了通知义务，且通知方法符合法律及股东与公司事先约定的，法院通常会裁定驳回起诉。公司向原告股东履行了通知义务，但股东会、股东大会决议存在其他无效情形或者符合可撤销条件的，法院也会认定股东会、股东大会决议无效或者撤销股东会、股东大会决议。

九、国有独资公司组织机构的特殊规定

（一）权力机构

国有独资公司不设股东会，由国有资产监督管理机构行使股东会职权。国有资产监督管理机构可以授权公司董事会行使股东会的部分职权，决定公司的重大事项，但公司的合并、分立、解散、增加或者减少注册资本和发行公司债券，必须由国有资产监督管理机构决定；其中，重要的国有独资公司合并、分立、解散、申请破产的，应当由国有资产监督管理机构审核后，报本级人民政府批准。

（二）执行机构

国有独资公司设董事会，依照《公司法》第四十六条、第六十六条的规定行使职权。董事每届任期不得超过 3 年。董事会成员中应当有公司职工代表。董事会成员由国有资产监督管理机构委派，但是董事会成员中的职工代表由公司职工代表大会选举产生。董事会设董事长 1 人，可以设副董事长。董事长、副董事长由国有资产监督管理机构从董事会成员中指定。

（三）高管人员

国有独资公司设经理，由董事会聘任或者解聘。经理依照《公司法》第四十九条规定行使职权。经国有资产监督管理机构同意，董事会成员可以兼任经理。

国有独资公司的董事长、副董事长、董事、高级管理人员，未经国有资产监督管理机构同意，不得在其他有限责任公司、股份有限公司或者其他经济组织兼职。

（四）监事会

国有独资公司监事会成员不得少于 5 人，其中职工代表的比例不得低于 1/3，具体比例由公司章程规定。监事会成员由国有资产监督管理机构委派，但是监事会成员中的职工代表由公司职工代表大会选举产生。监事会主席由国有资产监督管理机构从监事会成员中指定。监事会行使《公司法》第五十三条第（一）项至第（三）项规定的职权和国务院规定的其他职权。

十、股东大会（股份有限公司）

（一）年度会议和临时会议

股东大会应当每年召开一次年会。有下列情形之一的，应当在两个月内召开临时股东大会：(1) 董事人数不足本法规定人数或者公司章程所定人数的 2/3 时；(2) 公司未弥补的亏损达实收股本总额 1/3 时；(3) 单独或者合计持有公司 10% 以上股份的股东请求时；(4) 董事会认为必要时；(5) 监事会提议召开时；(6) 公司章程规定的其他情形。

（二）股东大会会议

股东大会会议由董事会召集，董事长主持；董事长不能履行职务或者不履行职务的，由副董事长主持；副董事长不能履行职务或者不履行职务的，由半数以上董事共同推举 1 名董事主持。董事会不能履行或者不履行召集股东大会会议职责的，监事会应当及时召集和主持；监事会不召集和主持的，连续 90 日以上单独或者合计持有公司 10% 以上股份的股东可以自行召集和主持。

召开股东大会会议，应当将会议召开的时间、地点和审议的事项于会议召开 20 日前通知各股东；临时股东大会应当于会议召开 15 日前通知，各股东；发行无记名股票的，应当于会议召开 30 日前公告会议召开的时间、地点和审议事项。单独或者合计持有公司 3% 以上股份的股东，可以在股东大会召开 10 日前提出临时提案并书面提交董事会；董事会应当在收到提案后 2 日内通知其他股东，并将该临时提案提交股东大会审议。临时提案的内容应当属于股东大会职权范围，并有明确议题和具体决议事项。股东大会不得对前两款通知中未列明的事项作出决议。无记名股票持有人出席股东大会会议的，应当于会议召开 5 日前至股东大会闭会时将股票交存于公司。

股东大会应当对所议事项的决定形成会议记录，主持人、出席会议的董事应当在会议记录上签名。会议记录应当与出席股东的签名册及代理出席的委托书一并保存。

（三）股东大会的表决

股东出席股东大会会议，所持每一股份有一表决权。但是，公司持有的本公司股份没有表决权。股东大会作出决议，必须经出席会议的股东所持表决权过半数通过。但是，股东大会作出修改公司章程、增加或者减少注册资本的决议，以及公司合并、分立、解散或者变更公司形式的决议，必须经出席会议的股东所持表决权的 2/3 以上通过。

《公司法》和公司章程规定公司转让、受让重大资产或者对外提供担保等事项必须经股东大会作出决议的，董事会应当及时召集股东大会会议，由股东大会就上述事项进行表决。

股东大会选举董事、监事，可以依照公司章程的规定或者股东大会的决议，实行累积投票制。累积投票制是指股东大会选举董事或者监事时，每一股份拥有与应选董事或者监事人数相同的表决权，股东拥有的表决权可以集中使用。

股东可以委托代理人出席股东大会会议，代理人应当向公司提交股东授权委托书，并在授权范围内行使表决权。

十一、董事会（股份有限公司）

（一）董事会的组成

股份有限公司设董事会，其成员为 5—19 人。董事会成员中可以有公司职工代表。董事会中的职工代表由公司职工通过职工代表大会、职工大会或者其他形式民主选举产生。《公司法》第四十五条关于有限责任公司董事任期的规定，适用于股份有限公司董事。《公司法》第四十六条关于有限责任公司董事会职权的规定，适用于股份有限公司董事会。

董事会设董事长 1 人，可以设副董事长。董事长和副董事长由董事会以全体董事的过半数选举产生。董事长召集和主持董事会会议，检查董事会决议的实施情况。副董事长协助董事长工作，董事长不能履行职务或者不履行职务的，由副董事长履行职务；副董事长不能履行职务或者不履行职务的，由半数以上董事共同推举 1 名董事履行职务。

（二）董事会会议

董事会每年度至少召开两次会议，每次会议应当于会议召开 10 日前通知全体董事和监事。代表 1/10 以上表决权的股东、1/3 以上董事或者监事会，可以提议召开董事会临时会议。董事长应当自接到提议后 10 日内，召集和主持董事会会议。董事会召开临时会议，可以另定召集董事会的通知方式和通知时限。

董事会会议应有过半数的董事出席方可举行。董事会作出决议，必须经全体董事的过半数通过。董事会决议的表决，实行一人一票。

董事会会议，应由董事本人出席；董事因故不能出席，可以书面委托其他董事代为出席，委托书中应载明授权范围。董事会应当对会议所议事项的决定形成会议记录，出席会议的董事应当在会议记录上签名。董事应当对董事会的决议承担责任。董事会的决议违反法律、行政法规或者公司章程、股东大会决议，致使公司遭受严重损失的，参与决议的董事对公司负赔偿责任。但经证明在表决时曾表明异议并记载于会议记录的，该董事可以免除责任。

十二、有限责任公司的股权转让

（一）股权转让

有限责任公司的股东之间可以相互转让其全部或者部分股权。股东向股东以外的人转让股权，应当经其他股东过半数同意。股东应就其股权转让事项书面通知其他股东征求同意，其他股东自接到书面通知之日起满30日未答复的，视为同意转让。其他股东半数以上不同意转让的，不同意的股东应当购买该转让的股权；不购买的，视为同意转让。经股东同意转让的股权，在同等条件下，其他股东有优先购买权。两个以上股东主张行使优先购买权的，协商确定各自的购买比例；协商不成，按照转让时各自的出资比例行使优先购买权。公司章程对股权转让另有规定的，从其规定。

人民法院依照法律规定的强制执行程序转让股东的股权时，应当通知公司及全体股东，其他股东在同等条件下有优先购买权。其他股东自人民法院通知之日起满20日不行使优先购买权的，视为放弃优先购买权。

依照《公司法》第七十一条、第七十二条转让股权后，公司应当注销原股东的出资证明书，向新股东签发出资证明书，并相应修改公司章程和股东名册中有关股东及其出资额的记载。对公司章程的该项修改不需再由股东会表决。

（二）股权收购请求权

有下列情形之一的，对股东会该项决议投反对票的股东可以请求公司按照合理的价格收购其股权：（1）公司连续5年不向股东分配利润，而公司该5年连续盈利，并且符合本法规定的分配利润条件的；（2）公司合并、分立、转让主要财产的；（3）公司章程规定的营业期限届满或者章程规定的其他解散事由出现，股东会会议通过决议修改章程使公司存续的。自股东会会议决议通过之日起60日内，股东与公司不能达成股权收购协议的，股东可以自股东会会议决议通过之日起90日内向人民法院提起诉讼。

十三、股份有限公司的股份转让

记名股票，由股东以背书方式或者法律、行政法规规定的其他方式转让；转让后由公司将受让人的姓名或者名称及住所记载于股东名册。股东大会召开前20日内或者公司决定分配股利的基准日前5日内，不得进行前款规定的股东名册的变更登记。但是，法律对上市公司股东名册变更登记另有规定的，从其规定。

无记名股票的转让，由股东将该股票交付给受让人后即发生转让的效力。

发起人持有的本公司股份，自公司成立之日起1年内不得转让。公司公开发行股份前已发行的股份,自公司股票在证券交易所上市交易之日起1年内不得转让。公司董事、监事、高级管理人员应当向公司申报所持有的本公司的股份及其变动情况,在任职期间每年转让的股份不得超过其所持有本公司股份总数的25%;所持本公司股份自公司股票上市交易之日起1年内不得转让。上述人员离职后半年内,不得转让其所持有的本公司股份。公司章程可以对公司董事、监事、高级管理人员转让其所持有的本公司股份作出其他限制性规定。

十四、收购本公司股份

公司不得收购本公司股份。但是,有下列情形之一的除外:(1)减少公司注册资本;(2)与持有本公司股份的其他公司合并;(3)将股份用于员工持股计划或者股权激励;(4)股东因对股东大会作出的公司合并、分立决议持异议,要求公司收购其股份;(5)将股份用于转换上市公司发行的可转换为股票的公司债券;(6)上市公司为维护公司价值及股东权益所必需。

公司因前款第(1)项、第(2)项规定的情形收购本公司股份的,应当经股东大会决议;公司因前款第(3)项、第(5)项、第(6)项规定的情形收购本公司股份的,可以依照公司章程的规定或者股东大会的授权,经2/3以上董事出席的董事会会议决议。

公司依照本条第一款规定收购本公司股份后,属于第(1)项情形的,应当自收购之日起10日内注销;属于第(2)项、第(4)项情形的,应当在6个月内转让或者注销;属于第(3)项、第(5)项、第(6)项情形的,公司合计持有的本公司股份数不得超过本公司已发行股份总额的10%,并应当在3年内转让或者注销。上市公司收购本公司股份的,应当依照《证券法》的规定履行信息披露义务。上市公司因本条第一款第(3)项、第(5)项、第(6)项规定的情形收购本公司股份的,应当通过公开的集中交易方式进行。公司不得接受本公司的股票作为质押权的标的。

十五、公司董事、监事、高级管理人员的消极任职资格、义务及责任

(一)公司董事、监事、高级管理人员的消极任职资格

有下列情形之一的,不得担任公司的董事、监事、高级管理人员:(1)无民事行为能力或者限制民事行为能力;(2)因贪污、贿赂、侵占财产、挪用财产或者破坏社会主义市场经济秩序,被判处刑罚,执行期满未逾5年,或者因犯罪被剥夺政治权利,执行期满未逾5年;(3)担任破产清算的公司、企业的董事或者厂长、经理,对该公司、企业的破产负有个人责任的,自该公司、企业破产清算完结之日起未逾3年;(4)担任因违法被吊销营业执照、责令关闭的公司、企业的法定代表人,并负有个人责任的,自该公司、企业被吊销营业执照之日起未逾3年;(5)个人所负数额较大的债务到期未清偿。公司违反前款规定选举、委派董事、监事或者聘任高级管理人员的,该选举、委派或者聘任无效。董事、监事、高级管理人员在任职期间出现本条第一款所列情形的,公司应当解除其职务。

(二)公司董事、监事、高级管理人员的义务及责任

董事、监事、高级管理人员应当遵守法律、行政法规和公司章程,对公司负有忠实义务和勤勉义务。董事、监事、高级管理人员不得利用职权收受贿赂或者其他非法收入,不得侵占公司的财产。

董事、高级管理人员不得有下列行为：（1）挪用公司资金；（2）将公司资金以其个人名义或者以其他个人名义开立账户存储；（3）违反公司章程的规定，未经股东会、股东大会或者董事会同意，将公司资金借贷给他人或者以公司财产为他人提供担保；（4）违反公司章程的规定或者未经股东会、股东大会同意，与本公司订立合同或者进行交易；（5）未经股东会或者股东大会同意，利用职务便利为自己或者他人谋取属于公司的商业机会，自营或者为他人经营与所任职公司同类的业务；（6）接受他人与公司交易的佣金归为己有；（7）擅自披露公司秘密；（8）违反对公司忠实义务的其他行为。董事、高级管理人员违反前款规定所得的收入应当归公司所有。

董事、监事、高级管理人员执行公司职务时违反法律、行政法规或者公司章程的规定，给公司造成损失的，应当承担赔偿责任。

董事、高级管理人员有《公司法》第一百四十九条规定的情形的，有限责任公司的股东、股份有限公司连续180日以上单独或者合计持有公司1%以上股份的股东，可以书面请求监事会或者不设监事会的有限责任公司的监事向人民法院提起诉讼；监事有《公司法》第一百四十九条规定的情形的，前述股东可以书面请求董事会或者不设董事会的有限责任公司的执行董事向人民法院提起诉讼。监事会、不设监事会的有限责任公司的监事，或者董事会、执行董事收到前款规定的股东书面请求后拒绝提起诉讼，或者自收到请求之日起30日内未提起诉讼，或者情况紧急、不立即提起诉讼将会使公司利益受到难以弥补的损害的，股东有权为了公司的利益以自己的名义直接向人民法院提起诉讼。他人侵犯公司合法权益，给公司造成损失的，股东可以依照前两款的规定向人民法院提起诉讼。

董事、高级管理人员违反法律、行政法规或者公司章程的规定，损害股东利益的，股东可以向人民法院提起诉讼。

十六、公司的合并

公司合并可以采取吸收合并或者新设合并。一个公司吸收其他公司为吸收合并，被吸收的公司解散。两个以上公司合并设立一个新的公司为新设合并，合并各方解散。

公司合并，应当由合并各方签订合并协议，并编制资产负债表及财产清单。公司应当自作出合并决议之日起10日内通知债权人，并于30日内在报纸上公告。债权人自接到通知书之日起30日内，未接到通知书的自公告之日起45日内，可以要求公司清偿债务或者提供相应的担保。

公司合并时，合并各方的债权、债务，应当由合并后存续的公司或者新设的公司承继。

十七、公司的分立

公司分立，其财产作相应的分割。公司分立，应当编制资产负债表及财产清单。公司应当自作出分立决议之日起10日内通知债权人，并于30日内在报纸上公告。

公司分立前的债务由分立后的公司承担连带责任。但是，公司在分立前与债权人就债务清偿达成的书面协议另有约定的除外。

十八、公司减资和增资

公司需要减少注册资本时，必须编制资产负债表及财产清单。公司应当自作出减少注册资本决议之日起 10 日内通知债权人，并于 30 日内在报纸上公告。债权人自接到通知书之日起 30 日内，未接到通知书的自公告之日起 45 日内，有权要求公司清偿债务或者提供相应的担保。

有限责任公司增加注册资本时，股东认缴新增资本的出资，依照《公司法》设立有限责任公司缴纳出资的有关规定执行。股份有限公司为增加注册资本发行新股时，股东认购新股，依照《公司法》设立股份有限公司缴纳股款的有关规定执行。

本章思考练习题

1. 民营企业家俞某去世，他的遗产继承引发了家庭纠纷。俞某与妻子育有两个儿子两个女儿，在妻子死后俞某与白某同居并生下一个儿子。俞某妻子比他早 5 年去世，去世时未进行遗产继承，现在俞某死亡，遗产继承提上议事日程。俞某名下有 3 家企业，其中两家是在其妻子死亡前开办，第三家企业是在其妻子病故后开办。俞某留下遗嘱，将前两家企业 20% 的财产份额留给与白某生的小儿子，其他财产份额由婚生 4 名子女平均继承，第三家企业则留给小儿子。这三家企业前两家是合伙企业，合伙人均为俞某和其妻子，但妻子病故后合伙企业并未进行工商变更。俞某曾答应妻子把夫妻二人所持合伙财产份额的 50% 转赠给 4 名子女，但俞某未实际办理转赠。第三家企业是有限责任公司，俞某是唯一股东。3 家企业目前均在 4 名婚生子女的控制下，白某所生儿子尚未成年。

请大家根据上述案情讨论：

（1）分别从 4 名婚生子女和白某及其儿子两个角度思考如何制定己方利益最大化的谈判方案。

（2）从法律角度分析俞某财产分配是否能如其生前所愿？

（3）这个案例中涉及了《合伙企业法》和《公司法》的哪些知识点？

（4）如果双方达成一致，应该如何合法实现财产和权利的交接？

（5）白某儿子受让权利当前存在哪些法律障碍？

2. 某工程造价公司是一家全员持股的有限责任公司，现有股东 72 人，该公司原是一家国有企业，在 10 年前改制成为全员持股的民营企业。公司董事长李某现在打算扩大公司资本规模，其法律顾问告诉他如果公司继续保持有限责任公司的组织形式，其股东人数不符合法定要求，必须要缩减人数，建议他可以考虑将公司改为股份有限公司。李某不同意法律顾问的建议，同时提出能否通过这次增资将其在公司中的持股比例增加？李某提出的方案是借股东人数不合法这一借口要求部分股东放弃显名股东身份，转为隐名股东，将其股权放在其他持股比例高的股东手中，而在即将继续的公司增加注册资本过程中，他觉得自己为公司做出了重大贡献，理应可以按更大比例出资，从而在公司获得更大股权比例。另外李某还以公司名义接受了两名打算辞职的员工持有的股权，向这两名股东退还了股本金，并给予了一定的溢价奖励，李某打算自己受让这两名股东退出的股份。

请大家思考：

（1）李某的诸多想法中哪些与法律相悖，原因是什么？

（2）这些与法律规定相悖的做法应该如何纠正？

（3）如果李某想实现自己的想法，有没有合法的操作途径？

（4）如果有股东愿意成为隐名股东，请站在他们的立场上为其设定风险防范方案。

（5）从这个案例中，你总结出哪些经验教训？

本章推荐学习资料

下面是一份股权激励协议，阅读后谈谈你对创业过程中完善员工激励的想法。

《股权激励协议》

甲方：　　　　　　　　　　　　乙方：

住址：　　　　　　　　　　　　住址：

联系方式：　　　　　　　　　　联系方式：

第一章　释　义

除非另有说明，以下简称在下文中作如下释义：

1. 公司：指_____有限责任公司。

2. 本计划：指_____有限责任公司股权期权激励计划。

3. 股权期权、期权激励、期权：指_____公司授予激励对象在未来一定期限内以预先确定的价格和条件受让_____公司一定份额股权的权利。

4. 激励对象：位于高级管理人员和其他核心员工。

5. 股东会、董事会：指_____公司股东会、董事会。

6. 标的股权：指根据本股权激励计划拟授予给激励对象的_____公司的股权。

7. 授权日：指公司向期权激励对象授予期权的日期。

8. 行权：指激励对象根据本激励计划，在规定的行权期内以预先确定的价格和条件受让公司股权的行为。

9. 可行权日：指激励对象可以行权的日期。

10. 行权价格：指_____有限公司向激励对象授予期权时所确定的受让公司股权的价格。

11. 个人绩效考核合格：《_____股权激励计划实施考核办法》。

第二章　本股权激励计划的目的

_____公司制定、实施本股权激励计划的主要目的是完善公司激励机制，进一步提高员工的积极性、创造性，促进公司业绩持续增长，在提升公司价值的同时为员工带来增值利益，实现员工与公司共同发展，具体表现为：

1. 建立对公司核心员工的中长期激励约束机制，将激励对象利益与股东价值紧密联系起来，使激励对象的行为与公司的战略目标保持一致，促进公司可持续发展。

2. 通过本股权激励计划的引入，进一步完善公司的绩效考核体系和薪酬体系，吸引、保留和激励实现公司战略目标所需要的人才。

3. 树立员工与公司共同持续发展的理念和公司文化。

第三章　本股权激励计划的管理机构

1. ＿＿＿＿＿＿＿公司股东大会作为公司的最高权力机构，负责审议批准本股权激励计划的实施、变更和终止。

2. ＿＿＿＿＿＿＿公司董事会是本股权激励计划的执行管理机构，负责拟定本股权激励计划并提交股东会会议审议通过；公司董事会根据股东大会的授权办理本股权激励计划的相关事宜。

3. ＿＿＿＿＿＿＿公司监事会是本股权激励计划的监督机构，负责核实激励对象名单，并对本股权激励计划的实施是否符合相关法律法规及《公司章程》进行监督。

第四章　本股权激励计划的激励对象

激励对象的资格本股权激励计划的激励对象应为：

1. 同时满足以下条件的人员：
（1）为＿＿＿＿＿＿＿公司的正式员工。
（2）截至＿＿＿年＿＿月＿＿日，在＿＿＿＿＿＿＿公司连续司龄满＿＿＿＿年。

2. 虽未满足上述全部条件，但公司股东会认为确有必要进行激励的其他人员。

3. 公司激励对象的资格认定权在公司股东会；激励对象名单须经公司股东会审批，并经公司监事会核实后生效。

第五章　标的股权的种类、来源、数量和分配

1. 来源：本股权激励计划拟授予给激励对象的标的股权为＿＿＿＿＿＿。

2. 数量：＿＿＿＿＿＿＿＿。

3. 分配：
（1）本股权激励计划的具体分配情况如下：＿＿＿＿＿＿＿＿。
（2）＿＿＿＿＿＿＿＿公司因公司引入战略投资者。

第六章　本股权激励计划的有效期、授权日、可行权日、禁售期

1. 有效期。本股权激励计划的有效期为＿＿＿＿＿年，自第一次授权日起计算。有效期内授予的股权期权，均设置行权限制期和行权有效期。

行权限制期为＿＿＿＿年，行权有效期为＿＿＿＿年。

2. 授权日：
（1）本计划有效期内的每年＿＿＿月＿＿＿日。
（2）＿＿＿＿＿＿＿＿公司将在＿＿＿年度、＿＿＿年度和＿＿＿年度分别按公司实际资产总额的＿＿＿％、＿＿＿％、＿＿＿％比例向符合授予条件的激励对象授予标的股权。

3. 可行权日：
（1）＿＿＿＿年＿＿月＿＿日。
（2）本次授予的股权期权的行权规定：
＿＿＿＿年行权有效期内激励对象应采取匀速分批行权的原则来行权。行权有效期后，该

次授予的期权的行使权利自动失效，不可追溯行使。

4. 禁售期：

（1）_____年____月____日。

（2）禁售期满，激励对象所持股权可以在公司股东间相互转让，也可以按照本计划约定，由公司回购。

第七章 股权的授予程序和行权条件程序

1. 授予条件。激励对象获授标的股权必须同时满足如下条件：

（1）业绩考核条件：

_____年度净利润达到或超过_____万元。

（2）绩效考核条件：

根据《_____公司股份有限公司股权激励计划实施考核办法》，激励对象上一年度绩效考核合格。

2. 授予价格：

（1）公司授予激励对象标的股权的价格；公司实际资产×获受股权占公司实际资产的比例。

（2）由公司发展基金划拨。

3. 股权期权转让协议书。公司在标的股权授予前与激励对象签订《股权期权转让协议书》，约定双方的权利义务，激励对象未签署《股权期权转让协议书》或已签署《股权期权转让协议书》，但未按照付款期限支付受让标的股权款的，视为该激励对象放弃参与本次授予。

4. 授予股权期权的程序：

（1）公司与激励对象签订《股权期权转让协议书》，约定双方的权利义务。

（2）公司于授权日向激励对象送达《股权期权授予通知书》一式贰份。

（3）激励对象在三个工作日内签署《股权期权授予通知书》，并将一份送回公司。

（4）公司根据激励对象签署情况制作股权期权激励计划管理名册，记载激励对象姓名、获授股权期权的金额、授权日期、股权期权授予协议书编号等内容。

5. 行权条件：

（1）激励对象《_____公司股权激励计划实施考核办法》考核合格。

（2）在股权期权激励计划期限内，行权期内的行权还需要达到下列财务指标条件方可实施。

第八章 本股权激励计划的变更和终止

1. 激励对象发生职务变更：

（1）激励对象职务发生变更，仍在公司任职，其已经所获授的股权期权不作变更。

（2）激励对象职务发生变更，仍在公司任职，且变更后职务在本计划激励对象范围内，按变更后职务规定获授股权期权。

（3）激励对象职务发生变更，但仍在公司任职，但变更后职务不在本计划激励对象范围内，变更后不在享有获授股权期权的权利。

2. 激励对象离职：

（1）激励对象与公司的聘用合同到期，公司不再与之续约的：其已行权的股权继续有效；已授予但尚未行权和尚未授予的股权期权不再授予，予以作废。

（2）价格回购；已授予但尚未行权和未授予的标的股权不再行权和授予，予以作废。

（3）激励对象与公司的聘用合同未到期，因公司经营性原因等原因被辞退的：其已行权的股权继续有效，并可保留；但未经公司股东会一致同意，该股权不得转让给公司股东以外的他方；已授予但尚未行权的股权期权和尚未授予的股权期权不再授予，予以作废。

（4）激励对象与公司的聘用合同未到期，未经公司同意，擅自离职的：其已行权的股权无效，或由公司按该价格回购；已授予但尚未行权和未授予的标的股权不再解锁和授予，予以作废。

3. 激励对象丧失劳动能力：

（1）激励对象因公（工）丧失劳动能力的：其已行权的；继续有效；尚未授予的股权不再授予，予以作废。

（2）激励对象非因公（工）丧失劳动能力的：其已行权；行权的股权由公司董事会酌情处置；尚未授予的标的股。

4. 激励对象退休。激励对象退休的，其已行权的股权和已授予但尚未行权。

5. 激励对象死亡。激励对象死亡的，其已行权的股权和已授予但尚未行以作废。

6. 特别条款。在任何情况下，激励对象发生触犯法律、违反职业道德、泄露公司机密、失职或渎职等行为严重损害公司利益或声誉的，公司董事会有权立即终止其所获授但尚未行权的股权，符合本计划规定情形的，按相应规定执行。

第九章 附 则

1. 本股权激励计划由公司股东会负责解释。
2. 公司股东会根据本股权激励计划的规定对股权的数量和价格进行调整。
3. 本股权期权激励计划一旦生效，激励对象同意享有本股权激励计划下的权利，即可认为其同意接受本股权激励计划的约束并承担相应的义务。
4. 本协议一式_____份，具有同等法律效力。

甲方：　　　　　　　　　　　　　　　　乙方：
_____年____月____日　　　　　　　　_____年____月____日

第三章

商事主体退出与创业市场竞争

【教学目标】

本章通过商事主体退出机制的介绍引出创业中面临的商事主体经营失败或经营目的达成后离开市场的问题，在系统介绍个人独资企业、合伙企业和公司三类主要企业组织形式的法律退出条件和操作流程基础上，让学生树立创业有风险的意识，熟悉商事主体退出市场的各种情境，掌握实际操作企业退出市场的基本技巧和债务人企业破产情况下保护自身债权利益的基本诀窍。

第一节 个人独资企业解散

一、解散的情形

个人独资企业有下列情形之一时，应当解散：（1）投资人决定解散；（2）投资人死亡或者被宣告死亡，无继承人或者继承人决定放弃继承；（3）被依法吊销营业执照；（4）法律、行政法规规定的其他情形。

二、解散通知和债权申报

个人独资企业解散，由投资人自行清算或者由债权人申请人民法院指定清算人进行清算。投资人自行清算的，应当在清算前15日内书面通知债权人，无法通知的，应当予以公告。债权人应当在接到通知之日起30日内，未接到通知的应当在公告之日起60日内，向投资人申报其债权。

个人独资企业解散后，原投资人对个人独资企业存续期间的债务仍应承担偿还责任，但债权人在5年内未向债务人提出偿债请求的，该责任消灭。

三、财产清偿顺序

个人独资企业解散的，财产应当按照下列顺序清偿：（1）所欠职工工资和社会保险费用；（2）所欠税款；（3）其他债务。

清算期间，个人独资企业不得开展与清算目的无关的经营活动。在按前条规定清偿债务前，投资人不得转移、隐匿财产。个人独资企业财产不足以清偿债务的，投资人应当以其个人的其他财产予以清偿。

四、注销

个人独资企业清算结束后，投资人或者人民法院指定的清算人应当编制清算报告，并于15日内到登记机关办理注销登记。

第二节 合伙企业解散

一、解散的情形

合伙企业有下列情形之一的，应当解散：（1）合伙期限届满，合伙人决定不再经营；（2）合伙协议约定的解散事由出现；（3）全体合伙人决定解散；（4）合伙人已不具备法定人数满30天；（5）合伙协议约定的合伙目的已经实现或者无法实现；（6）依法被吊销营业执照、责令关闭或者被撤销；（7）法律、行政法规规定的其他原因。

二、清算人及其职权

合伙企业解散，应当由清算人进行清算。清算人由全体合伙人担任；经全体合伙人过半数同意，可以自合伙企业解散事由出现后15日内指定一个或者数个合伙人，或者委托第三人，担任清算人。自合伙企业解散事由出现之日起15日内未确定清算人的，合伙人或者其他利害关系人可以申请人民法院指定清算人。

清算人在清算期间执行下列事务：（1）清理合伙企业财产，分别编制资产负债表和财产清单；（2）处理与清算有关的合伙企业未了结事务；（3）清缴所欠税款；（4）清理债权、债务；（5）处理合伙企业清偿债务后的剩余财产；（6）代表合伙企业参加诉讼或者仲裁活动。

三、债权申报

清算人自被确定之日起10日内将合伙企业解散事项通知债权人，并于60日内在报纸上公告。债权人应当自接到通知书之日起30日内，未接到通知书的自公告之日起45日内，向清算人申报债权。债权人申报债权，应当说明债权的有关事项，并提供证明材料。清算人应当对债权进行登记。

四、财产清偿顺序

清算期间，合伙企业存续，但不得开展与清算无关的经营活动。

合伙企业财产在支付清算费用和职工工资、社会保险费用、法定补偿金以及缴纳所欠税款、清偿债务后的剩余财产，依照《合伙企业法》第三十三条第一款的规定进行分配。

五、注销

清算结束，清算人应当编制清算报告，经全体合伙人签名、盖章后，在15日内向企业登记机关报送清算报告，申请办理合伙企业注销登记。

合伙企业注销后，原普通合伙人对合伙企业存续期间的债务仍应承担无限连带责任。合伙企业不能清偿到期债务的，债权人可以依法向人民法院提出破产清算申请，也可以要求普通合伙人清偿。

合伙企业依法被宣告破产的，普通合伙人对合伙企业债务仍应承担无限连带责任。

第三节　公司解散

一、解散的情形

公司因下列原因解散：(1) 公司章程规定的营业期限届满或者公司章程规定的其他解散事由出现；(2) 股东会或者股东大会决议解散；(3) 因公司合并或者分立需要解散；(4) 依法被吊销营业执照、责令关闭或者被撤销；(5) 人民法院依照《公司法》第一百八十二条的规定予以解散。

二、诉讼解散

公司经营管理发生严重困难，继续存续会使股东利益受到重大损失，通过其他途径不能解决的，持有公司全部股东表决权10%以上的股东，可以请求人民法院解散公司。

单独或者合计持有公司全部股东表决权10%以上的股东，以下列事由之一提起解散公司诉讼，并符合《公司法》第一百八十三条规定的，人民法院应予受理：(1) 公司持续两年以上无法召开股东会或者股东大会，公司经营管理发生严重困难的；(2) 股东表决时无法达到法定或者公司章程规定的比例，持续两年以上不能作出有效的股东会或者股东大会决议，公司经营管理发生严重困难的；(3) 公司董事长期冲突，且无法通过股东会或者股东大会解决，公司经营管理发生严重困难的；(4) 经营管理发生其他严重困难，公司继续存续会使股东利益受到重大损失的情形。

股东以知情权、利润分配请求权等权益受到损害，或者公司亏损、财产不足以偿还全部债务，以及公司被吊销企业法人营业执照未进行清算等为由，提起解散公司诉讼的，人民法院不予受理。

股东提起解散公司诉讼，同时又申请人民法院对公司进行清算的，人民法院对其提出的清算申请不予受理。人民法院可以告知原告，在人民法院判决解散公司后，依据《公司法》第一百八十四条和本规定第七条的规定，自行组织清算或者另行申请人民法院对公司进行清算。

三、清算组的成立与组成

公司因《公司法》第一百八十条第（一）项、第（二）项、第（四）项、第（五）项规定而解散的，应当在解散事由出现之日起 15 日内成立清算组，开始清算。有限责任公司的清算组由股东组成，股份有限公司的清算组由董事或者股东大会确定的人员组成。逾期不成立清算组进行清算的，债权人可以申请人民法院指定有关人员组成清算组进行清算。人民法院应当受理该申请，并及时组织清算组进行清算。

四、清算组的职权

清算组在清算期间行使下列职权：（1）清理公司财产，分别编制资产负债表和财产清单；（2）通知、公告债权人；（3）处理与清算有关的公司未了结的业务；（4）清缴所欠税款以及清算过程中产生的税款；（5）清理债权、债务；（6）处理公司清偿债务后的剩余财产；（7）代表公司参与民事诉讼活动。

五、债权申报

清算组应当自成立之日起 10 日内通知债权人，并于 60 日内在报纸上公告。债权人应当自接到通知书之日起 30 日内，未接到通知书的自公告之日起 45 日内，向清算组申报其债权。债权人申报债权，应当说明债权的有关事项，并提供证明材料。清算组应当对债权进行登记。在申报债权期间，清算组不得对债权人进行清偿。

六、清算程序和财产清偿顺序

清算组在清理公司财产、编制资产负债表和财产清单后，应当制定清算方案，并报股东会、股东大会或者人民法院确认。公司财产在分别支付清算费用、职工的工资、社会保险费用和法定补偿金，缴纳所欠税款，清偿公司债务后的剩余财产，有限责任公司按照股东的出资比例分配，股份有限公司按照股东持有的股份比例分配。清算期间，公司存续，但不得开展与清算无关的经营活动。公司财产在未依照前款规定清偿前，不得分配给股东。

七、破产申请

清算组在清理公司财产、编制资产负债表和财产清单后，发现公司财产不足清偿债务的，应当依法向人民法院申请宣告破产。公司经人民法院裁定宣告破产后，清算组应当将清算事务移交给人民法院。

八、注销

公司清算结束后，清算组应当制作清算报告，报股东会、股东大会或者人民法院确认，并报送公司登记机关，申请注销公司登记，公告公司终止。

九、清算组成员的义务与责任

清算组成员应当忠于职守，依法履行清算义务。清算组成员不得利用职权收受贿赂或者其他非法收入，不得侵占公司财产。清算组成员因故意或者重大过失给公司或者债权人造成损失的，应当承担赔偿责任。

第四节 破　　产

一、破产程序的目的和破产的认定

（一）破产程序的目的

破产程序的设置是为了规范企业破产程序，公平清理债权债务，保护债权人和债务人的合法权益，维护市场良性竞争秩序。

（二）破产的认定

企业法人不能清偿到期债务，并且资产不足以清偿全部债务或者明显缺乏清偿能力就可视为达到破产境地。

下列情形同时存在的，人民法院应当认定债务人不能清偿到期债务：（1）债权债务关系依法成立；（2）债务履行期限已经届满；（3）债务人未完全清偿债务。

债务人不能清偿到期债务并且具有下列情形之一的，应当认定其具备破产原因：（1）资产不足以清偿全部债务；（2）明显缺乏清偿能力。

相关当事人不能以对债务人的债务负有连带责任的人未丧失清偿能力为由，主张债务人不具备破产原因的。债务人的资产负债表，或者审计报告、资产评估报告等显示其全部资产不足以偿付全部负债的，应当认定债务人资产不足以清偿全部债务，但有相反证据足以证明债务人资产能够偿付全部负债的除外。

债务人账面资产虽大于负债，但存在下列情形之一的，应当认定其明显缺乏清偿能力：（1）因资金严重不足或者财产不能变现等原因，无法清偿债务；（2）法定代表人下落不明且无其他人员负责管理财产，无法清偿债务；（3）经人民法院强制执行，无法清偿债务；（4）长期亏损且经营扭亏困难，无法清偿债务；（5）导致债务人丧失清偿能力的其他情形。

二、破产的申请和管辖

债务人有《破产法》第二条规定的情形，可以向人民法院提出重整、和解或者破产清算申请。债务人不能清偿到期债务，债权人可以向人民法院提出对债务人进行重整或者破产清算的申请。企业法人已解散但未清算或者未清算完毕，资产不足以清偿债务的，依法负有清算责任的人应当向人民法院申请破产清算。

破产案件由债务人住所地人民法院管辖。

三、破产受理裁定

债权人提出破产申请的，人民法院应当自收到申请之日起5日内通知债务人。债务人对申请有异议的，应当自收到人民法院的通知之日起7日内向人民法院提出。人民法院应当自异议期满之日起10日内裁定是否受理。除前款规定的情形外，人民法院应当自收到破产申请之日起15日内裁定是否受理。有特殊情况需要延长前两款规定的裁定受理期限的，经上一级人民法院批准，可以延长15日。

债权人提出申请的，人民法院应当自裁定作出之日起 5 日内送达债务人。债务人应当自裁定送达之日起 15 日内，向人民法院提交财产状况说明、债务清册、债权清册、有关财务会计报告以及职工工资的支付和社会保险费用的缴纳情况。

四、债权人公告

人民法院应当自裁定受理破产申请之日起 25 日内通知已知债权人，并予以公告。通知和公告应当载明下列事项：（1）申请人、被申请人的名称或者姓名；（2）人民法院受理破产申请的时间；（3）申报债权的期限、地点和注意事项；（4）管理人的名称或者姓名及其处理事务的地址；（5）债务人的债务人或者财产持有人应当向管理人清偿债务或者交付财产的要求；（6）第一次债权人会议召开的时间和地点；（7）人民法院认为应当通知和公告的其他事项。

五、债务人相关人员义务

自人民法院受理破产申请的裁定送达债务人之日起至破产程序终结之日，债务人的有关人员承担下列义务：（1）妥善保管其占有和管理的财产、印章和账簿、文书等资料；（2）根据人民法院、管理人的要求进行工作，并如实回答询问；（3）列席债权人会议并如实回答债权人的询问；（4）未经人民法院许可，不得离开住所地；（5）不得新任其他企业的董事、监事、高级管理人员。前款所称有关人员，是指企业的法定代表人；经人民法院决定，可以包括企业的财务管理人员和其他经营管理人员。

六、债务人未履行完毕合同的处理

人民法院受理破产申请后，管理人对破产申请受理前成立而债务人和对方当事人均未履行完毕的合同有权决定解除或者继续履行，并通知对方当事人。管理人自破产申请受理之日起两个月内未通知对方当事人，或者自收到对方当事人催告之日起 30 日内未答复的，视为解除合同。

管理人决定继续履行合同的，对方当事人应当履行，但是对方当事人有权要求管理人提供担保。管理人不提供担保的，视为解除合同。

七、破产管理人

破产管理人由人民法院指定。债权人会议认为管理人不能依法、公正执行职务或者有其他不能胜任职务情形的，可以申请人民法院予以更换。

管理人依照《破产法》规定执行职务，向人民法院报告工作，并接受债权人会议和债权人委员会的监督。管理人应当列席债权人会议，向债权人会议报告职务执行情况，并回答询问。

管理人履行下列职责：（1）接管债务人的财产、印章和账簿、文书等资料；（2）调查债务人财产状况，制作财产状况报告；（3）决定债务人的内部管理事务；（4）决定债务人的日常开支和其他必要开支；（5）在第一次债权人会议召开之前，决定继续或者停止债务人的营业；（6）管理和处分债务人的财产；（7）代表债务人参加诉讼、仲裁或者其他法律程序；（8）提议召开债权人会议；（9）人民法院认为管理人应当履行的其他职责。

八、债务人财产（破产企业财产）

（一）破产企业财产的范围

破产申请受理时属于债务人的全部财产，以及破产申请受理后至破产程序终结前债务人取得的财产，为债务人财产。

除债务人所有的货币、实物外，债务人依法享有的可以用货币估价并可以依法转让的债权、股权、知识产权、用益物权等财产和财产权益，均应认定为债务人财产。

（二）破产企业财产的认定

下列财产不应认定为债务人财产：（1）债务人基于仓储、保管、承揽、代销、借用、寄存、租赁等合同或者其他法律关系占有、使用的他人财产；（2）债务人在所有权保留买卖中尚未取得所有权的财产；（3）所有权专属于国家且不得转让的财产；（4）其他依照法律、行政法规不属于债务人的财产。

债务人已依法设定担保物权的特定财产，应当认定为债务人财产。对债务人的特定财产在担保物权消灭或者实现担保物权后的剩余部分，在破产程序中可用以清偿破产费用、共益债务和其他破产债权。

债务人对按份享有所有权的共有财产的相关份额，或者共同享有所有权的共有财产的相应财产权利，以及依法分割共有财产所得部分，均应认定为债务人财产。

破产申请受理后，有关债务人财产的执行程序未依照《破产法》第十九条的规定中止的，采取执行措施的相关单位应当依法予以纠正。依法执行回转的财产，应当认定为债务人财产。

（三）破产企业财产的追回、其他主体财产的退回和债权抵销

1. 个别清偿

人民法院受理破产申请前1年内，涉及债务人财产的下列行为，管理人有权请求人民法院予以撤销：（1）无偿转让财产的；（2）以明显不合理的价格进行交易的；（3）对没有财产担保的债务提供财产担保的；（4）对未到期的债务提前清偿的；（5）放弃债权的。

人民法院受理破产申请前6个月内，债务人有《破产法》第二条第一款规定的情形，仍对个别债权人进行清偿的，管理人有权请求人民法院予以撤销。但是，个别清偿使债务人财产受益的除外。

涉及债务人财产的下列行为无效：（1）为逃避债务而隐匿、转移财产的；（2）虚构债务或者承认不真实的债务的。

因《破产法》第三十一条、第三十二条或者第三十三条规定的行为而取得的债务人的财产，管理人有权追回。管理人可以管理人依据《破产法》第三十一条和第三十二条的规定提起诉讼，请求撤销涉及债务人财产的相关行为并由相对人返还债务人财产。

破产申请受理后，管理人未依据《破产法》第三十一条的规定请求撤销债务人无偿转让财产、以明显不合理价格交易、放弃债权行为的，债权人可以依据《合同法》第七十四条等规定提起诉讼，请求撤销债务人上述行为并将因此追回的财产归入债务人财产的。相对人不能以债权人行使撤销权的范围超出债权人的债权为由抗辩。

债务人对以自有财产设定担保物权的债权进行的个别清偿，管理人不能依据《破产法》第三十二条的规定请求撤销，但债务清偿时担保财产的价值低于债权额的除外。

债务人经诉讼、仲裁、执行程序对债权人进行的个别清偿，管理人不能依据《破产法》第三十二条的规定请求撤销，但债务人与债权人恶意串通损害其他债权人利益的除外。

债务人对债权人进行的以下个别清偿，管理人不能依据《破产法》第三十二条的规定请求撤销：（1）债务人为维系基本生产需要而支付水费、电费等的；（2）债务人支付劳动报酬、人身损害赔偿金的；（3）使债务人财产受益的其他个别清偿。

2. 破产企业高管非法侵占

管理人可以依据《破产法》第三十三条的规定提起诉讼，主张被隐匿、转移财产的实际占有人返还债务人财产，或者主张债务人虚构债务或者承认不真实债务的行为无效并返还债务人财产的。

管理人可以代表债务人依据《破产法》第一百二十八条的规定，以债务人的法定代表人和其他直接责任人员对所涉债务人财产的相关行为存在故意或者重大过失，造成债务人财产损失为由提起诉讼，主张上述责任人员承担相应赔偿责任的。

管理人可以依据《公司法》的相关规定代表债务人提起诉讼，主张公司的发起人和负有监督股东履行出资义务的董事、高级管理人员，或者协助抽逃出资的其他股东、董事、高级管理人员、实际控制人等，对股东违反出资义务或者抽逃出资承担相应责任，并将财产归入债务人财产的。

债务人有《破产法》第二条第一款规定的情形时，债务人的董事、监事和高级管理人员利用职权获取的以下收入，应当认定为《破产法》第三十六条规定的非正常收入：（1）绩效奖金；（2）普遍拖欠职工工资情况下获取的工资性收入；（3）其他非正常收入。债务人的董事、监事和高级管理人员拒不向管理人返还上述债务人财产，管理人可以主张上述人员予以返还。债务人的董事、监事和高级管理人员因返还第一款第（1）项、第（3）项非正常收入形成的债权，可以作为普通破产债权清偿。因返还第一款第（2）项非正常收入形成的债权，依据《破产法》第一百一十三条第三款的规定，按照该企业职工平均工资计算的部分作为拖欠职工工资清偿；高出该企业职工平均工资计算的部分，可以作为普通破产债权清偿。

3. 其他主体财产的退回

对债务人占有的权属不清的鲜活易腐等不易保管的财产或者不及时变现价值将严重贬损的财产，管理人及时变价并提存变价款后，有关权利人可以就该变价款行使取回权的。

债务人占有的他人财产被违法转让给第三人，依据《物权法》第一百零六条的规定第三人已善意取得财产所有权，原权利人无法取回该财产的，应当按照以下规定处理：（1）转让行为发生在破产申请受理前的，原权利人因财产损失形成的债权，作为普通破产债权清偿；（2）转让行为发生在破产申请受理后的，因管理人或者相关人员执行职务导致原权利人损害产生的债，作为共益债务清偿。

债务人占有的他人财产被违法转让给第三人，第三人已向债务人支付了转让价款，但依据《物权法》第一百零六条的规定未取得财产所有权，原权利人依法追回转让财产的，对因第三人已支付对价而产生的债务，应当按照以下规定处理：（1）转让行为发生在破产申请受理前的，作为普通破产债权清偿；（2）转让行为发生在破产申请受理后的，作为共益债务清偿。

债务人占有的他人财产毁损、灭失，因此获得的保险金、赔偿金、代偿物尚未交付给债务人，或者代偿物虽已交付给债务人但能与债务人财产予以区分的，权利人可以主张取回就此获得的保险金、赔偿金、代偿物的。

保险金、赔偿金已经交付给债务人，或者代偿物已经交付给债务人且不能与债务人财产予以区分的，应当按照以下规定处理：（1）财产毁损、灭失发生在破产申请受理前的，权利人因财产损失形成的债权，作为普通破产债权清偿；（2）财产毁损、灭失发生在破产申请受理后的，因管理人或者相关人员执行职务导致权利人损害产生的债务，作为共益债务清偿。债务人占有的他人财产毁损、灭失，没有获得相应的保险金、赔偿金、代偿物，或者保险金、赔偿物、代偿物不足以弥补其损失的部分，应当按照前述第二款的规定处理。

4. 债权抵销

债权人在破产申请受理前对债务人负有债务的，可以向管理人主张抵销。但是，有下列情形之一的，不得抵销：（1）债务人的债务人在破产申请受理后取得他人对债务人的债权的；（2）债权人已知债务人有不能清偿到期债务或者破产申请的事实，对债务人负担债务的。但是，债权人因为法律规定或者有破产申请一年前所发生的原因而负担债务的除外；（3）债务人的债务人已知债务人有不能清偿到期债务或者破产申请的事实，对债务人取得债权的。但是，债务人的债务人因为法律规定或者有破产申请一年前所发生的原因而取得债权的除外。

九、破产费用和共益债务

人民法院受理破产申请后发生的下列费用，为破产费用：（1）破产案件的诉讼费用；（2）管理、变价和分配债务人财产的费用；（3）管理人执行职务的费用、报酬和聘用工作人员的费用。

人民法院受理破产申请后发生的下列债务，为共益债务：（1）因管理人或者债务人请求对方当事人履行双方均未履行完毕的合同所产生的债务；（2）债务人财产受无因管理所产生的债务；（3）因债务人不当得利所产生的债务；（4）为债务人继续营业而应支付的劳动报酬和社会保险费用以及由此产生的其他债务；（5）管理人或者相关人员执行职务致人损害所产生的债务；（6）债务人财产致人损害所产生的债务。

破产费用和共益债务由债务人财产随时清偿。债务人财产不足以清偿所有破产费用和共益债务的，先行清偿破产费用。债务人财产不足以清偿所有破产费用或者共益债务的，按照比例清偿。

债务人财产不足以清偿破产费用的，管理人应当提请人民法院终结破产程序。人民法院应当自收到请求之日起15日内裁定终结破产程序，并予以公告。

十、债权申报

（一）债权申报期限

人民法院受理破产申请后，应当确定债权人申报债权的期限。债权申报期限自人民法院发布受理破产申请公告之日起计算，最短不得少于30日，最长不得超过3个月。

未到期的债权，在破产申请受理时视为到期。附利息的债权自破产申请受理时起停止计息。附条件、附期限的债权和诉讼、仲裁未决的债权,债权人可以申报。

债权人应当在人民法院确定的债权申报期限内向管理人申报债权。

(二) 债权申报要求和债权认定

债务人所欠职工的工资和医疗、伤残补助、抚恤费用,所欠的应当划入职工个人账户的基本养老保险、基本医疗保险费用,以及法律、行政法规规定应当支付给职工的补偿金,不必申报,由管理人调查后列出清单并予以公示。职工对清单记载有异议的,可以要求管理人更正;管理人不予更正的,职工可以向人民法院提起诉讼。

债权人申报债权时,应当书面说明债权的数额和有无财产担保,并提交有关证据。申报的债权是连带债权的,应当说明。连带债权人可以由其中一人代表全体连带债权人申报债权,也可以共同申报债权。

管理人或者债务人依照本法规定解除合同的,对方当事人以因合同解除所产生的损害赔偿请求权申报债权。

在人民法院确定的债权申报期限内,债权人未申报债权的,可以在破产财产最后分配前补充申报,但是此前已进行的分配,不再对其补充分配。为审查和确认补充申报债权的费用,由补充申报人承担。债权人未依照《破产法》规定申报债权的,不得依照本法规定的程序行使权利。

管理人收到债权申报材料后,应当登记造册,对申报的债权进行审查,并编制债权表并提交第一次债权人会议核查。债务人、债权人对债权表记载的债权无异议的,由人民法院裁定确认。债务人、债权人对债权表记载的债权有异议的,可以向受理破产申请的人民法院提起诉讼。

管理人应当依照《破产法》第五十七条的规定对所申报的债权进行登记造册,详尽记载申报人的姓名、单位、代理人、申报债权额、担保情况、证据、联系方式等事项,形成债权申报登记册。管理人应当依照《破产法》第五十七条的规定对债权的性质、数额、担保财产、是否超过诉讼时效期间、是否超过强制执行期间等情况进行审查、编制债权表并提交债权人会议核查。债权表、债权申报登记册及债权申报材料在破产期间由管理人保管,债权人、债务人、债务人职工及其他利害关系人有权查阅。

已经生效法律文书确定的债权,管理人应当予以确认。管理人认为债权人据以申报债权的生效法律文书确定的债权错误,或者有证据证明债权人与债务人恶意通过诉讼、仲裁或者公证机关赋予强制执行力公证文书的形式虚构债权债务的,应当依法通过审判监督程序向作出该判决、裁定、调解书的人民法院或者上一级人民法院申请撤销生效法律文书,或者向受理破产申请的人民法院申请撤销或者不予执行仲裁裁决、不予执行公证债权文书后,重新确定债权。

十一、债权人会议组成、职权、召集和表决

(一) 债权人会议组成

依法申报债权的债权人为债权人会议的成员,有权参加债权人会议,享有表决权。债权尚未确定的债权人,除人民法院能够为其行使表决权而临时确定债权额的外,不得行使表决权。对债务人的特定财产享有担保权的债权人,未放弃优先受偿权利的,对于《破产法》

第六十一条第一款第七项、第十项规定的事项不享有表决权。债权人会议应当有债务人的职工和工会的代表参加，对有关事项发表意见。债权人会议设主席1人，由人民法院从有表决权的债权人中指定。债权人会议主席主持债权人会议。

（二）债权人会议职权

债权人会议行使下列职权：（1）核查债权；（2）申请人民法院更换管理人，审查管理人的费用和报酬；（3）监督管理人；（4）选任和更换债权人委员会成员；（5）决定继续或者停止债务人的营业；（6）通过重整计划；（7）通过和解协议；（8）通过债务人财产的管理方案；（9）通过破产财产的变价方案；（10）通过破产财产的分配方案；（11）人民法院认为应当由债权人会议行使的其他职权。

（三）债权人会议召集和表决

第一次债权人会议由人民法院召集，自债权申报期限届满之日起15日内召开。以后的债权人会议，在人民法院认为必要时，或者管理人、债权人委员会、占债权总额1/4以上的债权人向债权人会议主席提议时召开。召开债权人会议，管理人应当提前15日通知已知的债权人。

债权人会议的决议，由出席会议的有表决权的债权人过半数通过，并且其所代表的债权额占无财产担保债权总额的1/2以上。但是，《破产法》另有规定的除外。

债权人认为债权人会议的决议违反法律规定，损害其利益的，可以自债权人会议作出决议之日起15日内，请求人民法院裁定撤销该决议，责令债权人会议依法重新作出决议。

债权人会议的决议，对于全体债权人均有约束力。

《破产法》第六十一条第一款第八项、第九项所列事项，经债权人会议表决未通过的，由人民法院裁定。《破产法》第六十一条第一款第十项所列事项，经债权人会议二次表决仍未通过的，由人民法院裁定。对前两款规定的裁定，人民法院可以在债权人会议上宣布或者另行通知债权人。

十二、债权人委员会

债权人会议可以决定设立债权人委员会。债权人委员会由债权人会议选任的债权人代表和1名债务人的职工代表或者工会代表组成。债权人委员会成员不得超过9人。债权人委员会成员应当经人民法院书面决定认可。债权人委员会行使下列职权：（1）监督债务人财产的管理和处分；（2）监督破产财产分配；（3）提议召开债权人会议；（4）债权人会议委托的其他职权。

债权人委员会执行职务时，有权要求管理人、债务人的有关人员对其职权范围内的事务作出说明或者提供有关文件。管理人、债务人的有关人员违反本法规定拒绝接受监督的，债权人委员会有权就监督事项请求人民法院作出决定；人民法院应当在5日内作出决定。

管理人实施下列行为，应当及时报告债权人委员会：（1）涉及土地、房屋等不动产权益的转让；（2）探矿权、采矿权、知识产权等财产权的转让；（3）全部库存或者营业的转让；（4）借款；（5）设定财产担保；（6）债权和有价证券的转让；（7）履行债务人和对方当事人均未履行完毕的合同；（8）放弃权利；（9）担保物的取回；（10）对债权人利益有重大影响的其他财产处分行为。未设立债权人委员会的，管理人实施前款规定的行为应当及时报告人民法院。

十三、重整

（一）重整申请及裁定

债务人或者债权人可以依照《破产法》规定，直接向人民法院申请对债务人进行重整。债权人申请对债务人进行破产清算的，在人民法院受理破产申请后、宣告债务人破产前，债务人或者出资额占债务人注册资本 1/10 以上的出资人，可以向人民法院申请重整。

人民法院经审查认为重整申请符合《破产法》规定的，应当裁定债务人重整，并予以公告。自人民法院裁定债务人重整之日起至重整程序终止，为重整期间。

（二）重整执行

在重整期间，经债务人申请，人民法院批准，债务人可以在管理人的监督下自行管理财产和营业事务。有前款规定情形的，依照《破产法》规定已接管债务人财产和营业事务的管理人应当向债务人移交财产和营业事务，《破产法》规定的管理人的职权由债务人行使。

在重整期间，对债务人的特定财产享有的担保权暂停行使。但是，担保物有损坏或者价值明显减少的可能，足以危害担保权人权利的，担保权人可以向人民法院请求恢复行使担保权。在重整期间，债务人或者管理人为继续营业而借款的，可以为该借款设定担保。在重整期间，债务人的董事、监事、高级管理人员不得向第三人转让其持有的债务人的股权。但是，经人民法院同意的除外。

债务人或者管理人应当自人民法院裁定债务人重整之日起 6 个月内，同时向人民法院和债权人会议提交重整计划草案。前款规定的期限届满，经债务人或者管理人请求，有正当理由的，人民法院可以裁定延期 3 个月。债务人或者管理人未按期提出重整计划草案的，人民法院应当裁定终止重整程序，并宣告债务人破产。债务人自行管理财产和营业事务的，由债务人制作重整计划草案。管理人负责管理财产和营业事务的，由管理人制作重整计划草案。

下列各类债权的债权人参加讨论重整计划草案的债权人会议，依照下列债权分类，分组对重整计划草案进行表决：（1）对债务人的特定财产享有担保权的债权；（2）债务人所欠职工的工资和医疗、伤残补助、抚恤费用，所欠的应当划入职工个人账户的基本养老保险、基本医疗保险费用，以及法律、行政法规规定应当支付给职工的补偿金；（3）债务人所欠税款；（4）普通债权。人民法院在必要时可以决定在普通债权组中设小额债权组对重整计划草案进行表决。

重整计划不得规定减免债务人欠缴的《破产法》第八十二条第一款第二项规定以外的社会保险费用；该项费用的债权人不参加重整计划草案的表决。人民法院应当自收到重整计划草案之日起 30 日内召开债权人会议，对重整计划草案进行表决。出席会议的同一表决组的债权人过半数同意重整计划草案，并且其所代表的债权额占该组债权总额的 2/3 以上的，即为该组通过重整计划草案。各表决组均通过重整计划草案时，重整计划即为通过。

（三）重整终止

在重整期间，有下列情形之一的，经管理人或者利害关系人请求，人民法院应当裁定终止重整程序，并宣告债务人破产：(1) 债务人的经营状况和财产状况继续恶化，缺乏挽救的可能性；(2) 债务人有欺诈、恶意减少债务人财产或者其他显著不利于债权人的行为；(3) 由于债务人的行为致使管理人无法执行职务。

自重整计划通过之日起10日内，债务人或者管理人应当向人民法院提出批准重整计划的申请。人民法院经审查认为符合《破产法》规定的，应当自收到申请之日起30日内裁定批准，终止重整程序，并予以公告。

重整计划草案未获得通过且未依照《破产法》第八十七条的规定获得批准，或者已通过的重整计划未获得批准的，人民法院应当裁定终止重整程序，并宣告债务人破产。

重整计划由债务人负责执行。人民法院裁定批准重整计划后，已接管财产和营业事务的管理人应当向债务人移交财产和营业事务。

自人民法院裁定批准重整计划之日起，在重整计划规定的监督期内，由管理人监督重整计划的执行。在监督期内，债务人应当向管理人报告重整计划执行情况和债务人财务状况。

十四、和解

债务人可以依照《破产法》规定，直接向人民法院申请和解；也可以在人民法院受理破产申请后、宣告债务人破产前，向人民法院申请和解。债务人申请和解，应当提出和解协议草案。人民法院经审查认为和解申请符合《破产法》规定的，应当裁定和解，予以公告，并召集债权人会议讨论和解协议草案。

债权人会议通过和解协议的决议，由出席会议的有表决权的债权人过半数同意，并且其所代表的债权额占无财产担保债权总额的2/3以上。债权人会议通过和解协议的，由人民法院裁定认可，终止和解程序，并予以公告。管理人应当向债务人移交财产和营业事务，并向人民法院提交执行职务的报告。和解协议草案经债权人会议表决未获得通过，或者已经债权人会议通过的和解协议未获得人民法院认可的，人民法院应当裁定终止和解程序，并宣告债务人破产。

人民法院受理破产申请后，债务人与全体债权人就债权债务的处理自行达成协议的，可以请求人民法院裁定认可，并终结破产程序。按照和解协议减免的债务，自和解协议执行完毕时起，债务人不再承担清偿责任。

十五、破产宣告

人民法院依照《破产法》规定宣告债务人破产的，应当自裁定作出之日起5日内送达债务人和管理人，自裁定作出之日起10日内通知已知债权人，并予以公告。

债务人被宣告破产后，债务人称为破产人，债务人财产称为破产财产，人民法院受理破产申请时对债务人享有的债权称为破产债权。

十六、破产财产的变价和分配

（一）破产财产的变价

管理人应当及时拟订破产财产变价方案，提交债权人会议讨论。管理人应当按照债权人会议通过的或者人民法院依照《破产法》第六十五条第一款规定裁定的破产财产变价方案，适时变价出售破产财产。变价出售破产财产应当通过拍卖进行。但是，债权人会议另有决议的除外。破产企业可以全部或者部分变价出售。企业变价出售时，可以将其中的无形资产和其他财产单独变价出售。按照国家规定不能拍卖或者限制转让的财产，应当按照国家规定的方式处理。

（二）破产财产的分配

破产财产在优先清偿破产费用和共益债务后，依照下列顺序清偿：（1）破产人所欠职工的工资和医疗、伤残补助、抚恤费用，所欠的应当划入职工个人账户的基本养老保险、基本医疗保险费用，以及法律、行政法规规定应当支付给职工的补偿金；（2）破产人欠缴的除前项规定以外的社会保险费用和破产人所欠税款；（3）普通破产债权。

破产财产不足以清偿同一顺序的清偿要求的，按照比例分配。破产企业的董事、监事和高级管理人员的工资按照该企业职工的平均工资计算。破产财产的分配应当以货币分配方式进行。但是，债权人会议另有决议的除外。管理人应当及时拟订破产财产分配方案，提交债权人会议讨论。

破产财产分配方案应当载明下列事项：（1）参加破产财产分配的债权人名称或者姓名、住所；（2）参加破产财产分配的债权额；（3）可供分配的破产财产数额；（4）破产财产分配的顺序、比例及数额；（5）实施破产财产分配的方法。

债权人会议通过破产财产分配方案后，由管理人将该方案提请人民法院裁定认可。破产财产分配方案经人民法院裁定认可后，由管理人执行。管理人按照破产财产分配方案实施多次分配的，应当公告本次分配的财产额和债权额。管理人实施最后分配的，应当在公告中指明，并载明《破产法》第一百一十七条第二款规定的事项。

人民法院裁定受理破产申请的，此前债务人尚未支付的公司强制清算费用、未终结的执行程序中产生的评估费、公告费、保管费等执行费用，可以参照《破产法》关于破产费用的规定，由债务人财产随时清偿。此前债务人尚未支付的案件受理费、执行申请费，可以作为破产债权清偿。

破产申请受理后，经债权人会议决议通过，或者第一次债权人会议召开前经人民法院许可，管理人或者自行管理的债务人可以为债务人继续营业而借款。提供借款的债权人可以主张参照《破产法》第四十二条第四项的规定优先于普通破产债权清偿，但其主张优先于此前已就债务人特定财产享有担保的债权清偿的，人民法院通常不支持。管理人或者自行管理的债务人可以为前述借款设定抵押担保，抵押物在破产申请受理前已为其他债权人设定抵押的，债权人可以主张按照《物权法》第一百九十九条规定的顺序清偿。

主债务未到期的，保证债权在保证人破产申请受理时视为到期。一般保证的保证人不能主张行使先诉抗辩权，但债权人在一般保证人破产程序中的分配额应予提存，待一般保证人应承担的保证责任确定后再按照破产清偿比例予以分配。

保证人被确定应当承担保证责任的，保证人的管理人可以就保证人实际承担的清偿额向主债务人或其他债务人行使求偿权。

债务人、保证人均被裁定进入破产程序的，债权人有权向债务人、保证人分别申报债权。债权人向债务人、保证人均申报全部债权的，从一方破产程序中获得清偿后，其对另一方的债权额不作调整，但债权人的受偿额不得超出其债权总额。保证人履行保证责任后不再享有求偿权。

十七、破产程序的终结

破产人无财产可供分配的，管理人应当请求人民法院裁定终结破产程序。管理人在最后分配完结后，应当及时向人民法院提交破产财产分配报告，并提请人民法院裁定终结破产程序。人民法院应当自收到管理人终结破产程序的请求之日起15日内作出是否终结破产程序的裁定。裁定终结的，应当予以公告。管理人应当自破产程序终结之日起10日内，持人民法院终结破产程序的裁定，向破产人的原登记机关办理注销登记。管理人于办理注销登记完毕的次日终止执行职务。但是，存在诉讼或者仲裁未决情况的除外。

自破产程序依照《破产法》第四十三条第四款或者第一百二十条的规定终结之日起两年内，有下列情形之一的，债权人可以请求人民法院按照破产财产分配方案进行追加分配：（1）发现有依照《破产法》第三十一条、第三十二条、第三十三条、第三十六条规定应当追回的财产的；（2）发现破产人有应当供分配的其他财产的。有前款规定情形，但财产数量不足以支付分配费用的，不再进行追加分配，由人民法院将其上交国库。破产人的保证人和其他连带债务人，在破产程序终结后，对债权人依照破产清算程序未受清偿的债权，依法继续承担清偿责任。

本章思考练习题

1. 智慧公司是一家股份有限公司，主要从事高科技行业经营，成立以来经营业绩十分亮眼，然而其母公司集团旗下另一家控股公司突然作为债权人申请智慧公司破产，法院受理案件后根据申请人提交的证明材料判定智慧公司确实存在资不抵债、不能清偿到期债务的情况，裁定该公司进入破产程序，并指定了破产管理人接管企业。破产管理人接管智慧公司后聘请了审计机关对该公司进行清产核资和专项审计，同时因为该公司曾经是当地政府的利税大户和明星企业，政府曾力图挽救企业但未能成功，为减少破产对社会的震动，由政府牵头联系了一家公司来接续智慧公司经营，破产管理人将与该公司达成资产使用协议，将该公司经营所需的破产企业现有财产移交，争取破产企业财产管理效益最大化，为债权人获得更多可分配财产。但这家政府引进的公司做法十分乖张，一方面要求尽快交接财产，另一方面对交接财产的使用费用又反复讨价还价。

请大家根据上述案情讨论：
（1）破产管理人是否必须与政府引进的这家公司达成资产使用协议，移交资产？
（2）破产管理人应该如何为保全债权人利益在资产使用协议谈判中据理力争？
（3）为破产管理人草拟一份资产使用协议以备谈判使用。
（4）如果双方达成资产使用协议，破产管理人在交接资产后如何对未移交资产进行有效管理？
（5）政府引进的这家公司在后续破产企业财产拍卖中有无优先权？

破产管理人在清理资产过程中发现了破产企业存在对部分债权人进行个别清偿的事实，根据破产管理人的职责必须向相关债权人追回财产。同时智慧公司的债权债务关系十分复杂，存在不少虚假债权债务情况，也需要清理。另据悉智慧公司前法定代表人因侵吞公司财产被刑事拘留。

请大家思考：

（1）《破产法》对个别清偿有哪些规定，如果你是破产管理人会怎样制定财产追回计划？

（2）你觉得破产管理人应如何利用审计机构清理虚假债权债务情况？

（3）破产管理人应怎样跟踪刑事案件进展，并采取相应措施？

参考资料1——关于破产债权的认定和虚假债权的识别处置

破产企业债权是破产财产的重要组成部分，它包括法院受理破产案件前，企业依法享有的债权和法院受理破产案件后至破产宣告前，企业依法取得的债权。

识别途径之一：债权申报资料本身的合理性。

在债权审核阶段，管理人可以通过以下途径发现债权申报资料的异常，即审查债权人申报债权时提供的各项支撑证据。管理人在证据的审查过程中，不能仅简单审查证据的数量和证据本身的真实性，而应同时注重审查证据的合理性。合理性是指管理人针对债权在形成过程中是否会合理地形成对应证据而进行的证据合理性考量。例如，债权人甲在申报债权时仅提供了一份简单的入库单，入库单中明确记载了债权人向破产企业供应货物的数量及总价，入库单上亦有破产企业工作人员的签收字样。虽然这样的证据非常简单，但如果能够在破产企业的原始财务凭证中查找到相对应的记录，那么即使是这样简单的证据，也是合理的，应当对其债权予以认可。破产案件中，在符合破产企业实际生产情况的条件下，完全有可能形成类似的债权凭证，即使从形式上来看十分简单甚至是简陋。同时，破产债权的审核不宜采用类似诉讼程序中的严格要求，而是只要符合合理性原则即应当予以认可。

再举一个反面例子：债权人乙申报债权时提供了破产企业法定代表人签字确认的借条、破产企业法定代表人签字的收条，收条与借条的形式完整、内容一致，借款金额为15万元，从实践上来看以现金方式支付借款也并非完全不合常理。但问题在于，破产企业的账本上并无该笔款项的记录；更为重要的是，在借款时该企业已经停止正常经营有一年多时间、多数员工均已遣散，破产企业在此时借款并无具体用途，管理人即对此产生怀疑，随后要求破产企业法定代表人前来说明该债权的具体情况。在管理人的反复询问下，法定代表人始终无法说明该笔款项的借款原因及理由，也无法说明该笔借款的具体情况（例如交接现金的细节、收款后的存放地点等），更无法说明该笔款项用于破产企业的具体去向，最后法定代表人承认该笔款项并未用于破产企业，而是用于其他用途。在该笔虚假债权的识别过程中，管理人所收到的申报债权资料明显是精心准备和制作的，尤其是对于现金金额的细致考虑，符合目前各级法院关于民间借贷纠纷案件的认定标准。如果管理人仅是简单地从债权申报资料表面进行形式审查，很难识别出这是一个虚假债权，但如果是从该笔债权的合理性来审查，则可以很容易地识别出该笔债权存在若干不合理之处，继而再从债权形成节点上查找相关依据。

从上述两个例子可见，管理人在审查债权时，应认真审查债权申报证据，在审查证据时应当重点审查债权申报证据的合理性，而不宜仅从债权申报证据的多少来进行判断，尤其应当综合考虑债权形成时破产企业的生产经营状况及所处行业的行业经营惯例来判断债权申报证据的合理性。在一个破产案件中，要么几乎没有虚假债权的现象，要么存在较多数量的虚假债权。这也说明，如果在一个破产企业的债权审核过程中发现了一例疑似虚假债权的情况，则管理人债权审核团队就需要引起重视，甚至于需要将已经完成初审的债权重新从合理性角度进行审查。

识别途径之二：其他债权人提供的信息。

第二个识别的途径是，在接待债权人的过程中，多倾听债权人的意见，尤其是对破产企业的看法以及对其他债权人的意见。如果全体债权人几乎都对破产企业的实际控制人有较高的道德评价和抱有同情心，则在该破产企业的债权审核中出现虚假债权的概率较低；如果多个债权人对管理人大倒苦水，对破产企业实际控制人的人品提出质疑或者认为该企业的破产系其咎由自取，则在该破产企业的债权审核中不仅出现虚假债权的概率大大增加，而且虚假债权产生的形式和途径也是多种多样、千姿百态。在接待债权人的过程中，如果是自然人债权人本人或者法人债权人的经办人来申报，他们常常会滔滔不绝，在这个交流的过程中，很多信息在当时看来可能是闲谈或者情绪的发泄，但管理人绝不能忽视债权人在看似"闲谈"的过程中透露出和破产企业相关的任何信息，这些信息都有可能成为管理人后续工作中发现虚假债权的重要线索。

因此，一旦有债权人对破产企业及其实际控制人、高级管理人员等提出批评意见或负面评价时，管理人团队都应当引起足够的重视，在债权审核中需要更为审慎和认真，加强对虚假债权的审核力度，避免对真实债权人的利益造成不利影响。

识别途径之三：破产企业的诉讼及执行资料。

第三个识别的途径是，查询破产企业的涉诉涉执行的全部信息资料。该途径主要是针对某些债权人在其债权已经通过法院执行路径实现大部分、还剩余部分债权时，债权人仍然以全部债权进行申报的情况。同时，破产企业经常无法准确获知法院执行情况，甚至常常丢失财务账本，管理人接管时无法从破产企业得知债权清偿的具体数额，因此，通过向法院申请查询破产企业的涉诉涉执行的全部信息资料，能够明确清查出每一位债权人通过法院诉讼确认债权的具体金额，以及通过法院执行回款的具体情况。在收到债权申报资料后，即可直接与前期法院诉讼执行文书的清查数据进行比对，以此排查虚假债权。

如何判断虚假债权？

通过上述途径发现疑似的虚假债权后，如何认定某个债权确实是虚假债权呢？笔者认为，可以参考《最高人民法院、最高人民检察院关于办理虚假诉讼刑事案件适用法律若干问题的解释》的规定，对虚假债权进行认定。该解释第一条明确规定："采取伪造证据、虚假陈述等手段，实施下列行为之一，捏造民事法律关系，虚构民事纠纷，向人民法院提起民事诉讼的，应当认定为刑法第三百零七条之一第一款规定的'以捏造的事实提起民事诉讼'：（一）与夫妻一方恶意串通，捏造夫妻共同债务的；（二）与他人恶意串通，捏造债权债务关系和以物抵债协议的；（三）与公司、企业的法定代表人、董事、监事、经理或者其他管理人员恶意串通，捏造公司、企业债务或者担保义务的；（四）捏造知识产权侵权关系或者不正当竞争关系的；（五）在破产案件审理过程中申报捏造的债权的；（六）与被执行人恶意串通，捏造债权或者对查封、扣押、冻结财产的优先权、担保物权的；（七）单方或者与他人恶意串通，捏造身份、合同、侵权、继承等民事法律关系的其他行为。隐瞒债务已经全部清偿的事实，向人民法院提起民事诉讼，要求他人履行债务的，以'以捏造的事实提起民事诉讼'论。向人民法院申请执行基于捏造的事实作出的仲裁裁决、公证债权文书，或者在民事执行过程中以捏造的事实对执行标的提出异议、申请参与执行财产分配的,属于刑法第三百零七条之一第一款规定的'以捏造的事实提起民事诉讼'。"

第一,债权本身是虚假的,即根本不存在该笔债权。

该种虚假债权是根本不存在的债权,即债权申报证据全部都是虚假的,具体的虚假形式可以参考上述法律规定。这种情况多数是由债权人与破产企业实际控制人或者具体经办人相互勾结形成的,可能存在多种形式,可以预见到在后续案件处理中也会有更多的层出不穷的新方式。当管理人遇到不具有合理性的疑似虚假债权时,就应当更多地考虑这种情况。

第二,债权形成是真实的,但债权金额是虚假的,即债权人隐瞒了对其不利的真实资料。

这类虚假债权主要存在于破产企业已经清偿了债权人债权,但债权人隐瞒了其债权已经全部或者部分清偿的事实,仍然以全额申报债权的情况。这种情况有可能是由债权人与破产企业实际控制人或者具体经办人相互勾结形成的,也有可能是债权人自身存在侥幸心理自行操作的,笔者团队甚至遇到过已经全额得到清偿的债权人,仍然以原始债权金额来进行申报的情况。

如何处理虚假债权?

如果第一次债权人会议前即可明确掌握虚假债权证据的,管理人可直接审减债权。如果不是非常复杂的破产案件,管理人一般会在第一次债权人会议前审定大多数债权并出具债权审查意见。如果是在第一次债权人会议前,管理人掌握了明确证据,可以证明债权人所申报的债权是虚假的,管理人即可依法进行全部审减或者部分审减,然后将审减后的债权提交债权人会议审查。如果债权人对其债权被审减有异议的,可依法提出异议或者诉讼。

如果第一次债权人会议前尚无法明确掌握证据的,管理人可酌情处理。由于第一次债权人会议前的债权审查时间相对比较少,而认定虚假债权需要花费的时间又比较多,因此管理人有可能在审查时发现了一些问题,但由于时间紧张无法掌握虚假债权的确切证据。在此情况下,管理人可以对该债权进行暂缓认定,相信对于该种处理方式,大多数管理人一般并无异议。但问题在于,《破产法》第五十九条规定:"依法申报债权的债权人为债权人会议的成员,有权参加债权人会议,享有表决权。债权尚未确定的债权人,除人民法院能够为其行使表决权而临时确定债权额的外,不得行使表决权,"那么是否要对疑似虚假债权的债权人在第一次债权人会议时赋予临时表决权呢?

参考资料2——公司高管人员刑事案件的追踪

在破产实践中,《破产法》第三十六条规定的情形,即债务人的董事、高管人员从企业获取非正常收入和侵占企业财产的情形发生较多,是管理人行使追回权时应重点关注的。

在债务人企业破产之前和破产程序进行中,破产企业的董事、经理和其他高管人员由于掌握对企业的实际控制权或部分控制权,有可能利用企业破产之机攫取企业财产,中饱私囊,对债权人利益造成损害。《破产法》第三十六条规定赋予了管理人对破产企业的董事、高管人员利用职权从企业获取的非正常收入和侵占的企业财产的追回权。追回权的行使范围由两方面构成:

第一,针对人的适用范围。管理人对于董事、监事和高级管理人员利用职权从企业获取的非正常收入和侵占的企业财产有权追回。董事是公司董事会的成员,是由股东大会选举产生,出席董事会会议,并管理公司事务的自然人,包括执行董事和独立董事。监事是公司监事会组成人员,是由股东大会选举产生的负责公司监督事务的高管人员。高级管理人员指除董事、监事以外负责公司相关业务工作,如经理、财务总监等人员,他们根据公司任命,负责某一方面的工作。董事、监事、高级管理人员利用职权获取的非正常收入和侵占的企业财产管理人可以追回。

第二,针对财产的适用范围,即管理人有权追回的财产包括两个部分:

一是非正常收入。这里的非正常收入,主要指董事、经理或者其他负责人通过控制、操纵公司的董事会以及利用公司规则漏洞或模糊之处,给自己过高的薪酬、奖金或者期权计划等,目的是攫取企业财产。这种行为的特点是,在形式上其收入是合法收入,但实际上是以合法形式掩盖对公司财产的侵犯。这种侵犯在企业正常经营的情况下,是对股东利益的侵害。在企业进入破产程序之后,是对债权人利益的侵害,因此管理人作为债权人利益的总代表,有权对这部分财产予以追回。

对于是否属于非正常收入,应从以下几个标准出发予以认定:第一,同行标准。参考同行业、同等规模企业同等职位的收入和待遇标准,来认定董事、经理和其他负责人的收入是否过高。第二,企业经营标准。根据企业的经营状况,认定董事、经理和其他负责人的收入是否过高。企业管理层的收入应与企业的经营状况相符,应防止"穷庙富方丈"的情况发生。第三,职工收入标准。参考本企业职工收入标准来确定管理层的收入是否过高。企业的管理层其报酬一般较普通雇员为高,但这种差距不能过分悬殊。在企业濒临破产的情况下,超出平均收入的部分可被认定为"非正常收入"。

二是侵占的企业财产。侵占企业财产是企业管理层有关人员利用职务之便将原属于企业的财产据为己有的行为,是指企业的董事、经理、监事、会计等利用自己在职务上主管或者管理、经手本单位财务的方便条件,侵占企业财产的行为。这里说的"侵占的企业财产",不仅包括企业登记在册的财产,也包括企业的"小金库"以及交易收取尚未入库等账外财产。对于这种侵占行为,数额较大的可能构成职务侵占罪。对此,《破产法》还规定了追究刑事责任的内容。

2. 请大家结合下面的报告复习管理人职权和破产企业财产管理的相关知识点,总结破产企业财产管理过程中可能遇到的主要风险和应采取的防范措施。

参考资料——《湘乡市东旺食品有限公司破产管理人关于债务人财产管理方案的报告》

审判长、审判员、债权人会议主席及各位债权人:

湘乡市东旺食品有限公司(以下简称"东旺公司")因经营不善,长期亏损,不能清偿到期债务,且资不抵债,湘乡市人民法院于2012年2月28日作出(2012)湘法民二破字第20-01号民事裁定书,裁定受理东旺公司破产清算的申请。湘乡市人民法院于2012年2月29日作出(2012)湘法民二破字第20-02号民事决定书,指定湖南湘晋律师事务所担任本案的破产管理人。

本管理人接受指定后,依据《中华人民共和国企业破产法》之规定,勤勉忠实地履行了接管、管理东旺公司财产的法定职责,现拟订《债务人财产管理方案》如下,请债权人会议审议表决。

一、债务人基本情况

东旺公司成立于 2004 年 2 月 24 日，注册号：430381000002624，住所地：湖南省湘乡市白田镇三迁村，法定代表人：文定中，注册资本：人民币 500 万元整，经营范围：生猪收购、加工、销售。

二、债务人财产管理的基本原则

秉承债权人利益至上的宗旨，坚持诚实守信、勤勉尽责、追求并实现债务人财产价值最大化，是管理人对债务人财产进行清理和全面管理的基本原则。

三、债务人财产状况

经管理人全面清查，至破产清算申请受理前，东旺公司尚有下列财产：

1. 厂房 1 栋，面积 3869.24 平方米，房产证编号为湘房权证湘乡市字第 033338 号；

2. 登记在文定中个人名下，但文定中承认实际上是东旺公司财产的有：

（1）国有出让土地使用权 1 宗，位于湘乡市白田镇三迁村，面积共计 7703.06 平方米，国土证编号为湘乡国用（2004）字第 B002689 号；

（2）两层仓库 1 栋，面积为 882.69 平方米，房产证编号为湘房权证湘乡市字第 029812 号。

3. 机械设备如下：

（1）抵押给湘乡市农村信用合作联社的部分：制冷压缩机 8 台、自动屠宰生产线 1 条、冰鲜肉生产线 1 条、箱式变压器及供电专线 1 套、高低压配电柜 1 组、锅炉 1 台、冷却塔 3 台、平板式冷库门 10 张。

（2）未抵押的部分：冷库保温不锈钢墙板 1 项、壳管式冷凝器 13 台、水冷冷凝器 4 台、制冷压缩机 9 台、冷冻机组低压配电屏 1 组、整体式高压配电房 1 座、综合式配电箱 1 组、空气冷却器（3 口小）18 台、空气冷却器（2 口小）9 台、空气冷却器（4 口中）5 台、空气冷却器（3 口大）2 台、空气冷却器（4 口大）2 台、排水设备及管道 1 套、生产供水泵房管道 1 套、电子地磅 1 台、环保设备 1 套。

4. 化验设备如下：蒸气消毒器 1 台、电热恒温鼓风干燥箱 1 台、逆渗透纯水机 1 台、电磁炉 2 台、臭氧空气消毒机 6 台、湿温表 12 台、氮气吹扫仪 1 台、组织捣碎匀浆机 1 台、高速电动匀浆机 1 台、永停滴定仪 1 台、天平仪器 1 台、隔水式恒温培养箱 1 台、微量振动仪 1 台、恒温水浴锅 1 台、超声清洗机 1 台、生物显微镜 1 台、臭氧发生器 2 台。

5. 办公设施如下：办公桌 21 张、办公椅 21 张、文件柜 9 组、长椅 2 条、神龛 1 个、茶几 2 张、墙上鱼缸 2 只、保险柜 1 个、摄像灯 2 台、沙发 3 条、长会议桌 1 张、格力空调 1 台、饮水机 2 台、落地灯 1 台。

6. 其他设施如下：不锈钢衣柜（保存柜）15 组、不锈钢台桌（架）16 张、管式焊接货架 52 个、推车 3 台、水塔 1 座、水井 1 口、自动伸缩门 1 张。

提醒债权人会议特别注意的是：

东旺公司厂内办公楼、宿舍楼及污水处理车间、锅炉消毒车间的权利人已变更为周胜，房产证编号分别为湘房权证湘乡市字第 047466 号、第 047467 号、第 047468 号，面积分别为 529.16 平方米、801.06 平方米、238.49 平方米。根据相关法律、法规的规定，已变更登记为周胜的财产在法律上属于周胜个人财产，不再属于东旺公司财产。

另 2008 年 6 月，东旺公司在湘乡市农村信用合作联社办理抵押贷款时的机械设备清单中的高温冰冷机、低温水冷机、蒸发器冷风机、环保排污净化系统，管理人与湘乡市农村信用合作联社、评估机构及东旺公司工作人员共同到厂内进行了清查，但未发现上述设备实物，管理人已依法告知湘乡市农村信用合作联社提供相关证据材料证明该抵押设备实际存在及去向，如湘乡市农村信用合作联社举证不能，应承担相应法律责任。

四、债务人财产的接管

接受湘乡市人民法院的指定后，根据《中华人民共和国企业破产法》第二十五条第一款第（一）项的规定，管理人立即组织人员着手接管债务人的财产、印章和账簿、文书等资料。但由于债务人东旺公司已经停产近两年，原公司管理人员均外出另谋职业，债务人的财产、印章和账簿、文书等资料处于无人管理的极度混乱状态，给管理人的接管工作造成极大困难。

在债务人留守人员李要强等人的大力配合与协助下，经共同努力，管理人最终接管了债务人的房屋、土地、机械设备及部分印章、账簿和文书等资料。

五、债务人财产的管理

1. 为确保债务人财产安全，管理人每周派员到厂内实地巡查，并聘请4名保卫人员守护现有财产，要求保卫人员24小时轮流值班，发现问题及时向法院和管理人报告。

对机械设备逐一登记、造册后交由保卫人员保管。与保卫人员约定在保卫期限内如发生财产毁损，由保卫人员承担赔偿责任。

2. 对接管的各类印章、账簿、文书等资料，管理人分门别类进行清理后指派专人对该资料进行妥善保管。

3. 因保管人遗失或找不到保管人导致无法接管的印章，管理人已在2012年3月20日的《三湘都市报》上刊登了书面公告，声明该部分印章作废。

4. 对无法接管的债务人账簿、会计凭证等资料，管理人已依法向湘乡市人民法院书面报告，请求人民法院商请公安机关介入调查。

本次债权人会议如对本财产管理方案表决未通过，管理人将根据《中华人民共和国企业破产法》第六十五条第一款的规定，提请湘乡市人民法院依法裁定。

会议结束后，管理人将根据债权人会议通过的或人民法院裁定认可的财产管理方案，在湘乡市人民法院和债权人会议的双重监督下，勤勉尽责，忠实执行职务，努力快速推进破产清算工作的进程，节约破产清算成本，实现债权人利益最大化。

湘乡市东旺食品有限公司破产管理人
2012年5月30日

3. 甲企业是一家普通合伙企业，成立以来经营一直蒸蒸日上，合伙人最初由两名自然人万某、王某发展成为5名自然人万某、王某、陈某、计谋、丁某，企业资产从设立之初的20万元已累积到730万元。5名合伙人打算扩大企业规模，将合伙企业解散后再开办一家股份有限责任公司，采取发起设立的方式，持股比例参照合伙份额比例。请你为他们提供全程服务，为更好地完成这一服务，请详细阐述解散合伙企业和设立股份有限公司过程中涉及的所有工作步骤，并草拟过程中的相关文件、协议和会议记录。

4. 个人破产法律制度正在制定过程中，各地也出台了一些规则探索个人破产如何实施，对于创业者来说，个人破产并非洪水猛兽，对于摆脱过去创业失败带来的债务，重新开始新的创业有一定积极意义,下面是浙江省法院对于个人债务方面的一个工作指引,大家阅读后思考:创业者如何合法运用以摆脱债务困境?

参考资料——《个人债务集中清理(类个人破产)工作指引(试行)》

一、基本原则

1. 依法合规,开展个人债务集中清理工作,应当坚持法治思维和法治方式,在现行法律框架内,依法合规开展工作,保障各方当事人的合法权益。

2. 鼓励探索,积极探索通过附条件的债务免除、诚信财产申报、合理确定"生活必需品"以实现破产制度中豁免财产的制度目的等途径,在个人债务集中清理工作中充分探索个人破产的制度因素。

3. 府院联动,积极推动政府相关部门在财产登记、公职管理人、专项资金、信用体系建设等方面优化个人破产的制度环境。

二、管辖

4. 符合以下条件的基层人民法院可以开展个人债务集中清理工作:

(1) 自然人债务人住所地、经常居住地或主要财产所在地在该基层人民法院辖区内;

(2) 该基层人民法院有以该自然人作为被执行人的强制执行案件。

5. 债务人向两个以上符合条件的人民法院申请的,由最先立案的人民法院开展个人债务集中清理工作。

三、申请和受理

6. 具有浙江省户籍,在浙江省内居住并参加浙江省内社会保险或缴纳个人所得税连续满3年的自然人不能清偿到期债务,资产不足以清偿全部债务或者明显缺乏清偿能力,可以依照本指引申请开展个人债务集中清理工作。

个体工商户可以参照本指引进行债务集中清理。

7. 债务人申请个人债务集中清理的,应当由本人提交下列材料,并现场签名:(1)个人债务集中清理申请书;(2)财产状况申报;(3)债权人清册;(4)债务方面的证据、收入和支出的证据;(5)诚信承诺书;(6)法院认为需要的其他材料。

8. 人民法院可以在诉讼服务中心引入管理人工作人员,就个人债务集中清理工作的受理条件、程序、法律后果等事项向债务人进行释明和引导。

9. 人民法院在个人债务集中清理案件审查受理阶段,可以召集已知债权人听证会,向债权人释明个人债务集中清理程序在引入管理人进行财产调查、债务人财产申报等方面的程序利益,引导债权人作出附条件的债务免除承诺。

人民法院可以将债权人附条件的债务免除承诺作为启动个人债务集中清理工作的条件之一。

10. 人民法院在收到符合条件的个人债务集中清理申请之日起30日内裁定是否受理。

11. 人民法院可以自裁定受理个人债务集中清理申请之日起20日内发布受理公告。公告可以载明下列事项:(1)债务人姓名;(2)人民法院裁定受理个人债务集中清理申请的时间;(3)限制债务人行为的决定;(4)管理人姓名或者名称及地址;(5)债权人会议召开的时间、地点和方式;(6)人民法院认为需要公告的其他事项。

12. 债务人申请个人债务集中清理属于主动纠正失信行为,人民法院裁定受理个人债务集中清理申请的，可以依照《最高人民法院关于公布失信被执行人名单信息的若干规定》决定提前删除失信信息。

13. 人民法院受理后，对于以进行个人债务集中清理的自然人作为被执行人的执行案件，受理个人债务集中清理申请的人民法院在浙江省范围内可以向执行案件的共同上级法院申请集中指定执行。

共同上级法院一般应当集中指定执行。

14. 自人民法院受理个人债务集中清理申请之日起至程序终结之日或者债务人行为考察期满之日止，债务人不得有以下消费行为：（1）乘坐交通工具时，选择飞机商务舱、头等舱、列车软卧、轮船二等以上舱位、G字头高速动车组旅客列车二等及其他动车组一等以上座位；（2）在三星级以上宾馆、酒店、夜总会、高尔夫球场等场所进行消费；（3）购买不动产或者新建、扩建、高档装修房屋；（4）租赁高档写字楼、宾馆、公寓等场所办公；（5）购买机动车辆；（6）旅游、度假；（7）子女就读高收费私立学校；（8）支付高额保费购买保险理财产品；（9）其他非生活和工作必须的消费行为。

15. 债务人在依本指引进行债务清理期间，应当履行下列义务：（1）妥善保管其占有和管理的财产、文书资料，并根据管理人要求及时完整移交，不得擅自处分其所有的财产；（2）接受人民法院或者管理人的调查询问，如实全面申报财产及债权债务；（3）出席债权人会议、听证会，接受债权人的质询；（4）姓名、联系方式、住址等个人信息发生变动或者需要离开住所地时，及时向人民法院、管理人报告；（5）遵守本指引第14条有关限制高消费的规定；（6）不得对债权人进行个别清偿，但个别清偿使债务人财产受益的除外；（7）人民法院认为需要履行的其他义务。

上述第（1）至第（3）项的规定，适用于与债务人共同生活的近亲属或者其他利害关系人。

16. 人民法院受理个人债务集中清理申请后，发现债务人不符合本指引第6条规定情形的，应当裁定驳回申请。

17. 申请个人债务集中清理，人民法院暂不收取申请费用。

有执行案件的，执行案件的申请费由债务人负担。

18. 个人债务集中清理工作中管理人执行职务的费用、报酬和聘用工作人员的费用等可以从各地设立的破产专项资金中列支。

四、财产申报

19. 债务人应当在申请时向人民法院书面报告本人及其配偶、未成年子女以及其他共同生活的近亲属名下的财产情况：（1）收入、银行存款、现金、支付宝等第三方支付工具中的财产、理财产品、有价证券等；（2）土地使用权、房屋等不动产；（3）交通运输工具、机器设备、产品、原材料、个人收藏的文玩字画等动产；（4）债权、股权、投资权益、基金份额、信托受益权、知识产权等财产性权利；（5）其他具有处置价值的财产。

债务人的财产已出租、已设立担保物权等权利负担，或者存在共有、权属争议等情形的，应当一并申报；债务人的动产由第三人占有，债务人的不动产、特定动产、其他财产权等登记在第三人名下的，应当一并申报。

20. 自人民法院裁定受理个人债务集中清理申请之日前两年内，债务人财产发生下列变动的，债务人应当一并如实申报：（1）赠与、转让、出租财产；（2）在财产上设立担保物权、地役权等权利负担;(3) 放弃债权或者延长债权清偿期限;(4) 一次性支出 5 万元以上大额资金;(5) 因离婚、继承而分割共同财产;(6) 提前清偿未到期债务;(7) 其他重大财产变动情况。

21. 人民法院开展个人债务集中清理工作期间,债务人应当定期向人民法院申报财产变动情况。

22. 人民法院应当保证债务人及所扶养的家属的生活必需费用和必需品不受执行,人民法院可以依照《中华人民共和国民事诉讼法》第二百四十四条规定认定下列财产属于"生活必需品":(1) 债务人及其所需要抚养、赡养和扶养的家庭成员生活、学习、医疗的必需品和合理费用;(2) 因债务人职业发展需要必须保留的物品和合理费用;(3) 对债务人有特殊纪念意义的物品;(4) 无现金价值的人身保险;(5) 勋章或者其他表彰荣誉的物品;(6) 专属于债务人的人身损害赔偿金、社会保险金以及最低生活保障金;(7) 根据法律规定或者基于公序良俗不应当用于清偿债务的其他财产。

前款规定的财产,价值较大、不用于清偿债务明显违反公平原则的,不认定为生活必需品。

23. 债务人应当自人民法院受理裁定送达之日起 15 日内向管理人提交"生活必需品"清单,并列明财产对应的价值或者金额。

五、管理人

24. 个人债务集中清理工作中,可以指定列入破产管理人名册的社会中介机构及其执业律师、执业注册会计师,或者政府部门的公职管理人,担任个人债务集中清理工作的管理人。也可以由债权人及债务人共同协商在列入名册的机构及其执业律师、执业注册会计师,或政府部门的公职人员中选定管理人。

企业破产案件中,将实际控制人、股东等的个人债务集中清理工作一并纳入的,由破产案件管理人担任个人债务集中清理工作的管理人。

25. 管理人应当勤勉尽责,忠实执行职务。

26. 管理人履行下列职责:(1) 调查核实债务人的基本情况;(2) 通知已知债权人申报债权;(3) 审查债权,并制作债权表;(4) 调查核实债务人财产申报情况,并制作债务人财产报告;(5) 提出对债务人生活必需品(豁免财产)清单的意见;(6) 拟定财产分配方案并实施分配;(7) 提议、协调召开债权人会议;(8) 管理、监督债务人在考察期的行为;(9) 人民法院认为管理人应当履行的其他职责。

27. 公职管理人原则上不另行收取报酬。

执业律师、执业注册会计师被指定为管理人的,可以在各地设立的破产专项资金中支付报酬。

企业破产案件中,将实际控制人、股东等的个人债务集中清理工作一并纳入的,管理人报酬可以按照《最高人民法院关于审理企业破产案件确定管理人报酬的规定》一并确定。

六、财产调查、核实

28. 对债务人申报的财产情况,人民法院应当及时调查核实,必要时可以组织当事人进行听证。(1) 人民法院应当通过网络执行查控系统对被执行人的存款、车辆及其他交通运输工具、不动产、有价证券等财产情况进行查询、核实;(2) 经债权人申请,根据案件实际情况，可以依法采取审计调查、公告悬赏等调查、核实措施；（3）其他必要的调查核实措施。

29. 管理人可采取询问、查询、走访等多种方式，对债务人的财产进行全面调查核实，其中债务人居住地及存放个人财产情况应当进行调查核实。

管理人应向公安、民政、村（居）委会、工作单位、人民银行、金融机构、信息查询平台、不动产登记、车辆管理、知识产权、公积金、社会保障、市场监督管理、税务、法院执行等部门和机构调取债务人必要信息资料，具体调查工作包括但不限于以下方面：（1）通过公安部门调查债务人家庭人口信息，包括其父母、子女、配偶、兄弟姐妹等。如与父母分户的，则进一步查询户籍的原始档案，了解当时的家庭成员情况；（2）通过公安部门调查债务人住宿登记及出入境记录，必要时，对债务人直系亲属的住宿登记及出入境记录情况进行调查；（3）通过民政部门调查债务人婚姻存续情况，如涉离婚，则需了解子女抚养及财产分割情况；（4）通过村（居）委会调查债务人家庭常住人口情况、村集体经济分红情况以及拆迁补偿情况等；（5）通过债务人工作单位调查债务人工作情况、工资水平及其福利等情况；（6）通过人民银行调查债务人征信情况、银行开户、信用卡办理、贷款、担保、被担保情况；（7）通过金融机构调查债务人开户情况、资金存取记录及账户余额；（8）通过市场监督管理部门、信息查询平台调查债务人持股情况以及担任企业职务等情况；（9）通过不动产登记部门调查债务人名下不动产情况；（10）通过车辆管理部门调查债务人名下车辆情况；（11）通过知识产权部门调查债务人名下专利权、商标权、著作权等知识产权情况；（12）通过公积金管理部门调查债务人公积金存取记录及账户余额；（13）通过社会保障部门调查债务人养老保险、医疗保险缴存、领取情况；（14）通过税务部门调查债务人税款缴纳及欠税情况；（15）通过法院调查债务人涉诉案件及其执行情况；（16）通过上海证券交易所、深圳证券交易所调查债务人股票交易情况；（17）调查债务人使用支付宝、微信等第三方支付平台有关情况。必要时，对债务人近亲属的支付宝、微信等第三方支付平台有关情况进行调查。

30. 管理人需对调查获取的有关信息、资料进行全面、综合分析，重点审查以下事项，包括但不限于：（1）根据债务人日常开支情况，审查债务人名下银行对账单、第三方支付平台账户是否存在异常收支记录；（2）审查债务人住房公积金账户支取记录与债务人购房、装修记录是否匹配；（3）审查财产权益状况及财产权益处置资金去向；（4）审查债务人配偶、父母、子女等近亲属名下资产与其收入是否匹配；（5）审查是否存在挥霍消费行为；（6）审查是否存在未履行完毕合同；（7）审查是否存在放弃债权、放弃债权担保、无偿转让财产等方式无偿处分财产权益，或者恶意延长其到期债权的履行期限，影响债权人利益情况；（8）审查是否存在以明显不合理的低价转让财产，以明显不合理的高价受让他人财产或者为他人的债务提供担保，影响债权人的债权实现情况；（9）审查是否存在虚构债务或承认不真实的债务情况；（10）审查是否存在恶意串通，签订合同损害债权人利益情况；（11）审查是否存在虚假诉讼，损害债权人利益情况；（12）审查是否存在其他违反法律、行政法规强制性规定，损害债权人利益的行为。

31. 因管理人自身客观原因，无法调查或核实债务人财产的，可以申请由人民法院依职权调查核实或签发调查令，有关部门和机构应当配合管理人的调查。

管理人为调查事实，就债权、财产等争议，可以通知相关人员到指定场所接受询问或者提交书面陈述意见。

32. 管理人应当及时完成债务人财产状况调查报告，并对生活必需品（豁免财产）清单提出意见，财产状况调查报告提交债权人会议审查。

七、债权申报

33. 债权人申报债权时，应当书面说明债权的数额和有无财产担保，并提交有关证据。申报的债权是连带债权的，应当予以说明。

连带债权人可以由其中一人代表全体连带债权人申报债权，也可以共同申报债权。

附条件、附期限的债权和诉讼、仲裁未决的债权，债权人可以申报。

债务人的保证人或者其他连带债务人已经代替债务人清偿债务的，以其对债务人的求偿权申报债权。债务人的保证人或者其他连带债务人尚未代替债务人清偿债务的，以其对债务人的将来求偿权申报债权。但是，债权人已经向管理人申报全部债权的除外。

34. 管理人收到债权申报材料后，应当登记造册，对申报的债权进行审查，并编制债权表。

根据债权性质可分为享有特定财产担保债权、赡养费、抚养费、扶养费请求权、雇用人员债权、税收债权、普通债权。管理人应在债权表对每笔债权性质进行列示。

35. 管理人编制的债权表，应当提交债权人会议核查。

八、债权人会议

36. 第一次债权人会议由人民法院召集，以后的债权人会议，在人民法院认为必要时，或者管理人、所代表债权额占债权总额1/4以上的债权人提议时召开。

召开债权人会议，管理人应当提前15日通知已知债权人，并提前3日告知会议内容。

37. 第一次债权人会议自人民法院裁定受理个人债务集中清理申请之日起30日内召开，重点对申请执行人和其他已知债权人释明以下内容：（1）执行程序的功能主要在于对"有履行能力而拒不履行生效法律文书确定义务"的被执行人进行强制执行；（2）债务人无履行能力的，属于市场交易风险或者是由于债务人意志以外的特定原因；（3）个人债务集中清理程序在债务人配合、财产调查、专项资金援助等方面的优势；（4）人民法院认为需要释明的其他事项。

38. 经过债权人会议释明，尽可能引导债权人同意或者附条件同意免除债务人的剩余债务，所附条件主要是"个人债务集中清理期间债务人如实申报财产并经处置分配"。

39. 债权人会议行使下列职权：（1）核查债权；（2）监督管理人；（3）申请人民法院更换管理人，审查管理人的费用和报酬；（4）审议生活必需品（豁免财产）清单；（5）审议债务人财产情况报告；（6）审议财产调查情况；（7）审议财产分配方案；（8）人民法院认为应当由债权人会议行使的其他职权。

债权人会议应当对所议事项的审议情况形成会议记录。

40. 债权人会议可以探索采用双重表决规则等方式，即首先由全体债权人一致同意通过一项表决规则，然后再根据通过的表决规则对财产分配方案等事项进行表决，以有效推进清理程序。

41. 债权人会议对债务人生活必需品（豁免财产）清单的审议结果，作为人民法院依据《中华人民共和国民事诉讼法》第二百四十四条确定"被执行人及其所扶养家属的生活必需品"范围、金额的重要依据。

42. 债务人应当出席债权人会议并接受质询。

债权人可以在债权人会议召开 10 日前,以书面方式陈述具体理由,要求管理人通知债务人的配偶及成年直系亲属列席债权人会议并接受质询。

债务人、债务人配偶及成年直系亲属经管理人通知无正当理由拒绝接受质询的,视为其具有不诚信行为,人民法院可以视情况终结个人债务集中清理程序。

九、债务清理

43. 管理人应当及时拟订债务人财产变价方案,提交债权人会议审议。变价出售债务人财产应当以价值最大化为原则,兼顾处置效率。

44. 执行案件移送个人债务集中清理的,可在执行程序中先行进行财产变价处置,但财产分配应在个人债务集中清理程序中依法进行。

债务人财产因变现费用高于财产价值等原因,不宜进行处置和分配的,管理人经报告人民法院,可以放弃处置并归还债务人。

45. 管理人通过网络拍卖的方式处置债务人财产,应当参照人民法院关于拍卖和变价的有关规定,在公开的交易平台进行。

财产拍卖底价应当参照市场价格确定,也可以通过定向询价、网络询价确定。网络拍卖两次流拍的,管理人可以通过网络变价等方式进行处置。但是,债权人会议另有决议或者法律、行政法规另有规定的除外。

46. 对债务人的特定财产享有担保权的权利人,对该特定财产享有优先受偿的权利。

债权人行使优先受偿权利未能完全受偿的,其未受偿的债权作为普通债权;放弃优先受偿权利的,其债权作为普通债权。

47. 人民法院受理个人债务集中清理申请后发生的下列费用,为清理费用:(1)个人债务集中清理案件的申请费;(2)管理、变价和分配债务人财产的费用;(3)管理人执行职务的费用、报酬和聘用工作人员的费用。

48. 人民法院受理个人债务集中清理申请后发生的下列债务,为共益债务:(1)因管理人或者债务人请求对方当事人履行双方均未履行完毕的合同所产生的债务;(2)债务人财产受无因管理所产生的债务;(3)因债务人不当得利所产生的债务;(4)为债务人继续营业或者生活必需而应支付的他人的劳动报酬或者应缴纳的社会保险费用,以及由此产生的其他债务;(5)管理人或者相关人员执行职务致人损害所产生的债务;(6)债务人财产或者行为致人损害所产生的债务,以及其他必须由债务人承担的侵权损害赔偿债务;(7)债务人因紧急避险所产生的债务。

49. 债务人财产在优先清偿清理费用和共益债务后,其他债务依照下列顺序清偿:(1)债务人欠付的赡养费、抚养费、扶养费;(2)债务人所欠雇用人员的工资和医疗、伤残补助、抚恤等费用,应当缴入雇用人员个人账户的基本养老保险、基本医疗保险等社会保险费用,以及依法应当支付给雇用人员的补偿金;(3)债务人所欠税款;(4)普通债权,其中债务人的配偶以及前配偶、共同生活的近亲属以及成年子女不得在其他普通债权人未受完全清偿前,以普通债权人身份获得清偿。

债务人财产不足以清偿同一顺序债权的,按照比例分配。

50. 管理人应当及时拟订债务人财产分配方案,提交债权人会议审议。债务人财产分配方案应当载明下列事项:(1)参加债务人财产分配的债权人名称或者姓名、住所;(2)参加债务人财产分配的债权额；（3）可供分配的债务人财产数额，包括现有的债务人财产以及良好行为考察期内可能获得的可用于清偿债务的收入部分；（4）债务人财产分配的顺序、比例及数额；（5）实施债务人财产分配的方法；（6）其他需要载入财产分配方案的内容。

债权人会议通过债务人财产分配方案后，由管理人将该方案提请人民法院裁定认可。

51. 管理人负责债务人财产分配方案的执行。分配应当以货币分配方式进行。但是，债权人会议另有决议的除外。

52. 有未来稳定可预期收入的债务人，可以通过债务重整的方式进行个人债务集中清理。

53. 债务人或者管理人可以引入金融机构等第三人作为投资人参加个人债务集中清理程序，采用向第三人融资的方式清偿原有债务。第三人可以要求债务人提供相应的担保。

十、程序终结

54. 人民法院受理个人债务集中清理申请后，发现债务人存在下列情形之一的，可以裁定终止个人债务集中清理程序：（1）债务人在申请书或者财产申报等文件中，存在不完整、有错误或者其他误导的情况；（2）债务人在申请前两年内，进行过低价处置财产或者恶意的偏颇性清偿行为；（3）管理人就债务人申请中的情况询问债务人，债务人未能在规定期限内作出正式的答复；（4）债务人存在不诚信行为等需要终止个人债务集中清理程序的其他情形。

终止个人债务集中清理程序后，符合条件的，人民法院应当依照相关规定对债务人采取纳入失信被执行人名单等强制执行措施。

55. 债务人无财产可供分配的，管理人应当请求人民法院裁定终结个人债务集中清理程序。

管理人在最后分配完毕后，应当及时向人民法院提交债务人财产分配报告，并提请人民法院裁定终结个人债务集中清理程序。

人民法院应当自收到管理人终结个人债务集中清理程序的请求之日起15日内作出是否终结个人债务集中清理程序的裁定。

56. 人民法院裁定终结个人债务集中清理程序后，对于同意免除债务人剩余债务的执行案件，以《中华人民共和国民事诉讼法》第二百五十七条第六项为由终结对债务人的执行。

对于不同意免除债务人剩余债务的执行案件，在符合设置了5年行为考察期等条件的情况下，可以裁定终结执行。

57. 所有债权人均同意免除剩余债务并终结执行的，不设行为考察期。也可将设置行为考察期作为同意免除剩余债务的条件。

有债权人不同意免除债务人剩余债务或者将设置行为考察期作为同意免除剩余债务的条件的，行为考察期为裁定终结个人债务集中清理程序后的5年。

58. 债务人在行为考察期内应当继续履行人民法院作出的限制行为决定规定的义务。

十一、法律责任

59. 债务人或其他利害关系人违反本指引有关规定，有下列行为之一的，由人民法院依法予以训诫、拘传、罚款、拘留；构成犯罪的，依法追究刑事责任：（1）拒不配合或协助人民法院、管理人调查，拒不回答询问，或者拒不提交相关资料；（2）提供虚假、变造资料，作虚假陈述或者误导性陈述；（3）故意实施或协助实施隐匿、转移、毁损、不当处分财产、财产权益及财务凭证等资料物件，或者其他不当减少财产价值的行为；（4）其他的妨害行为。

60. 管理人未勤勉尽责、忠实执行职务，给债务人、债权人或者其他利害关系人造成损失的，参照《破产法》及其司法解释的有关规定依法承担赔偿责任。

61. 管理人怠于履行或者不当履行职责的，由人民法院责令改正，并可以采取降低管理人报酬、依职权更换管理人等措施；人民法院可以暂停其任职资格或者将其从管理人名册中除名。

管理人与他人恶意串通，妨害个人债务集中清理的，由人民法院依法予以训诫、拘传、罚款、拘留；构成犯罪的，依法追究刑事责任。

本章推荐学习资料

商事主体参与市场经营，优胜劣汰，进入和退出均属正常，法律只要维持进出市场的良好秩序并严格执法就能够帮助巩固正常的市场竞争秩序，实现经济的有效运转。

企业破产虽带来阵痛但也有机遇，破产重整即是一例，下面的推荐学习材料来自司法实务人员对破产法重整程序中法院职能定位的思考，希望通过阅读能让大家换个角度看破产，更深入地理解破产法律制度背后的立法意图和其中蕴含的商业机会及商业风险。

破产重整是新《中华人民共和国破产法》（以下简称《破产法》）的一项重要制度，与破产清算、破产和解共同构成了破产法的制度体系。在供给侧结构改革的背景下，破产重整对于挽救陷入困境的企业发挥着重要作用，关系到企业的再生。也基于此，最高人民法院把法院比作生病企业的医院，力推借助该制度去挽救陷入困境但有挽救可能和挽救价值的企业。但由于与《破产法》配套实施的相关司法解释的匮乏，导致在审判实务过程中，各地法院对于破产重整制度的运用存在巨大差异，在一定程度上致使本应发挥作用的破产重整制度并没有达到挽救破产企业的效果，反而产生了新的纠纷，致使各方利益主体的权利纠葛更加复杂。下面结合两起退市公司重整案，以案中涉及的法院是否应出具协助执行通知书作为分析的切入点，探讨、分析在破产重整过程中法院的职能定位。

案例1：长春北方五环实业股份有限公司重整案

长春市中院于2015年6月24日依法裁定受理债权人吉林建工集团有限公司申请债务人长春北方五环实业股份有限公司（以下简称"五环公司"）重整一案，并于同日指定北京（长春）金杜律师事务所担任五环公司管理人。2015年11月6日，五环公司管理人同时向长春市中院及债权人会议递交了《长春北方五环实业股份有限公司重整计划草案》。经债权人会议表决，依照债权性质划分的各债权人表决组均通过《长春北方五环实业股份有限公司重整计划草案》。2015年11月20日，五环公司管理人向长春市中院申请批准重整计划。

长春市中院经审查认为，管理人向本院提出批准重整计划的申请符合法律规定，经长春市中院审判委员会讨论决定，依照《破产法》第八十六条规定裁定如下：

一、《长春北方五环实业股份有限公司重整计划草案》虽经债权人会议表决通过（重整计划具体内容见本裁定的附件），但其中涉及股权分置改革内容的实施应当依照中国证券监督管理委员会、证券交易所、中国证券登记结算公司、全国中小企业股份转让系统有限责任公司等相关证券监督管理部门的规定和程序办理。

二、终止长春北方五环实业股份有限公司重整程序。

案例2：长春高斯达生物科技集团股份有限公司破产重整案

长春高斯达生物科技集团股份有限公司（以下简称"高斯达公司"）管理人向长春市中院提出申请称，高斯达公司第二次债权人会议暨出资人会议已于2017年5月31日召开，对高斯达公司重整计划草案进行表决，分组表决情况如下：

一、债权人分组表决情况。高斯达公司无职工债权、税收债权以及担保债权，故只有普通债权组对重整计划草案进行表决，共有两家债权人表决同意重整计划草案，表决同意的债权人占出席会议的该组债权人人数的100%，表决同意的债权额占该组债权总额的100%。根据相关法律规定，普通债权人组表决通过重整计划草案。

二、出资人组表决情况。因高斯达公司重整计划草案涉及出资人权益调整事项，设立出资人组对该事项进行表决，并采取现场投票和网络投票相结合的方式。参与本次出资人组会议现场投票的股东共27家，代表股份合计39567036股，占公司股本总额的28.19%；参与网络投票的股东共35家，代表股份合计14606010股，占公司股本总额的10.40%。上述参与投票的股东共62家，代表股份合计54173046股，占公司股本总额的38.60%。表决同意出资人权益调整事项的股东代表所持股份合计54149246股，占全体参与表决股东所代表股份总数的99.96%；表决不同意和投弃权票的股东代表的股份合计23800股，占全体参与表决股东所代表股份总数的0.04%。根据相关法律规定，出资人组表决通过重整计划草案中涉及的出资人权益调整事项。故管理人依据《破产法》等相关规定，申请长春市中院批准高斯达公司重整计划。

长春市中院认为，高斯达公司重整计划草案经债权人组表决通过，出资人组亦表决通过了重整计划草案中涉及的出资人权益调整事项。根据《破产法》的有关规定，各表决组均通过重整计划草案时，重整计划即为通过。管理人申请本院批准高斯达公司重整计划符合法律规定，应予准许。关于高斯达公司重整计划中涉及的协助执行事项，如重整计划第七条第三款第四项，鉴于法律没有明确规定，故法院在高斯达公司重整计划执行过程中无法出具相关协助执行的法律文书。

经长春市中院审委会研究讨论决定，依照《破产法》第八十六条之规定，裁定如下：

一、批准长春高斯达生物科技集团股份有限公司重整计划；

二、终止长春高斯达生物科技集团股份有限公司重整程序。

就上述两起重整案件，因法院未予出具协助执行通知书，导致管理人不能到中国证券登记结算公司办理出资人权益调整部分所涉及的股票划转，该两起案件均面临重整计划不能有效执行及企业破产的问题。法院是否出具协助执行通知书，各地做法不一，实务中主要涉及对《破产法》第八十五条及第九十一条的理解及衔接适用问题。

目前，实践中出具协助执行通知书的法院有很多，从大数据看，出具协助执行通知书的重整案件一般都进展顺利，取得了较为良好的经济效果、法律效果和社会效果；不予出具协助执行通知书的法院也存在，最终致使重整计划不能有效执行，裁定通过的重整计划草案成为具文，各方利益陷入新的更加复杂的纠葛之中。理论上主要涉及的是如何看待法院依法批准的重整计划草案的效力问题。对此，存在两种意见：

一种意见认为，法院不应出具协助执行法律文书。主要理由为：

经法院裁定批准的重整计划不具有强制执行力，属于契约性质，仅对债务人和全体债权人具有约束力，因此法院出具协助执行通知书要求中国证券登记结算有限公司（以下简称"中登公司"）将流通股股东股份无偿划转，缺乏法律依据且风险巨大。具体理由如下：

1. 缺乏程序。我国《破产法》第八十六条规定："人民法院裁定批准重整计划草案的同时终止重整程序并予以公告。"由此可见，法院裁定批准重整计划后，重整程序终止，重整案件审结，接下来由债务人负责执行重整计划，由管理人监督执行，本次司法程序结束。

2. 缺乏依据。根据《中华人民共和国民事诉讼法》（以下简称《民事诉讼法》）的规定，法院出具协助执行通知书必须以具有强制执行力的法律文书作为依据。但经法院裁定批准的重整计划不具有强制执行力，法院出具协助执行通知书缺乏法律依据。《破产法》第九十二条第一款规定："经人民法院裁定批准的重整计划，对债务人和全体债权人均有约束力。"第八十九条第一款规定："重整计划由债务人负责执行。"第九十三条第一款规定："债务人不能执行或者不执行重整计划的，人民法院经管理人或者利害关系人请求，应当裁定终止重整计划的执行，并宣告债务人破产。"由此可见：

（1）法律明确规定重整计划仅对债务人和全体债权人具有约束力，并且由债务人负责执行，因此经法院批准的重整计划属于契约性质，法院裁定批准是该契约的生效要件，生效后由债务人履行，而不是由法院强制执行。

（2）法律规定如债务人因客观原因不能执行或者因主观原因不予执行重整计划，经管理人或利害关系人请求，法院应当裁定终止重整计划的执行进而宣告企业破产，经破产清算后企业注销，这说明重整计划并非必须执行，无法执行则启动破产清算程序，进一步印证重整计划没有强制执行力。

（3）从重整制度的功能和立法目的来看，重整制度充分尊重各方利益主体的商业判断，各方利益主体通过商业谈判达成协议，通过法院裁定批准程序该协议生效，给濒临破产的企业一次自救重生的机会——执行重整计划，如企业无法完成重整计划的执行，则通过破产清算程序退出市场经营，而并非通过公权力强行拯救企业。

3. 欠缺权力。流通股股东账户中的股票属于股民个人财产，法院在缺乏法律依据的情况下利用公权力剥夺公民私有财产属于严重违法行为。股权划转事项是重整计划中的内容，重整计划属于契约性质，应当适用因股份协议转让办理非交易过户登记的相关规定。根据《中国证券登记结算有限公司证券登记规则》第二十条："股份协议转让或行政划拨双方取得证券交易所对股份转让的确认文件后应当向本公司提出股份转让过户登记申请，本公司对过户登记申请材料审核通过后，办理过户登记手续，并向申请人出具过户登记证明文件。"按照此规定，办理股权划转并不需要法院的协助执行通知书。

另一种意见为法院可以出具协助执行法律文书。主要理由为：

1. 经批准的重整计划具有一定司法强制效力。重整计划草案经债权人会议依法表决通过后（涉有出资人权益调整事项的，经出资人对出资人权益调整事项表决通过），经法院依法裁定即为通过（如果涉及法院强制批准通过的，还需要满足《破产法》第八十七条的规定）。重整计划是债权人、债务人、重整方、出资人等方对债务清偿和企业重组进行协商安排的结果，具有协议平等、自愿等特征。但由于破产程序是概括执行程序，强调公平、合理维持各方正当权益，所以经批准的重整计划不完全等同于协议，具有一定的司法强制效力。

2. 具有合法性和必要性。根据《民事诉讼法》第二百二十四条之规定，执行文书是申请人据以申请执行和执行人员据以执行的凭证,即法律规定由人民法院执行的法律文书,包括民事判决书、裁定书、调解书等。民事裁定书是人民法院为解决案件的程序问题所作的判定,其作为执行根据的一种,当然具有执行效力。根据《民事诉讼法》第二百五十一条规定:"在执行中,需要办理有关财产权证照转移手续的,人民法院可以向有关单位发出协助执行通知书。"在执行过程中,有些财产被执行后改变了权利人,只有办理了财产权证的转移手续才算财产权利交付完成,执行任务彻底完成。执行人员在办理这些证照转移手续时,需向有关单位发出协助执行通知书。根据该条规定,法院就出资人权益调整涉及的股份划转等事项有权出具协助执行通知书。

3. 出具协助执行通知书符合《破产法》立法体系。重整制度被公认为挽救企业最有效的制度,本着"多兼并重组、少破产清算"的经济工作理念,重整制度应当在清理僵尸企业、推进供给侧结构性改革进程中发挥更大作用。如果法院不出具协助执行法律文书,大部分重整案件执行程序都将无法进行,有违破产法立法原意,也与社会发展趋势背道而驰。

存在上述两种观点分歧的主要原因在于如何定义或确定破产重整程序的起止点、如何看待《破产法》第八十五条和第九十二条的衔接问题,深层次原因是法院在破产重整程序中的职能定位问题。

就上述两起案件看,法院是否出具协助执行通知书直接决定了破产重整计划能否最终顺利执行,关系到最终破产重整能否成功,关系到破产重整这一法律制度在实践中能否发挥企业挽救之功能。

关于破产重整程序中法院职能定位的三个问题:

1. 破产重整程序的起止点及法院在重整案件中的结案标准。现行《破产法》第八十六条规定:"人民法院裁定批准重整计划草案的同时终止重整程序并予以公告。"如何理解该条终止重整程序的含义,实践中存有误区。在实务中,有的法院认为法院裁定批准重整计划草案的同时即终结了重整程序,也因此等同于案件结案,法院职能完成。此种理解可以说是一种狭隘且不负责任的理解,是对法院在重整程序中职能的误解,这一点可以从比较破产清算案件的终结时点看。对于破产清算案件,法院结案的终点是破产清算方案分配完成后或无产可破案件的管理人提交终结请求后;就重整程序看,法院裁定批准重整计划及终结重整程序并不意味着法院的职能履行完毕,也不能把批准重整计划的裁定书作为案件的结案依据。法院最终的结案时点应该是批准通过的重整计划执行完毕或确定不能执行完毕而宣告破产清算及清算最终完成之时。如果把裁定批准通过重整计划作为重整程序的终结时点,一旦因破产重整计划不能执行完毕,企业应当被宣告破产时,由于缺乏适用的程序,最终导致战略投资人及债权人等的利益处于悬空状态。

2. 裁定批准的重整计划的法律效力。重整计划系经过债权人、出资人等分组审议表决通过后,经法院审查后裁定批准。如果重整计划仅仅系重整各方的民事协议,那么从法律角度看,无须法院的批准即生效。因为现行《破产法》并无明文关于批准生效的规定。法院裁定批准重整计划从功能上看,一方面是法院在履行破产程序中的监督职能,即确保各方利益综合平衡;另一方面是赋予其强制执行效力,即批准的裁定是公权力介入并赋予其强制执行依据的表现,这也是裁定批准的重整计划与普通民事协议的重大区别所在。

3. 《破产法》第八十五条和第九十二条的衔接问题。《破产法》第八十五条第二款规定:"重整计划草案涉及出资人权益调整事项的,应当设出资人组,对该事项进行表决。"

第九十二条规定："经人民法院裁定批准的重整计划，对债务人和全体债权人均有约束力。"一方面，第八十五条明确规定涉及出资人权益调整的，应当设出资人组对重整计划草案进行表决；另一方面，第九十二条又明示经人民法院裁定批准的重整计划，对债务人和全体债权人均有约束力，遗漏了对出资人的效力问题。此种遗漏直接导致了法院在出具协执时存有顾虑，也是对裁定批准的重整计划草案效力存在争议的根源，故需要分析该种法律疏漏的性质是立法的有意疏漏还是无意疏漏。如果是有意疏漏，则法律限度不能突破也不能填补；若是无意疏漏，即立法之时没有意识到这个问题，则需要进行漏洞的填补。需要扩大解释适用第九十二条关于裁定批准重整计划的范围至出资人。解决此衔接适用问题也就从根源上断绝了关于重整计划草案性质的争论。

第四章

商事主体经营与创业活动开展（一）

【教学目标】

本章通过商事主体经营中涉及的财产（有形财产和无形财产）问题的介绍引出创业中面临的财产获取、使用、转让和处置等财产法律相关问题，在系统介绍物权、专利权和商标权的基础上，让学生树立合法获取财产的意识，熟悉各类财产取得和经营的基础法律常识，掌握灵活运用财产法律规范保护自身合法财产的常用技巧。

第一节 物 权

一、物权

物权作为重要的民事权利，是商事主体和一切民事主体从事经营和生产生活的物质基础，在法律权利体系中有着极其重要的地位，物权的确认和保障对激发创业热情也有积极意义。我国法律明确，国家、集体、私人的物权和其他权利人的物权受法律平等保护，任何组织或者个人不得侵犯。物权针对的是有体物，与知识产权针对的无形财产相对应，有体物按照移动是否会减损物的价值为划分标准可以分为不动产和动产，移动会减损价值的通常为不动产，移动不会减损价值的通常为动产。

二、物权的设立、变更、转让和消灭

（一）不动产物权的设立、变更、转让和消灭

不动产物权的设立、变更、转让和消灭，应当依照法律规定登记。动产物权的设立和转让，应当依照法律规定交付。

不动产物权的设立、变更、转让和消灭，经依法登记，发生效力；未经登记，不发生效力，但是法律另有规定的除外。依法属于国家所有的自然资源，所有权可以不登记。不动产登记，由不动产所在地的登记机构办理。国家对不动产实行统一登记制度。统一登记的范围、登记机构和登记办法，由法律、行政法规规定。

不动产物权的设立、变更、转让和消灭，依照法律规定应当登记的，自记载于不动产登记簿时发生效力。当事人之间订立有关设立、变更、转让和消灭不动产物权的合同，除法律另有规定或者当事人另有约定外，自合同成立时生效；未办理物权登记的，不影响合同效力。

不动产登记簿是物权归属和内容的根据。不动产登记簿由登记机构管理。不动产权属证书是权利人享有该不动产物权的证明。不动产权属证书记载的事项，应当与不动产登记簿一致；记载不一致的，除有证据证明不动产登记簿确有错误外，以不动产登记簿为准。权利人、利害关系人可以申请查询、复制不动产登记资料，登记机构应当提供。

权利人、利害关系人认为不动产登记簿记载的事项错误的，可以申请更正登记。不动产登记簿记载的权利人书面同意更正或者有证据证明登记确有错误的，登记机构应当予以更正。不动产登记簿记载的权利人不同意更正的，利害关系人可以申请异议登记。登记机构予以异议登记，申请人自异议登记之日起15日内不提起诉讼的，异议登记失效。异议登记不当，造成权利人损害的，权利人可以向申请人请求损害赔偿。

当事人签订买卖房屋的协议或者签订其他不动产物权的协议，为保障将来实现物权，按照约定可以向登记机构申请预告登记。预告登记后，未经预告登记的权利人同意，处分该不动产的，不发生物权效力。预告登记后，债权消灭或者自能够进行不动产登记之日起90日内未申请登记的，预告登记失效。

（二）动产物权的设立、变更、转让和消灭

动产物权的设立和转让，自交付时发生效力，但是法律另有规定的除外。船舶、航空器和机动车等的物权的设立、变更、转让和消灭，未经登记，不得对抗善意第三人。动产物权设立和转让前，权利人已经占有该动产的，物权自民事法律行为生效时发生效力。动产物权设立和转让前，第三人占有该动产的，负有交付义务的人可以通过转让请求第三人返还原物的权利代替交付。动产物权转让时，当事人又约定由出让人继续占有该动产的，物权自该约定生效时发生效力。

（三）物权的特殊取得

因人民法院、仲裁机构的法律文书或者人民政府的征收决定等，导致物权设立、变更、转让或者消灭的，自法律文书或者征收决定等生效时发生效力。

因继承取得物权的，自继承开始时发生效力。

因合法建造、拆除房屋等事实行为设立或者消灭物权的，自事实行为成就时发生效力。

三、物权的保护

物权受到侵害的，权利人可以通过和解、调解、仲裁、诉讼等途径解决。因物权的归属、内容发生争议的，利害关系人可以请求确认权利。无权占有不动产或者动产的，权利人可以请求返还原物。妨害物权或者可能妨害物权的，权利人可以请求排除妨害或者消除危险。造成不动产或者动产毁损的，权利人可以依法请求修理、重作、更换或者恢复原状。侵害物权，造成权利人损害的，权利人可以依法请求损害赔偿，也可以依法请求承担其他民事责任。

四、所有权

（一）所有权的权能

所有权人对自己的不动产或者动产，依法享有占有、使用、收益和处分的权利。所有权

人有权在自己的不动产或者动产上设立用益物权和担保物权。用益物权人、担保物权人行使权利，不得损害所有权人的权益。法律规定专属于国家所有的不动产和动产，任何组织或者个人不能取得所有权。

（二）征收和征用

为了公共利益的需要，依照法律规定的权限和程序可以征收集体所有的土地和组织、个人的房屋以及其他不动产。征收集体所有的土地，应当依法及时足额支付土地补偿费、安置补助费以及农村村民住宅、其他地上附着物和青苗等的补偿费用，并安排被征地农民的社会保障费用，保障被征地农民的生活，维护被征地农民的合法权益。征收组织、个人的房屋以及其他不动产，应当依法给予征收补偿，维护被征收人的合法权益；征收个人住宅的，还应当保障被征收人的居住条件。任何组织或者个人不得贪污、挪用、私分、截留、拖欠征收补偿费等费用。国家对耕地实行特殊保护，严格限制农用地转为建设用地，控制建设用地总量。不得违反法律规定的权限和程序征收集体所有的土地。因抢险救灾、疫情防控等紧急需要，依照法律规定的权限和程序可以征用组织、个人的不动产或者动产。被征用的不动产或者动产使用后，应当返还被征用人。组织、个人的不动产或者动产被征用或者征用后毁损、灭失的，应当给予补偿。

（三）国家所有权

法律规定属于国家所有的财产，属于国家所有即全民所有。国有财产由国务院代表国家行使所有权。法律另有规定的，依照其规定。矿藏、水流、海域属于国家所有。无居民海岛属于国家所有，国务院代表国家行使无居民海岛所有权。城市的土地，属于国家所有。法律规定属于国家所有的农村和城市郊区的土地，属于国家所有。森林、山岭、草原、荒地、滩涂等自然资源，属于国家所有，但是法律规定属于集体所有的除外。法律规定属于国家所有的野生动植物资源，属于国家所有。无线电频谱资源属于国家所有。法律规定属于国家所有的文物，属于国家所有。国防资产属于国家所有。铁路、公路、电力设施、电信设施和油气管道等基础设施，依照法律规定为国家所有的，属于国家所有。

国家机关对其直接支配的不动产和动产，享有占有、使用以及依照法律和国务院的有关规定处分的权利。国家举办的事业单位对其直接支配的不动产和动产，享有占有、使用以及依照法律和国务院的有关规定收益、处分的权利。国家出资的企业，由国务院、地方人民政府依照法律、行政法规规定分别代表国家履行出资人职责，享有出资人权益。国家所有的财产受法律保护，禁止任何组织或者个人侵占、哄抢、私分、截留、破坏。

（四）集体所有权

集体所有的不动产和动产包括：（1）法律规定属于集体所有的土地和森林、山岭、草原、荒地、滩涂；（2）集体所有的建筑物、生产设施、农田水利设施；（3）集体所有的教育、科学、文化、卫生、体育等设施；（4）集体所有的其他不动产和动产。

农民集体所有的不动产和动产，属于本集体成员集体所有。下列事项应当依照法定程序经本集体成员决定：（1）土地承包方案以及将土地发包给本集体以外的组织或者个人承包；（2）个别土地承包经营权人之间承包地的调整；（3）土地补偿费等费用的使用、分配办法；

(4) 集体出资的企业的所有权变动等事项；(5) 法律规定的其他事项。

对于集体所有的土地和森林、山岭、草原、荒地、滩涂等，依照下列规定行使所有权：(1) 属于村农民集体所有的，由村集体经济组织或者村民委员会依法代表集体行使所有权；(2) 分别属于村内两个以上农民集体所有的，由村内各该集体经济组织或者村民小组依法代表集体行使所有权；(3) 属于乡镇农民集体所有的，由乡镇集体经济组织代表集体行使所有权。

城镇集体所有的不动产和动产，依照法律、行政法规的规定由本集体享有占有、使用、收益和处分的权利。农村集体经济组织或者村民委员会、村民小组应当依照法律、行政法规以及章程、村规民约向本集体成员公布集体财产的状况。集体成员有权查阅、复制相关资料。集体所有的财产受法律保护，禁止任何组织或者个人侵占、哄抢、私分、破坏。农村集体经济组织、村民委员会或者其负责人作出的决定侵害集体成员合法权益的，受侵害的集体成员可以请求人民法院予以撤销。

(五) 私人所有权

私人对其合法的收入、房屋、生活用品、生产工具、原材料等不动产和动产享有所有权。私人的合法财产受法律保护，禁止任何组织或者个人侵占、哄抢、破坏。

五、业主的建筑物区分所有权

(一) 建筑物区分所有权的概念及内容

业主对建筑物内的住宅、经营性用房等专有部分享有所有权，对专有部分以外的共有部分享有共有和共同管理的权利。业主对其建筑物专有部分享有占有、使用、收益和处分的权利。业主行使权利不得危及建筑物的安全，不得损害其他业主的合法权益。业主对建筑物专有部分以外的共有部分，享有权利，承担义务；不得以放弃权利为由不履行义务。业主转让建筑物内的住宅、经营性用房，其对共有部分享有的共有和共同管理的权利一并转让。

建筑区划内的道路，属于业主共有，但是属于城镇公共道路的除外。建筑区划内的绿地，属于业主共有，但是属于城镇公共绿地或者明示属于个人的除外。建筑区划内的其他公共场所、公用设施和物业服务用房，属于业主共有。建筑区划内，规划用于停放汽车的车位、车库的归属，由当事人通过出售、附赠或者出租等方式约定。占用业主共有的道路或者其他场地用于停放汽车的车位，属于业主共有。建筑区划内，规划用于停放汽车的车位、车库应当首先满足业主的需要。

(二) 业主大会

业主可以设立业主大会，选举业主委员会。业主大会、业主委员会成立的具体条件和程序，依照法律、法规的规定。下列事项由业主共同决定：(1) 制定和修改业主大会议事规则；(2) 制定和修改管理规约；(3) 选举业主委员会或者更换业主委员会成员；(4) 选聘和解聘物业服务企业或者其他管理人；(5) 使用建筑物及其附属设施的维修资金；(6) 筹集建筑物及其附属设施的维修资金；(7) 改建、重建建筑物及其附属设施；(8) 改变共有部分的用途或者利用共有部分从事经营活动；(9) 有关共有和共同管理权利的其他重大事项。业主共同决定事项，应当由专有部分面积占比 2/3 以上的业主且人数占比 2/3 以上的业主参与表决。决定前款第（6）项至第（8）项规定的事项，应当经参与表决专有部分面积 3/4 以上的业主且参与表决人数 3/4 以上的业主同意。决定前款其他事项，应当经参与表决专有部分面积过半数的业主且参与表决人数过半数的业主同意。

（三）物业管理

业主可以自行管理建筑物及其附属设施，也可以委托物业服务企业或者其他管理人管理。对建设单位聘请的物业服务企业或者其他管理人，业主有权依法更换。

业主应当遵守法律、法规以及管理规约，相关行为应当符合节约资源、保护生态环境的要求。对于物业服务企业或者其他管理人执行政府依法实施的应急处置措施和其他管理措施，业主应当依法予以配合。业主大会或者业主委员会，对任意弃置垃圾、排放污染物或者噪声、违反规定饲养动物、违章搭建、侵占通道、拒付物业费等损害他人合法权益的行为，有权依照法律、法规以及管理规约，请求行为人停止侵害、排除妨碍、消除危险、恢复原状、赔偿损失。业主或者其他行为人拒不履行相关义务的，有关当事人可以向有关行政主管部门报告或者投诉，有关行政主管部门应当依法处理。

六、相邻关系

不动产的相邻权利人应当按照有利生产、方便生活、团结互助、公平合理的原则，正确处理相邻关系。法律、法规对处理相邻关系有规定的，依照其规定；法律、法规没有规定的，可以按照当地习惯。不动产权利人应当为相邻权利人用水、排水提供必要的便利。对自然流水的利用，应当在不动产的相邻权利人之间合理分配。对自然流水的排放，应当尊重自然流向。不动产权利人对相邻权利人因通行等必须利用其土地的，应当提供必要的便利。不动产权利人因建造、修缮建筑物以及铺设电线、电缆、水管、暖气和燃气管线等必须利用相邻土地、建筑物的，该土地、建筑物的权利人应当提供必要的便利。

建造建筑物，不得违反国家有关工程建设标准，不得妨碍相邻建筑物的通风、采光和日照。不动产权利人不得违反国家规定弃置固体废物，排放大气污染物、水污染物、土壤污染物、噪声、光辐射、电磁辐射等有害物质。不动产权利人挖掘土地、建造建筑物、铺设管线以及安装设备等，不得危及相邻不动产的安全。不动产权利人因用水、排水、通行、铺设管线等利用相邻不动产的，应当尽量避免对相邻的不动产权利人造成损害。

七、共有

（一）按份共有和共同共有

不动产或者动产可以由两个以上组织、个人共有。共有包括按份共有和共同共有。按份共有人对共有的不动产或者动产按照其份额享有所有权。共同共有人对共有的不动产或者动产共同享有所有权。共有人按照约定管理共有的不动产或者动产；没有约定或者约定不明确的，各共有人都有管理的权利和义务。

（二）共有财产的处分

处分共有的不动产或者动产以及对共有的不动产或者动产作重大修缮、变更性质或者用途的，应当经占份额 2/3 以上的按份共有人或者全体共同共有人同意，但是共有人之间另有约定的除外。共有人对共有物的管理费用以及其他负担，有约定的，按照其约定；没有约定或者约定不明确的，按份共有人按照其份额负担，共同共有人共同负担。

共有人约定不得分割共有的不动产或者动产，以维持共有关系的，应当按照约定，但是共有人有重大理由需要分割的，可以请求分割；没有约定或者约定不明确的，按份共有人可以随时请求分割，共同共有人在共有的基础丧失或者有重大理由需要分割时可以请求分割。因分割造成其他共有人损害的，应当给予赔偿。共有人可以协商确定分割方式。达不成协议，共有的不动产或者动产可以分割且不会因分割减损价值的，应当对实物予以分割；难以分割或者因分割会减损价值的，应当对折价或者拍卖、变卖取得的价款予以分割。共有人分割所得的不动产或者动产有瑕疵的，其他共有人应当分担损失。

按份共有人可以转让其享有的共有的不动产或者动产份额。其他共有人在同等条件下享有优先购买的权利。按份共有人转让其享有的共有的不动产或者动产份额的，应当将转让条件及时通知其他共有人。其他共有人应当在合理期限内行使优先购买权。两个以上其他共有人主张行使优先购买权的，协商确定各自的购买比例；协商不成的，按照转让时各自的共有份额比例行使优先购买权。

（三）共有的债务承担及份额认定

因共有的不动产或者动产产生的债权债务，在对外关系上，共有人享有连带债权、承担连带债务，但是法律另有规定或者第三人知道共有人不具有连带债权债务关系的除外；在共有人内部关系上，除共有人另有约定外，按份共有人按照份额享有债权、承担债务，共同共有人共同享有债权、承担债务。偿还债务超过自己应当承担份额的按份共有人，有权向其他共有人追偿。

共有人对共有的不动产或者动产没有约定为按份共有或者共同共有，或者约定不明确的，除共有人具有家庭关系等外，视为按份共有。按份共有人对共有的不动产或者动产享有的份额，没有约定或者约定不明确的，按照出资额确定；不能确定出资额的，视为等额享有。

八、善意取得

无处分权人将不动产或者动产转让给受让人的，所有权人有权追回。除法律另有规定外，符合下列情形的，受让人取得该不动产或者动产的所有权：（1）受让人受让该不动产或者动产时是善意；（2）以合理的价格转让；（3）转让的不动产或者动产依照法律规定应当登记的已经登记，不需要登记的已经交付给受让人。受让人依据前款规定取得不动产或者动产的所有权的，原所有权人有权向无处分权人请求损害赔偿。当事人善意取得其他物权的，参照适用前两款规定。善意受让人取得动产后，该动产上的原有权利消灭。但是，善意受让人在受让时知道或者应当知道该权利的除外。

九、用益物权

（一）用益物权的概念

用益物权人对他人所有的不动产或者动产，依法享有占有、使用和收益的权利。国家所有或者国家所有由集体使用以及法律规定属于集体所有的自然资源，组织、个人依法可以占有、使用和收益。用益物权人行使权利，应当遵守法律有关保护和合理开发利用资源、保护生态环境的规定。所有权人不得干涉用益物权人行使权利。

（二）土地承包经营权

农民集体所有和国家所有由农民集体使用的耕地、林地、草地以及其他用于农业的土地，依法实行土地承包经营制度。土地承包经营权人依法对其承包经营的耕地、林地、草地等享有占有、使用和收益的权利，有权从事种植业、林业、畜牧业等农业生产。耕地的承包期为30年。草地的承包期为30—50年。林地的承包期为30—70年。前款规定的承包期限届满，由土地承包经营权人依照农村土地承包的法律规定继续承包。土地承包经营权自土地承包经营权合同生效时设立。登记机构应当向土地承包经营权人发放土地承包经营权证、林权证等证书，并登记造册，确认土地承包经营权。土地承包经营权人依照法律规定，有权将土地承包经营权互换、转让。未经依法批准，不得将承包地用于非农建设。土地承包经营权互换、转让的，当事人可以向登记机构申请登记；未经登记，不得对抗善意第三人。

承包期内发包人不得收回承包地。法律另有规定的，依照其规定。承包地被征收的，土地承包经营权人有权依据《物权法》第四十二条的规定获得相应补偿。土地承包经营权人可以自主决定依法采取出租、入股或者其他方式向他人流转土地经营权。土地经营权人有权在合同约定的期限内占有农村土地，自主开展农业生产经营并取得收益。流转期限为5年以上的土地经营权，自流转合同生效时设立。当事人可以向登记机构申请土地经营权登记；未经登记，不得对抗善意第三人。通过招标、拍卖、公开协商等方式承包农村土地，经依法登记取得权属证书的，可以依法采取出租、入股、抵押或者其他方式流转土地经营权。

（三）建设用地使用权

建设用地使用权人依法对国家所有的土地享有占有、使用和收益的权利，有权利用该土地建造建筑物、构筑物及其附属设施。建设用地使用权可以在土地的地表、地上或者地下分别设立。设立建设用地使用权，可以采取出让或者划拨等方式。工业、商业、旅游、娱乐和商品住宅等经营性用地以及同一土地有两个以上意向用地者的，应当采取招标、拍卖等公开竞价的方式出让。严格限制以划拨方式设立建设用地使用权。通过招标、拍卖、协议等出让方式设立建设用地使用权的，当事人应当采用书面形式订立建设用地使用权出让合同。设立建设用地使用权的，应当向登记机构申请建设用地使用权登记。建设用地使用权自登记时设立。登记机构应当向建设用地使用权人发放权属证书。建设用地使用权人应当合理利用土地，不得改变土地用途；需要改变土地用途的，应当依法经有关行政主管部门批准。建设用地使用权人有权将建设用地使用权转让、互换、出资、赠与或者抵押，但是法律另有规定的除外。建设用地使用权转让、互换、出资、赠与或者抵押的，当事人应当采用书面形式订立相应的合同。使用期限由当事人约定，但是不得超过建设用地使用权的剩余期限。建设用地使用权转让、互换、出资或者赠与的，应当向登记机构申请变更登记。建设用地使用权转让、互换、出资或者赠与的，附着于该土地上的建筑物、构筑物及其附属设施一并处分。建筑物、构筑物及其附属设施转让、互换、出资或者赠与的，该建筑物、构筑物及其附属设施占用范围内的建设用地使用权一并处分。

十、担保物权

(一) 担保物权的设立和担保范围

债权人在借贷、买卖等民事活动中，为保障实现其债权，需要担保的，可以依法设立担保物权。第三人为债务人向债权人提供担保的，可以要求债务人提供反担保。

设立担保物权，应当订立担保合同。担保合同包括抵押合同、质押合同和其他具有担保功能的合同。担保合同是主债权债务合同的从合同。主债权债务合同无效的，担保合同无效，但是法律另有规定的除外。担保合同被确认无效后，债务人、担保人、债权人有过错的，应当根据其过错各自承担相应的民事责任。

担保物权的担保范围包括主债权及其利息、违约金、损害赔偿金、保管担保财产和实现担保物权的费用。当事人另有约定的，按照其约定。

担保期间，担保财产毁损、灭失或者被征收等，担保物权人可以就获得的保险金、赔偿金或者补偿金等优先受偿。被担保债权的履行期限未届满的，也可以提存该保险金、赔偿金或者补偿金等。

第三人提供担保，未经其书面同意，债权人允许债务人转移全部或者部分债务的，担保人不再承担相应的担保责任。

(二) 担保物权与保证担保的实现顺序

被担保的债权既有物的担保又有人的担保的，债务人不履行到期债务或者发生当事人约定的实现担保物权的情形，债权人应当按照约定实现债权；没有约定或者约定不明确，债务人自己提供物的担保的，债权人应当先就该物的担保实现债权；第三人提供物的担保的，债权人可以就物的担保实现债权，也可以请求保证人承担保证责任。提供担保的第三人承担担保责任后，有权向债务人追偿。

(三) 担保物权的消灭

有下列情形之一的，担保物权消灭：(1) 主债权消灭；(2) 担保物权实现；(3) 债权人放弃担保物权；(4) 法律规定担保物权消灭的其他情形。

(四) 抵押

1. 抵押的概念

为担保债务的履行，债务人或者第三人不转移财产的占有，将该财产抵押给债权人的，债务人不履行到期债务或者发生当事人约定的实现抵押权的情形，债权人有权就该财产优先受偿。前款规定的债务人或者第三人为抵押人，债权人为抵押权人，提供担保的财产为抵押财产。

2. 抵押财产的范围

债务人或者第三人有权处分的下列财产可以抵押：(1) 建筑物和其他土地附着物；(2) 建设用地使用权；(3) 海域使用权；(4) 生产设备、原材料、半成品、产品；(5) 正在建造的建筑物、船舶、航空器；(6) 交通运输工具；(7) 法律、行政法规未禁止抵押的其他财产。抵押人可以将前款所列财产一并抵押。

企业、个体工商户、农业生产经营者可以将现有的以及将有的生产设备、原材料、半成品、产品抵押，债务人不履行到期债务或者发生当事人约定的实现抵押权的情形，债权人有权就抵押财产确定时的动产优先受偿。以建筑物抵押的，该建筑物占用范围内的建设用地使用权一并抵押。以建设用地使用权抵押的，该土地上的建筑物一并抵押。抵押人未依据前款规定一并抵押的，未抵押的财产视为一并抵押。乡镇、村企业的建设用地使用权不得单独抵押。以乡镇、村企业的厂房等建筑物抵押的，其占用范围内的建设用地使用权一并抵押。

下列财产不得抵押：（1）土地所有权；（2）宅基地、自留地、自留山等集体所有土地的使用权，但是法律规定可以抵押的除外；（3）学校、幼儿园、医疗机构等为公益目的成立的非营利法人的教育设施、医疗卫生设施和其他公益设施；（4）所有权、使用权不明或者有争议的财产；（5）依法被查封、扣押、监管的财产；（6）法律、行政法规规定不得抵押的其他财产。

3. 抵押权的设定

设立抵押权，当事人应当采用书面形式订立抵押合同。抵押合同一般包括下列条款：（1）被担保债权的种类和数额；（2）债务人履行债务的期限；（3）抵押财产的名称、数量等情况；（4）担保的范围。

抵押权人在债务履行期限届满前，与抵押人约定债务人不履行到期债务时抵押财产归债权人所有的，只能依法就抵押财产优先受偿。

以动产抵押的，抵押权自抵押合同生效时设立；未经登记，不得对抗善意第三人。以动产抵押的，不得对抗正常经营活动中已经支付合理价款并取得抵押财产的买受人。抵押权设立前，抵押财产已经出租并转移占有的，原租赁关系不受该抵押权的影响。抵押期间，抵押人可以转让抵押财产。当事人另有约定的，按照其约定。抵押财产转让的，抵押权不受影响。抵押人转让抵押财产的，应当及时通知抵押权人。抵押权人能够证明抵押财产转让可能损害抵押权的，可以请求抵押人将转让所得的价款向抵押权人提前清偿债务或者提存。转让的价款超过债权数额的部分归抵押人所有，不足部分由债务人清偿。

4. 抵押权的转让

抵押权不得与债权分离而单独转让或者作为其他债权的担保。债权转让的，担保该债权的抵押权一并转让，但是法律另有规定或者当事人另有约定的除外。

5. 抵押物的保全

抵押人的行为足以使抵押财产价值减少的，抵押权人有权请求抵押人停止其行为；抵押财产价值减少的，抵押权人有权请求恢复抵押财产的价值，或者提供与减少的价值相应的担保。抵押人不恢复抵押财产的价值，也不提供担保的，抵押权人有权请求债务人提前清偿债务。

6. 抵押权的实现

债务人不履行到期债务或者发生当事人约定的实现抵押权的情形，抵押权人可以与抵押人协议以抵押财产折价或者以拍卖、变卖该抵押财产所得的价款优先受偿。协议损害其他债权人利益的，其他债权人可以请求人民法院撤销该协议。抵押权人与抵押人未就抵押权实现方式达成协议的，抵押权人可以请求人民法院拍卖、变卖抵押财产。抵押财产折价或者变卖的，应当参照市场价格。

抵押财产折价或者拍卖、变卖后，其价款超过债权数额的部分归抵押人所有，不足部分由债务人清偿。

同一财产向两个以上债权人抵押的，拍卖、变卖抵押财产所得的价款依照下列规定清偿：（1）抵押权已经登记的，按照登记的时间先后确定清偿顺序；（2）抵押权已经登记的先于未登记的受偿；（3）抵押权未登记的，按照债权比例清偿。其他可以登记的担保物权，清偿顺序参照适用前款规定。同一财产既设立抵押权又设立质权的，拍卖、变卖该财产所得的价款按照登记、交付的时间先后确定清偿顺序。

7. 最高额抵押

为担保债务的履行，债务人或者第三人对一定期间内将要连续发生的债权提供担保财产的，债务人不履行到期债务或者发生当事人约定的实现抵押权的情形，抵押权人有权在最高债权额限度内就该担保财产优先受偿。最高额抵押权设立前已经存在的债权，经当事人同意，可以转入最高额抵押担保的债权范围。最高额抵押担保的债权确定前，部分债权转让的，最高额抵押权不得转让，但是当事人另有约定的除外。最高额抵押担保的债权确定前，抵押权人与抵押人可以通过协议变更债权确定的期间、债权范围以及最高债权额。但是，变更的内容不得对其他抵押权人产生不利影响。

（五）质押

1. 质押的概念及质押合同

为担保债务的履行，债务人或者第三人将其动产出质给债权人占有的，债务人不履行到期债务或者发生当事人约定的实现质权的情形，债权人有权就该动产优先受偿。前款规定的债务人或者第三人为出质人，债权人为质权人，交付的动产为质押财产。法律、行政法规禁止转让的动产不得出质。设立质权，当事人应当采用书面形式订立质押合同。质押合同一般包括下列条款：（1）被担保债权的种类和数额；（2）债务人履行债务的期限；（3）质押财产的名称、数量等情况；（4）担保的范围；（5）质押财产交付的时间、方式。

质权人在债务履行期限届满前，与出质人约定债务人不履行到期债务时质押财产归债权人所有的，只能依法就质押财产优先受偿。

2. 质押物的保全

质权自出质人交付质押财产时设立。质权人有权收取质押财产的孳息，但是合同另有约定的除外。前款规定的孳息应当先充抵收取孳息的费用。质权人在质权存续期间，未经出质人同意，擅自使用、处分质押财产，造成出质人损害的，应当承担赔偿责任。

质权人负有妥善保管质押财产的义务；因保管不善致使质押财产毁损、灭失的，应当承担赔偿责任。质权人在质权存续期间，未经出质人同意转质，造成质押财产毁损、灭失的，应当承担赔偿责任。

3. 质权的实现

质权人可以放弃质权。债务人以自己的财产出质，质权人放弃该质权的，其他担保人在质权人丧失优先受偿权益的范围内免除担保责任，但是其他担保人承诺仍然提供担保的除外。

债务人履行债务或者出质人提前清偿所担保的债权的，质权人应当返还质押财产。债务人不履行到期债务或者发生当事人约定的实现质权的情形，质权人可以与出质人协议以质押财产折价，也可以就拍卖、变卖质押财产所得的价款优先受偿。质押财产折价或者变卖的，应当参照市场价格。质押财产折价或者拍卖、变卖后，其价款超过债权数额的部分归出质人所有，不足部分由债务人清偿。出质人与质权人可以协议设立最高额质权。

4. 质押物的范围

债务人或者第三人有权处分的下列权利可以出质：(1) 汇票、本票、支票；(2) 债券、存款单；(3) 仓单、提单；(4) 可以转让的基金份额、股权；(5) 可以转让的注册商标专用权、专利权、著作权等知识产权中的财产权；(6) 现有的以及将有的应收账款；(7) 法律、行政法规规定可以出质的其他财产权利。

5. 质押的设定

以汇票、本票、支票、债券、存款单、仓单、提单出质的，质权自权利凭证交付质权人时设立；没有权利凭证的，质权自办理出质登记时设立。法律另有规定的，依照其规定。汇票、本票、支票、债券、存款单、仓单、提单的兑现日期或者提货日期先于主债权到期的，质权人可以兑现或者提货，并与出质人协议将兑现的价款或者提取的货物提前清偿债务或者提存。

以基金份额、股权出质的，质权自办理出质登记时设立。基金份额、股权出质后，不得转让，但是出质人与质权人协商同意的除外。出质人转让基金份额、股权所得的价款，应当向质权人提前清偿债务或者提存。

以注册商标专用权、专利权、著作权等知识产权中的财产权出质的，质权自办理出质登记时设立。知识产权中的财产权出质后，出质人不得转让或者许可他人使用，但是出质人与质权人协商同意的除外。出质人转让或者许可他人使用出质的知识产权中的财产权所得的价款，应当向质权人提前清偿债务或者提存。

以应收账款出质的，质权自办理出质登记时设立。应收账款出质后，不得转让，但是出质人与质权人协商同意的除外。出质人转让应收账款所得的价款，应当向质权人提前清偿债务或者提存。

(六) 留置

债务人不履行到期债务，债权人可以留置已经合法占有的债务人的动产，并有权就该动产优先受偿。前款规定的债权人为留置权人，占有的动产为留置财产。债权人留置的动产，应当与债权属于同一法律关系，但是企业之间留置的除外。法律规定或者当事人约定不得留置的动产，不得留置。留置财产为可分物的，留置财产的价值应当相当于债务的金额。留置权人负有妥善保管留置财产的义务；因保管不善致使留置财产毁损、灭失的，应当承担赔偿责任。留置权人有权收取留置财产的孳息。前款规定的孳息应当先充抵收取孳息的费用。

留置权人与债务人应当约定留置财产后的债务履行期限；没有约定或者约定不明确的，留置权人应当给债务人60日以上履行债务的期限，但是鲜活易腐等不易保管的动产除外。债务人逾期未履行的，留置权人可以与债务人协议以留置财产折价，也可以就拍卖、变卖留置财产所得的价款优先受偿。留置财产折价或者变卖的，应当参照市场价格。

留置财产折价或者拍卖、变卖后，其价款超过债权数额的部分归债务人所有，不足部分由债务人清偿。同一动产上已经设立抵押权或者质权，该动产又被留置的，留置权人优先受偿。留置权人对留置财产丧失占有或者留置权人接受债务人另行提供担保的，留置权消灭。

第二节　知识产权

一、专利权的对象

可以授予专利权的对象包括发明、实用新型和外观设计。发明，是指对产品、方法或者其改进所提出的新的技术方案。实用新型，是指对产品的形状、构造或者其结合所提出的适于实用的新的技术方案。外观设计，是指对产品的形状、图案或者其结合以及色彩与形状、图案的结合所作出的富有美感并适于工业应用的新设计。

二、职务发明

执行本单位的任务或者主要是利用本单位的物质技术条件所完成的发明创造为职务发明创造。职务发明创造申请专利的权利属于该单位；申请被批准后，该单位为专利权人。非职务发明创造，申请专利的权利属于发明人或者设计人；申请被批准后，该发明人或者设计人为专利权人。利用本单位的物质技术条件所完成的发明创造，单位与发明人或者设计人订有合同，对申请专利的权利和专利权的归属作出约定的，从其约定。

三、专利的申请主体、权利实施和转让

（一）申请主体

两个以上单位或者个人合作完成的发明创造、一个单位或者个人接受其他单位或者个人委托所完成的发明创造，除另有协议的以外，申请专利的权利属于完成或者共同完成的单位或者个人；申请被批准后，申请的单位或者个人为专利权人。两个以上的申请人分别就同样的发明创造申请专利的，专利权授予最先申请的人。

在中国没有经常居所或者营业所的外国人、外国企业或者外国其他组织在中国申请专利和办理其他专利事务的，应当委托依法设立的专利代理机构办理。中国单位或者个人在国内申请专利和办理其他专利事务的，可以委托依法设立的专利代理机构办理。

任何单位或者个人将在中国完成的发明或者实用新型向外国申请专利的，应当事先报经国务院专利行政部门进行保密审查。保密审查的程序、期限等按照国务院的规定执行。中国单位或者个人可以根据中华人民共和国参加的有关国际条约提出专利国际申请。申请人提出专利国际申请的，应当遵守前款规定。

（二）专利转让

专利申请权和专利权可以转让。中国单位或者个人向外国人、外国企业或者外国其他组织转让专利申请权或者专利权的，应当依照有关法律、行政法规的规定办理手续。转让专利申请权或者专利权的，当事人应当订立书面合同，并向国务院专利行政部门登记，由国务院专利行政部门予以公告。专利申请权或者专利权的转让自登记之日起生效。

（三）专利实施

发明和实用新型专利权被授予后，除专利法另有规定的以外，任何单位或者个人未经专利权人许可，都不得实施其专利，即不得为生产经营目的制造、使用、许诺销售、销售、进口其专利产品，或者使用其专利方法以及使用、许诺销售、销售、进口依照该专利方法直接获得的产品。外观设计专利权被授予后，任何单位或者个人未经专利权人许可，都不得实施其专利，即不得为生产经营目的制造、许诺销售、销售、进口其外观设计专利产品。

任何单位或者个人实施他人专利的，应当与专利权人订立实施许可合同，向专利权人支付专利使用费。被许可人无权允许合同规定以外的任何单位或者个人实施该专利。

专利申请权或者专利权的共有人对权利的行使有约定的，从其约定。没有约定的，共有人可以单独实施或者以普通许可方式许可他人实施该专利；许可他人实施该专利的，收取的使用费应当在共有人之间分配。除前款规定的情形外，行使共有的专利申请权或者专利权应当取得全体共有人的同意。

四、授予专利权的条件

授予专利权的发明和实用新型，应当具备新颖性、创造性和实用性。新颖性，是指该发明或者实用新型不属于现有技术，也没有任何单位或者个人就同样的发明或者实用新型在申请日以前向国务院专利行政部门提出过申请，并记载在申请日以后公布的专利申请文件或者公告的专利文件中。创造性，是指与现有技术相比，该发明具有突出的实质性特点和显著的进步，该实用新型具有实质性特点和进步。实用性，是指该发明或者实用新型能够制造或者使用，并且能够产生积极效果。

申请专利的发明创造在申请日以前6个月内，有下列情形之一的，不丧失新颖性：（1）在中国政府主办或者承认的国际展览会上首次展出的；（2）在规定的学术会议或者技术会议上首次发表的；（3）他人未经申请人同意而泄露其内容的。

对下列各项，不授予专利权：（1）科学发现；（2）智力活动的规则和方法；（3）疾病的诊断和治疗方法；（4）动物和植物品种；（5）用原子核变换方法获得的物质；（6）对平面印刷品的图案、色彩或者二者的结合作出的主要起标识作用的设计。对前款第（4）项所列产品的生产方法，可以依照本法规定授予专利权。

五、专利的申请文件

申请发明或者实用新型专利的，应当提交请求书、说明书及其摘要和权利要求书等文件。请求书应当写明发明或者实用新型的名称，发明人的姓名，申请人姓名或者名称、地址，以及其他事项。说明书应当对发明或者实用新型作出清楚、完整的说明，以所属技术领域的技术人员能够实现为准；必要的时候，应当有附图。摘要应当简要说明发明或者实用新型的技术要点。权利要求书应当以说明书为依据，清楚、简要地限定要求专利保护的范围。

申请外观设计专利的，应当提交请求书、该外观设计的图片或者照片以及对该外观设计的简要说明等文件。申请人提交的有关图片或者照片应当清楚地显示要求专利保护的产品的外观设计。

申请人可以对其专利申请文件进行修改,但是,对发明和实用新型专利申请文件的修改不得超出原说明书和权利要求书记载的范围,对外观设计专利申请文件的修改不得超出原图片或者照片表示的范围。

六、专利申请的审查和批准

国务院专利行政部门收到发明专利申请后,经初步审查认为符合《专利法》要求的,自申请日起满18个月,即行公布。国务院专利行政部门可以根据申请人的请求早日公布其申请。发明专利申请自申请日起3年内,国务院专利行政部门可以根据申请人随时提出的请求,对其申请进行实质审查;申请人无正当理由逾期不请求实质审查的,该申请即被视为撤回。国务院专利行政部门认为必要的时候,可以自行对发明专利申请进行实质审查。发明专利的申请人请求实质审查的时候,应当提交在申请日前与其发明有关的参考资料。

国务院专利行政部门对发明专利申请进行实质审查后,认为不符合《专利法》规定的,应当通知申请人,要求其在指定的期限内陈述意见,或者对其申请进行修改;无正当理由逾期不答复的,该申请即被视为撤回。发明专利申请经申请人陈述意见或者进行修改后,国务院专利行政部门仍然认为不符合《专利法》规定的,应当予以驳回。

发明专利申请经实质审查没有发现驳回理由的,由国务院专利行政部门作出授予发明专利权的决定,发给发明专利证书,同时予以登记和公告。发明专利权自公告之日起生效。

实用新型和外观设计专利申请经初步审查没有发现驳回理由的,由国务院专利行政部门作出授予实用新型专利权或者外观设计专利权的决定,发给相应的专利证书,同时予以登记和公告。实用新型专利权和外观设计专利权自公告之日起生效。

国务院专利行政部门设立专利复审委员会。专利申请人对国务院专利行政部门驳回申请的决定不服的,可以自收到通知之日起3个月内,向专利复审委员会请求复审。专利复审委员会复审后,作出决定,并通知专利申请人。专利申请人对专利复审委员会的复审决定不服的,可以自收到通知之日起3个月内向人民法院起诉。

七、专利权的期限、终止和无效

发明专利权的期限为20年,实用新型专利权和外观设计专利权的期限为10年,均自申请日起计算。专利权人应当自被授予专利权的当年开始缴纳年费。

有下列情形之一的,专利权在期限届满前终止:(1)没有按照规定缴纳年费的;(2)专利权人以书面声明放弃其专利权的。专利权在期限届满前终止的,由国务院专利行政部门登记和公告。

八、专利实施的强制许可

(一)强制许可的情形

有下列情形之一的,国务院专利行政部门根据具备实施条件的单位或者个人的申请,可以给予实施发明专利或者实用新型专利的强制许可:(1)专利权人自专利权被授予之日起满3年,且自提出专利申请之日起满4年,无正当理由未实施或者未充分实施其专利的;(2)专利权人行使专利权的行为被依法认定为垄断行为,为消除或者减少该行为对竞争产生的不利影响的。

在国家出现紧急状态或者非常情况时,或者为了公共利益的目的,国务院专利行政部门可以给予实施发明专利或者实用新型专利的强制许可。为了公共健康目的,对取得专利权的药品,国务院专利行政部门可以给予制造并将其出口到符合中华人民共和国参加的有关国际条约规定的国家或者地区的强制许可。

一项取得专利权的发明或者实用新型比前已经取得专利权的发明或者实用新型具有显著经济意义的重大技术进步,其实施又有赖于前一发明或者实用新型的实施的,国务院专利行政部门根据后一专利权人的申请,可以给予实施前一发明或者实用新型的强制许可。在依照前款规定给予实施强制许可的情形下,国务院专利行政部门根据前一专利权人的申请,也可以给予实施后一发明或者实用新型的强制许可。

(二) 强制许可的实施

取得实施强制许可的单位或者个人不享有独占的实施权,并且无权允许他人实施。取得实施强制许可的单位或者个人应当付给专利权人合理的使用费,或者依照中华人民共和国参加的有关国际条约的规定处理使用费问题。付给使用费的,其数额由双方协商;双方不能达成协议的,由国务院专利行政部门裁决。

九、注册商标

(一) 注册商标的概念及分类

经商标局核准注册的商标为注册商标,包括商品商标、服务商标和集体商标、证明商标;商标注册人享有商标专用权,受法律保护。

任何能够将自然人、法人或者其他组织的商品与他人的商品区别开的标志,包括文字、图形、字母、数字、三维标志、颜色组合和声音等,以及上述要素的组合,均可以作为商标申请注册。

申请注册的商标,应当有显著特征,便于识别,并不得与他人在先取得的合法权利相冲突。商标注册人有权标明"注册商标"或者注册标记。

(二) 商标使用的除外情形

下列标志不得作为商标使用:(1)同中华人民共和国的国家名称、国旗、国徽、国歌、军旗、军徽、军歌、勋章等相同或者近似的,以及同中央国家机关的名称、标志、所在地特定地点的名称或者标志性建筑物的名称、图形相同的;(2)同外国的国家名称、国旗、国徽、军旗等相同或者近似的,但经该国政府同意的除外;(3)同政府间国际组织的名称、旗帜、徽记等相同或者近似的,但经该组织同意或者不易误导公众的除外;(4)与表明实施控制、予以保证的官方标志、检验印记相同或者近似的,但经授权的除外;(5)同"红十字""红新月"的名称、标志相同或者近似的;(6)带有民族歧视性的;(7)带有欺骗性,容易使公众对商品的质量等特点或者产地产生误认的;(8)有害于社会主义道德风尚或者有其他不良影响的。县级以上行政区划的地名或者公众知晓的外国地名,不得作为商标。但是,地名具有其他含义或者作为集体商标、证明商标组成部分的除外;已经注册的使用地名的商标继续有效。

(三) 不得注册的商标

下列标志不得作为商标注册：(1) 仅有本商品的通用名称、图形、型号的；(2) 仅直接表示商品的质量、主要原料、功能、用途、重量、数量及其他特点的；(3) 其他缺乏显著特征的。前款所列标志经过使用取得显著特征，并便于识别的，可以作为商标注册。

十、驰名商标

认定驰名商标应当考虑下列因素：(1) 相关公众对该商标的知晓程度；(2) 该商标使用的持续时间；(3) 该商标的任何宣传工作的持续时间、程度和地理范围；(4) 该商标作为驰名商标受保护的记录；(5) 该商标驰名的其他因素。

十一、商标注册的申请

商标注册申请人应当按规定的商品分类表填报使用商标的商品类别和商品名称，提出注册申请。商标注册申请人可以通过一份申请就多个类别的商品申请注册同一商标。商标注册申请等有关文件，可以以书面方式或者数据电文方式提出。注册商标需要在核定使用范围之外的商品上取得商标专用权的，应当另行提出注册申请。注册商标需要改变其标志的，应当重新提出注册申请。

商标注册申请人自其商标在外国第一次提出商标注册申请之日起 6 个月内，又在中国就相同商品以同一商标提出商标注册申请的，依照该外国同中国签订的协议或者共同参加的国际条约，或者按照相互承认优先权的原则，可以享有优先权。依照前款要求优先权的，应当在提出商标注册申请的时候提出书面声明，并且在 3 个月内提交第一次提出的商标注册申请文件的副本；未提出书面声明或者逾期未提交商标注册申请文件副本的，视为未要求优先权。

十二、商标注册的审查和核准

对申请注册的商标，商标局应当自收到商标注册申请文件之日起 9 个月内审查完毕，符合本法有关规定的，予以初步审定公告。在审查过程中，商标局认为商标注册申请内容需要说明或者修正的，可以要求申请人做出说明或者修正。申请人未做出说明或者修正的，不影响商标局作出审查决定。申请注册的商标，凡不符合本法有关规定或者同他人在同一种商品或者类似商品上已经注册的或者初步审定的商标相同或者近似的，由商标局驳回申请，不予公告。

两个或者两个以上的商标注册申请人，在同一种商品或者类似商品上，以相同或者近似的商标申请注册的，初步审定并公告申请在先的商标；同一天申请的，初步审定并公告使用在先的商标，驳回其他人的申请，不予公告。

申请商标注册不得损害他人现有的在先权利，也不得以不正当手段抢先注册他人已经使用并有一定影响的商标。

对驳回申请、不予公告的商标，商标局应当书面通知商标注册申请人。商标注册申请人不服的，可以自收到通知之日起 15 日内向商标评审委员会申请复审。商标评审委员会应当自收到申请之日起 9 个月内作出决定，并书面通知申请人。有特殊情况需要延长的，经国务院工商行政管理部门批准，可以延长 3 个月。当事人对商标评审委员会的决定不服的，可以自收到通知之日起 30 日内向人民法院起诉。

十三、商标权的有效期

注册商标的有效期为 10 年，自核准注册之日起计算。注册商标有效期满，需要继续使用的，商标注册人应当在期满前 12 个月内按照规定办理续展手续；在此期间未能办理的，可以给予 6 个月的宽展期。每次续展注册的有效期为 10 年，自该商标上一届有效期满次日起计算。期满未办理续展手续的，注销其注册商标。商标局应当对续展注册的商标予以公告。

十四、注册商标转让和许可使用

转让注册商标的，转让人和受让人应当签订转让协议，并共同向商标局提出申请。受让人应当保证使用该注册商标的商品质量。转让注册商标的，商标注册人对其在同一种商品上注册的近似的商标，或者在类似商品上注册的相同或者近似的商标，应当一并转让。对容易导致混淆或者有其他不良影响的转让，商标局不予核准，书面通知申请人并说明理由。转让注册商标经核准后，予以公告。受让人自公告之日起享有商标专用权。

商标注册人可以通过签订商标使用许可合同，许可他人使用其注册商标。许可人应当监督被许可人使用其商品的商品质量。被许可人应当保证使用该注册商标的商品质量。经许可使用他人注册商标的，必须在使用该注册商标的商品上标明被许可人的名称和商品产地。许可他人使用其注册商标的，许可人应当将其商标使用许可报商标局备案，由商标局公告。商标使用许可未经备案不得对抗善意第三人。

十五、注册商标侵权行为

（一）侵权的情形

有下列行为之一的，均属侵犯注册商标专用权：（1）未经商标注册人的许可，在同一种商品上使用与其注册商标相同的商标的；（2）未经商标注册人的许可，在同一种商品上使用与其注册商标近似的商标，或者在类似商品上使用与其注册商标相同或者近似的商标，容易导致混淆的；（3）销售侵犯注册商标专用权的商品的；（4）伪造、擅自制造他人注册商标标识或者销售伪造、擅自制造的注册商标标识的；（5）未经商标注册人同意，更换其注册商标并将该更换商标的商品又投入市场的；（6）故意为侵犯他人商标专用权行为提供便利条件，帮助他人实施侵犯商标专用权行为的；（7）给他人的注册商标专用权造成其他损害的。

（二）侵权的认定和处理

将他人注册商标、未注册的驰名商标作为企业名称中的字号使用，误导公众，构成不正当竞争行为的，依照《中华人民共和国反不正当竞争法》处理。

注册商标中含有的本商品的通用名称、图形、型号，或者直接表示商品的质量、主要原料、功能、用途、重量、数量及其他特点，或者含有的地名，注册商标专用权人无权禁止他人正当使用。三维标志注册商标中含有的商品自身的性质产生的形状、为获得技术效果而需有的商品形状或者使商品具有实质性价值的形状,注册商标专用权人无权禁止他人正当使用。商标注册人申请商标注册前,他人已经在同一种商品或者类似商品上先于商标注册人使用与注册商标相同或者近似并有一定影响的商标的,注册商标专用权人无权禁止该使用人在原使用范围内继续使用该商标,但可以要求其附加适当区别标识。

侵犯商标专用权的赔偿数额,按照权利人因被侵权所受到的实际损失确定;实际损失难以确定的,可以按照侵权人因侵权所获得的利益确定;权利人的损失或者侵权人获得的利益难以确定的,参照该商标许可使用费的倍数合理确定。对恶意侵犯商标专用权,情节严重的,可以在按照上述方法确定数额的一倍以上五倍以下确定赔偿数额。赔偿数额应当包括权利人为制止侵权行为所支付的合理开支。

本章思考练习题

1. 请大家阅读关于华为公司的报道后回答:
(1) 华为公司从《知识产权法》的哪些角度设计了其内部知识产权保护制度?
(2) 华为公司知识产权保护制度是如何保持法律运行效果的?
(3) 华为公司是怎么在人力资源管理中渗入知识产权保护意识的?
(4) 商业秘密的法律保护对于科技型企业的成长有何价值?
(5) 在华为公司遇到的国外知识产权纠纷中,你认为可以总结什么检验教训?

2019年6月27日,华为公司发布了《华为创新与知识产权白皮书》(以下简称《白皮书》),首次以白皮书的形式,对外正式阐述了"以客户为中心的研发创新,是华为生存和发展根本的理念"。在《白皮书》第4.1章中,重点介绍如何以组织、制度和流程确保知识产权管理合法合规的方式方法。华为公司在知识产权与商业秘密的保护上采用了更严格的标准来要求员工,并建立了体系化的管理制度。华为建立了覆盖全公司各个业务领域和功能部门的合规管理组织,由首席法务官兼任首席合规官,全面负责公司经营活动的合法合规。

在制度层面,任何一家科技公司,既能体会到技术创新和知识产权资产积累带来的好处,也会碰到"知识产权侵权与商业秘密保护"的困惑或痛苦。如何建立体系化的管理制度?不是简单复制其他公司的知识产权保护制度文件,也非喊口号式的整改运动,而是基于公司的业务现状和未来发展方向,通过"内部组织—信息资产—技术现状"的合理规划和配置,将知识产权保护执行落地并稳定实施。华为的知识产权保护不是一蹴而就的,而是不断经历应对高通、苹果、三星等知识产权诉讼,逐步摸索出来的。在大中型公司,已经存在传承多年的风控管理体系和合规文化,法务合规部门更多的是持续优化组织关系和制度梳理。对于中等规模公司或已脱离创业初期的企业,"作合规,建组织,搭制度"需要有人有部门牵头负责,往往起步多坎坷,甚至有时会不被理解。不过也正因为有了前人辛劳栽树、耕种施肥,方能换来后人遮阴纳凉,企业能在合法合规的土壤上稳步发展。法务部和深植于各业务领域和功能部门的合规体系分工协作,在各项业务流程和项目中确保公司的经营活动,尤其在研发活动涉及他人知识产权时在合法、合约的前提下开展。同时定期例行优化IPD、ISC等关键业务流程合规控制点,并结合业务运作中发现的问题和案例持续开展管理改进。

在组织层面，公司合规管理体系不是一个内部部门或个人单独能实施完成的，需要各业务相关部门分工合作。良好的合规理论或知识产权保护文件，需要内部组织分工合作和推进实施。商业秘密保护要落地，离不开良好的"组织架构"。组织架构犹如人之骨架血脉，运行气血。习武之人面对上等武功心法，有如在还没打通自身任督二脉的情况下就操练起来。就像武侠小说中常出现的那样，招术没学会，反而容易走火入魔。华为对知识产权的保护态度，既要避免违法"侵犯他人知识产权"，又要重点关注"自身知识产权成果和发明创造如何不被他人侵权"。从《白皮书》中可见，华为将知识产权保护与业务流程紧密结合，前期梳理出关键业务合规控制点，并对暴露出的问题和案例持续分析、优化和改进。华为自成立以来陆续颁布了多项关于第三方知识产权保护的管理规定，如《关于尊重第三方知识产权及其他合法权益的管理规定》《华为员工商业行为准则》《关于尊重与保护他人商业秘密的管理规定》《第三方软件管理办法》《开源软件及软件开源管理办法》《华为公司商标管理办法》等管理制度，对员工在经营活动中严格保护第三方保密信息、商业软件、专利、商标等各类知识产权提出明确和详细的要求。华为要求所有候选人在招聘面试入职环节签署《知识产权和商业秘密保护承诺书》，让候选人明确知晓华为尊重其他公司和个人保密信息的基本政策。华为的《员工聘用协议书》明确要求，雇员不得向华为披露或者在工作中使用第三方的技术秘密、商业秘密或其他知识产权，也不得在华为办公场所、工作电脑等中持有第三方保密信息。员工入职后，还要继续参加知识产权合法合规课程培训。华为每年例行组织员工进行华为员工商业行为准则BCG学习和承诺签署、开展自查自纠。并严格查处违规行为，努力保障各项制度得到落实。

在流程层面，华为对第三方知识产权保护的管理通过各相关业务部门规定，落实在诸多内部知识产权制度流程文件中。司法实践中对于商业秘密的认定依据"不公开性、价值性和保密性"三原则，对于哪些真正属于商业秘密、商业秘密的价值有多大是有特殊要求的。用一个通俗的式子来解释，商业秘密的价值＝得到/保护该商业秘密的投入成本，日常投入的精力越多，商业秘密估值往往越大。比如愿意为一项技术/产品持续投入研发费用，增加各项保密措施。加强日常制度流程性文件建设，提升员工们做好IP保护意识，将商业秘密保护落实到业务运营的细节中，防患于未然。无论是专利权、商标权还是著作权，均有保护时效。相较之下，商业秘密的无限期保护在保护期限上"一枝独秀"，期限上的优势是其他知识产权类型无法比拟的，但商业秘密权利人必须有完整的商业秘密保护管理体系，确保秘密不为公众知晓。一旦秘密泄露，在无法证明被泄露信息为商业秘密情况下，损失无法挽回。

2. 一家房地产企业通过竞拍方式取得了一宗土地的使用权，在缴纳了土地出让金后，该房企办理了该宗土地的权属证书。因为房地产开发建设需要大量资金，这家房地产企业把土地抵押给一家银行贷款5000万元，贷款期限1年，到期一次还本付息，土地评估价为8000万元。由于房地产销售情况不好，现金回流较慢，房地产企业出现了资金困难，贷款到期后无法按时归还贷款本息。

银行在贷款到期后要求房地产企业归还本金和利息，并且向企业发出了催款通知书，企业试图与银行协商借新换旧以缓解目前还款压力，银行在调查企业财务状况后认为即便借新换旧，企业后期还款能力仍存在很大不确定性，于是拒绝了企业请求。银行要求企业要么自行筹措资金还款，要么将抵押土地变现后还款。请回答：

（1）这宗土地是这家房地产企业的合法财产吗？
（2）案例中银行可以向房地产企业主张违约责任吗？
（3）银行基于抵押对房地产企业享有的权利在法律上称为什么？
（4）为什么土地价值8000万元，而房地产企业只从银行贷款5000万元？
（5）银行可以基于房地产企业无法按时还款的事实要求其直接将土地过户给银行吗？

本章推荐学习资料

数据资产已成为给企业带来巨大盈利商机的重要战略性资产，不少创业机会也出于此，既然是资产就有价值和评估问题，数据资产评估是未来投资和企业资产管理绕不开的新问题，大家可以通过下面资料一窥数字资产评估这一新兴事物。

资料1——数据资产评估的实务探讨

一、当前数据资产发展状况

在云计算、移动互联网、智能终端、物联网等其他新兴技术带动下，各领域的数据获取能力与数据积累呈现出爆炸性增长。根据相关统计，人类文明至今获得的全部数据，90%是在过去两年内产生的，而电子商务、社交网络、传感器等还在源源不断地产生数据，保守估计未来几年中还将保持50%以上的增速。IDC预测，至2020年全球数据总量将会达到40ZB，全球数据规模将会是现在的44倍。相应的，全球大数据市场也呈现出高速增长的态势。数据量和数据市场的规模化增长以及数据使用场景的日益丰富为企业应用大数据提高自身生产力和竞争力带来了无限可能。

我国的数据经济虽然起步较晚，但发展很快。特别是2015年至今，国家先后出台了一系列文件，从政策、技术等方面为数据经济的发展提供保障，包括《中国制造202》《促进大数据发展行动纲要》《国务院关于积极推进"互联网+"行动的指导意见》《国家信息化发展战略纲要》等重要文件。习近平总书记明确指出要大力推动数据经济，拓展经济发展新空间。在G20峰会《二十国集团数字经济发展与合作倡议》中，我国也提出要进一步释放数据经济的潜力。

根据国家信息中心主持召开的中国信息化百人会2017峰会《2016中国信息经济发展报告》，2016年美国数据经济规模11万亿美元居世界首位，我国数据经济规模3.8万亿美元名列第二，日本2.3万亿美元位列第三，英国1.43万亿美元位列第四。虽然我国名列第二位，但与位居第一位的美国有很大差距，仅为美国的34.5%。

二、数据资产评估的需求

国外最早的大数据交易市场出现在2008年，"数据市场""数据银行""数据公约"等称法都是对数据交易市场的描述，如美国的Actual、Infochimps，日本的Data plaza。在我国，数据交易市场起步于2010年，早期有中关村数海、浪潮卓数、数据堂等数据服务商，后期出现了数海大数据交易平台、贵阳大数据交易所、上海数据交易中心等数据交易平台。这些都说明数据资产价值意识正在觉醒，社会各界正在寻求数据资产价值实现。

自2014年来迅猛发展的国内大数据交易市场，催生大量的数据资产价值估算需求。当前对数据资产定价的策略仍处于探索初期，多采用拍卖定价、协商定价、反馈性定价等传统博弈手段。数据资产作为企业的重要资产，企业需要最大化地实现数据资产的价值，或是通过交易变现获得直接收益。因此，界定数据资产价值，对数据资产价值进行量化分析均是当前数据资产评估研究的热点。

三、数据资产评估的基本问题

（一）数据资产的定义

目前还没有对数据资产权威的定义。从会计角度，刘玉提出大数据资产是指那些能够数据化，并且通过数据挖掘能给企业未来经营带来经济利益的数据集合，包含数字、文字、图像、方位，甚至是沟通信息等，一切可"量化"、可数据化的信息都有可能形成企业的大数据资产。部分学者认为数据资产是无形资产的延伸，指具有固定资产的实物形态而主要以知识形态存在的重要经济资源，它是为其所有者或合法使用者提供某种权力、优势和效益的固定资产。例如，就地矿行业而言，在地质勘查、工程勘察、矿产开发和地矿测绘等各项工作中产生和积累的众多成果和认识都是通过数据（包括各种数字、文字和图形等）的形式来表示的，这些数据就是地勘单位宝贵的财富和重要的资产。

王建伯和徐漪分别从不同角度依据《企业会计准则》关于资产的定义，提出只有数据被企业拥有和控制、能够用货币计量、能够为企业带来经济利益，才能成为企业的一种资产。王建伯进一步认为数据资产是企业的无形资产。周芹基于数据资产的无形属性，认为数据资产具有无消耗性、累积增值性、依附性、知识产权性和价值易变性等特性。

综合多方面观点，可以看出，数据资产与无形资产的关联性得到广泛的认可，因此，结合上述数据、资产概念，参考《资产评估执业准则——无形资产》第二条无形资产的定义，提出数据资产（Data Assets）是指由特定主体拥有或者控制，能够被计算机识别，并且能带来经济利益的信息资源。

（二）数据资产的特征

非实体性：数据资产没有实物形态，虽然需要依托实物载体，但决定数据资产价值的是数据自身。数据的非实体性导致了数据的无消耗性，即数据不会因为使用频率的增加而磨损、消耗，这一点与其他传统无形资产相似。

依托性：数据必须存储在一定的介质里，介质的种类多种多样，例如纸、磁盘、磁带、光盘、硬盘等，甚至可以是化学介质或生物介质。同一数据可以以不同形式同时存在于多种介质。

多样性：数据的表现形式多种多样，可以是表格、图像、声音、视频、文字、光电信号、化学反应，甚至是生物信息。这些多样的信息可以通过不同的方法进行互相转换，从而满足不同数据消费者的需求。这种多样性表现在数据消费者身上，则是使用方式的不确定性。不同数据类型拥有不同处理方式，同一数据资产也可以有多种使用方式。数据应用的不确定性，令数据资产的价值变化波动极大。

增值性：数据的使用会产生新的数据。在稳定发展的基础上，会促进数据资产的规模和维度不断积累，提升整体价值。

可加工性：数据可以被维护、更新、补充，增加数据量，也可以被删除、合并、归集，消除冗余，还可以被分析、提炼、挖掘，加工得到更深层次的数据规律。这都得益于数据的可加工性。

价值易变性：数据资产的价值受多种不同因素影响，这些因素可以随使用方式、时间的推移不断贬值，经过某个时间点后甚至可能毫无意义，某些数据可能现在看来无用，随着时代进步可能会产生更大的价值。

（三）数据资产的分类

1. 按数据产生主体分类

按照产生数据主体的性质可以划分为个人数据、企业数据及关系型数据。

个人数据指包括个人独有的特征数据和参与经济活动、社会活动的行为数据，是属于个人的数据，如个人的姓名、电话、住址、职业、学历、偏好、习惯、旅游去过的城市、购物的交易记录、上网浏览的页面等数据。

企业数据是企业在生产经营管理活动中产生的数据，是来自企业内部与外部的数据，是属于企业的数据，如企业在调查、研发、生产、购买原材料、收货、交货、收款、付费等过程中产生的数据。

关系型数据是不同主体在社会活动、经济活动时相互联系、相互作用过程中产生的数据，在这个过程中主体间的关系的是对等的，如个人与个人、个人与企业、企业与企业之间由交易活动过程而产生的买方数据、卖方数据、产品数据等。

2. 按照数据应用所属的产业分类

按照数据应用所在的产业可以划分为金融业数据、工业企业数据、零售业数据、农业数据、医疗数据、公共部门数据等。

3. 按照数据获得的方式分类

按照数据获得的方式可分为三方数据。

第一方数据是指企业直接通过自身的生产经营活动获得的数据。例如，用户在淘宝网平台上产生的海量交易数据和信用数据，是阿里巴巴的第一方数据，对这些数据阿里巴巴具有拥有权和控制权。通过对第一方数据的挖掘、使用与出售，可以给数据拥有者带来经济收益。

第二方数据是指通过提供某种中介服务所获得的数据。例如，作为第三方支付平台的支付宝，可以通过对阿里系以外的企业提供支付通道，同时获取了额外交易数据和信用数据。从拥有和控制角度看，第二方数据的所有者（如支付宝）具有对数据的控制权，但这些数据会受到获取路径方式的限制，在使用、交换或交易的过程中会采取不同的限制条件，经脱敏处理后，例如，匿名化、整体化等方式，才能实现对这些数据的有效控制和使用。通过对第二方数据的挖掘、使用与出售，也可以给数据拥有者带来经济收益。

第三方数据是指通过爬虫技术等方式间接获得的数据。从拥有和控制角度看，第三方数据的产权问题比较复杂。通过网络爬虫获取数据的企业或个人可以使用这些数据，但不能直接进行数据交易或授权。

（四）数据资产价值分析的难点

1. 数据资产的价值随着不断的加工而改变

数据作为资源具有可再生特性，加工处理后的数据可以成为一种新的数据资源。但在数据加工过程中，将多个数据集进行集成再加工所得的价值会远大于对各个数据分别进行加工所得价值之和，加工过程中引入的各类算法与模型也可以极大地增加数据的价值。所以，随着数据的加工，数据资产的价值随之改变。

2. 数据资产的价值随着使用次数与人数而改变

数据作为资源具有无限性，使得数据资源使用的次数可以无限，使用的人可以无限，这个特性使得数据资产的价值更是难以具体用数字来计量。同时，数据是不可消耗的，这意味着它的使用不会阻止其他额外的用途。在一个企业中，相同的数据资产可以被多个用户使用于不同用途，可见数据的价值难以准确衡量。

3. 数据资产的价值随着用户的不同存在差异

数据作为产品和服务能够在市场被用户使用和消费，满足不同用户的需求，具有不同的用途。例如，零售公司可以使用汇总的GPS数据来选择其下一个商店的位置，而市政府可以使用汇总的GPS数据来了解如何更好地规划道路，这将导致GPS数据的价值可以因客户不同而产生很大差异。因此，数据资产的价值会因用户的不同而存在差异。

4. 数据质量相同可能产生不同的价值

由于用户对数据的需求是不一样的，使得相同质量的一份数据，有的使用者会视其为高价值数据，有的使用者会视其为低价值数据，数据的商业价值会由于衡量标准的不同而不同。比如，来自证券交易所的分时行情数据与实时报价数据，对于短线操作者来说具有更高价值，但对欺诈检测的价值却不显著。

5. 数据资产权属分析比较复杂

所谓权属即是所有权的归属。由于数据资产属于无形资产，其权属属性与实物资产不同，需要关注的因素更多，更为复杂。数据资产权属可以分为所有、使用两种，即所有权、使用权可以分离，被不同的权利主体同时所用，从这个角度看，数据资产既可以是所有权数据资产，也可以是只拥使用权的数据资产。而两种权利的数据资产均可以成为交易、转让对象，也可以作为评估对象而进行估值。通常既要关注其所有权数据资产，也应关注使用权数据资产。所有权数据资产是指特定权利主体对其占有、控制、使用的数据资产拥有所有权。使用权数据资产是指特定权利主体对其占有、控制、使用的数据资产只拥有使用权。在评估中针对所有权、使用权的差异，应该了解其权益的边际、不同的权利义务内容，以确定其对价值影响的因素等，进行合理估值。

（五）数据资产的应用

按行业划分，数据资产通常包括：金融业数据、工业企业数据、零售业数据、农业数据、医疗数据、公共部门数据等。不同行业的数据资产的运用方式多种多样。

工业数据资产通常应用于以下方面：加速产品创新、高价值大型产品的故障诊断与预测、工业供应链的分析和优化、产品销售预测和需求管理、生产制造环节的改善、产品质量管理与分析等。

金融业数据资产通常应用于以下方面：客户关系管理、精细化营销、风险管控、运营优化等。

零售业数据资产通常应用于以下方面：精准化营销、优化销售和供应链、用户忠诚度管理、重要客户识别与维护、提升用户洞察力、优化产品与服务等。

农业数据资产通常应用于以下方面：提高农业机械效率和降低运营成本、提高作物和牲畜生产力和生产效率、减小天气因素的影响、优化农产品定价等。

医疗业数据资产通常应用于以下方面：改善病患护理、个性化用药和治疗方案、防止欺诈行为等。

公共部门数据资产通常应用于以下方面：提高透明度、改善决策和降低成本、个性化的公民体验、减少社保和税收欺诈行为、确保国家安全和健康等。

（六）数据资产的法律保护问题

数据资产作为一种无形资产，应当由特定主体拥有或控制，但由于数据资产本身的特点，特征不清晰，容易被窃取，难以控制使用，缺乏法律保护。目前我国数据资产保护方式包括版权方式保护和版权外方式保护两种，其中版权外方式又可细分为商业秘密保护、合同法保护、反不正当竞争法保护、人身权保护等。

另外，法律要素有时尤为重要，有些敏感数据如水文、地理、气象等测绘数据，航天信息类数据，个人隐私数据，企业战略及商业数据等虽具有很高的应用价值，但存在损害国家安全、个人隐私、企业利益等问题，在应用中存在法律障碍。

四、数据资产评估的方法

（一）市场法

市场法评估数据资产的基本公式为：

被评估大数据资产的价值 = 可比实例大数据资产的价值 × 技术修正系数 × 价值密度修正系数 × 期日修正系数 × 容量修正系数 × 其他修正系数

1. 执行数据资产评估业务，选用市场法的前提条件是具有活跃的市场

当前大数据交易市场建设如火如荼。相较于发达国家，中国大数据产业尚处于起步阶段，虽然大数据交易还未建立完善的交易规范体系，但潜在的、丰富的数据资源已经涵盖了电信、金融、房地产、医疗、社保、交通、物流、电力、教育以及制造业、电商平台、社交网站等众多领域，加速了中国大数据产业以及数字经济新业态新模式的蓬勃发展。海量数据要素在开放、流通、交易中互通互联，创新数字经济发展，助力数字中国建设。

2. 选用市场法执行数据资产评估时应搜集的资料

在充分了解被评估数据资产的情况后，应当搜集类似数据资产交易案例相关信息，包括交易价格、交易时间、交易条件等信息，并从中选取可比案例。对于类似数据资产，应当从两个角度相近，相近数据类型和相近数据用途。

目前比较常见的数据类型包括：用户关系数据，基于用户关系产生的社交数据、交易数据、信用数据、移动数据、用户搜索表征的需求数据，爬虫和阿拉丁获取的公共 Web 数据等。

3. 应当根据数据资产特性对交易信息进行必要调整

调整参数应包括技术修正系数、价值密度修正系数、期日修正系数、容量修正系数和其他修正系数。如技术修正系数主要考虑因技术进步带来的数据资产价值差异，其指标通常包括数据获取、数据储存、数据加工、数据挖掘、数据保护、数据共享等因素。

（二）收益法

收益法评估基本计算公式为：

评估值 = 未来收益期内各期的收益额现值之和 × 分成率

依据收益法基本公式，在获取数据资产相关信息的基础上，根据该数据资产或者类似数据资产的历史实施情况及未来应用前景，结合数据资产实施或者拟实施企业经营状况，重点分析数据资产经济收益的可预测性，考虑收益法的适用性；数据资产的预期收益是因数据资

产的使用而额外带来的收益，数据资产收益现金流是全部收益扣除其他资产的贡献后归属于数据资产的现金流。数据资产的获利形式通常包括：对企业顾客群体细分、模拟实境、提高投入回报率、数据存储空间出租、管理客户关系、个性化精准推荐、数据搜索等。目前确定数据资产现金流的方法有增量收益、节省许可费、收益分成或者超额收益等方式。确定预期收益时，应当区分并剔除与委托评估的数据资产无关的业务产生的收益，并关注数据资产产品或者服务所属行业的市场规模、市场地位及相关企业的经营情况。

（三）成本法

对于成本法，即委估数据资产的价值由该资产的现时重置成本加上合理利润后，再扣减各项损耗确定。其基本计算公式为：

评估值 = 重置成本 × (1 - 贬值率) 或评估值 = 重置成本 - 功能性贬值 - 经济性贬值

使用成本法执行数据资产评估业务时，首先要根据数据资产形成的全部投入，考虑数据资产与成本的相关程度，考虑成本法的适用性。然后要确定数据资产的重置成本，数据资产的重置成本包括合理的成本、利润和相关税费，合理的成本则包括直接成本和间接费用。

对于数据资产的取得，需要根据创建数据资产生命的流程特点，分阶段进行统计。尽管数据资产的存储、分析、挖掘技术复杂多变，但目前普遍使用的流程可概括为4步，即数据采集、数据导入和预处理、数据统计和分析、数据挖掘，这个流程分为两个阶段：数据获取阶段和数据资产研发阶段。

五、对数据资产评估未来发展的建议

（一）现有研究的缺失与不足

1. 数据资产理论的不确定

一方面，数据资产目前没有纳入法律调整层面，缺乏法律法规权威的解释，另一方面，数据资产的概念、定义及价值内涵在学术界及社会公众观念里没有达成共识。

由于数据资产所产生的经济效益具有不确定性，其应用价值通常并不在于其本身，它不同于专利这种无形资产能够直接转化为某种产品或服务，而其更多地体现在企业的决策过程之中。因此，数据资产的使用效果通常是非直观的，并难以从其他要素中清晰地被剥离开来。当前评估方法、评估模型和评估指标，具有一定的理论价值，但是否切实可行还有待观察，有待实践进一步检验。

2. 数据作为一项资产与其他关联方的衔接

数据资产要得到真正的普及利用，扩大交易市场，拓宽应用前景，还需要与国家相关部门、国资管理部门、财政部、会计准则衔接，形成完善的资产确认、评估、会计、审计、税务体系。

（二）对支持数据资产评估未来发展的建议

1. 加快数据资产法制建设

需要推进国家立法，促使数据资产概念早日确立。明晰产权，加快制定数据安全及隐私保护的相关法律法规。加快数据资产交易法律标准建设，完善市场交易机制，加快建立政府层面的数据资产管理职能部门。

2. 加强数据资产评估理论研究

随着我国进入数字时代，数据资产已经占据整个社会发展的重要地位，推动着价值创造新的飞跃。虽然国内现在关于数据资产的相关文献资料已有不少，但是关于数据资产的研究，更多的是集中在数据资产的挖掘与应用上，缺乏对数据资产的估值研究，尚未形成一套完善的数据资产价值评估体系以及评估准则。因此，我们要在学习国外先进理论知识的同时，注重我国的实际情况，分阶段、有步骤地推动数据资产评估的理论建设。

此外，不同的行业数据资产所包含的价值属性又各具特点，数据资产的价值评估具有极大的复杂性。因此，在加强数据资产评估理论研究的同时，更应注重并促进相关研究成果的应用推广，通过定期对资产评估师就数据资产评估理论的最新成果进行有针对性的培训，提高评估师对数据资产评估理论的理解与应用水平，指导评估师的评估实践。

3. 提升数据资产评估队伍综合水平

一方面，要加大人才培养的投入力度，提高教育水平。由于数据资产评估对于专业知识要求高，范围广，这就要求我们创新培养模式，注重交叉学科的培养，提高人才的专业水平。同时，数据资产的评估属于企业的机密，并且会涉及隐私保护方面的风险，这就要求我们不仅要注重专业方面的培养，对思想道德方面，尤其是职业道德方面要特别加以引导，培养其社会责任感、正义感和使命感，促使评估人员不受外界利益诱惑，保持良好的职业道德素养，保证评估的公平、公正。

另一方面，强化职业人员的准入审查，提高准入门槛。尽管现阶段我国的评估人才匮乏，但本着宁缺勿滥的原则，必须对于从业者的专业水平和职业道德水平有严格的要求。不仅如此，还要加强对评估人员的后续教育。评估人员必须适应经济发展所带来的更多的数据资产类型的出现。因此，从业者必须不断学习，提高自身业务素质，与时俱进，作出科学、合理的评估决策，推动数据资产评估事业的快速发展。

4. 构建数据资产评估数据库

由于我国数据资产评估市场尚不足够活跃，在评估过程中相关评估数据匮乏，平均收益率、风险系数等具有共性的参数难以获取等因素都极大地阻碍了行业的发展。针对评估过程中可以共用的数据、参数，可以通过网络结合信息技术手段建立起一个集合各种数据资产的价格、保护年限、使用范围、平均年收益率等数据信息在内的网络信息服务平台。评估机构在评估实务中，将收集到的评估数据和评估结果反馈更新到信息服务平台中，实现全国数据资产评估信息数据的形成和共享，促进数据资产评估工作的信息化、透明化和规范化。

此外，还可以在信息数据库的基础上建立数据资产评估的信息交流平台，便于评估者的沟通与交流。同时，建议政府相关监管部门积极参与评估信息平台的构建，一方面利用自身的权威性，保证数据的质量，平台的信用度；另一方面也可以统一规划，防止重复建设带来的浪费，进而形成国家级的信息网络，对数据资产的评估建设形成深远的影响，极大地推动数据资产评估的发展。

5. 构建数据资产评估准则体系

评估准则是评估师执业过程中最重要的工作指南及操作规范，评估准则的缺失往往使评估师在执业过程中无法可依，无章可循，难以保证评估过程及评估结论的合理性。数据资产价值评估难度大的特性更使相关评估准则的重要性凸显出来。相关部门应加紧制定《数据资产评估指导意见》，构建完善的数据资产评估体系，规范数据资产评估实践，使执业的评估师有法可依，有据可循，提高执业水平。

资料2——《资产评估专家指引第9号——数据资产评估》

本专家指引是一种专家建议。评估机构执行资产评估业务，可以参照本专家指引，也可以根据具体情况采用其他适当的做法。中国资产评估协会将根据业务发展，对本专家指引进行更新。

第一章 引 言

第一条 针对数据资产特点，结合目前实际操作中的部分难点和要点，中国资产评估协会组织制定了本专家指引。

第二条 本专家指引所指数据资产是由特定主体合法拥有或者控制，能持续发挥作用并且能带来直接或者间接经济利益的数据资源。

第三条 本专家指引所指数据资产评估，是资产评估机构及其资产评估专业人员遵守法律、行政法规和资产评估准则，接受委托对评估基准日特定目的下的数据资产价值进行评定和估算，并出具资产评估报告的专业服务行为。

第二章 评估对象

第四条 数据资产的基本状况通常包括：数据名称、数据来源、数据规模、产生时间、更新时间、数据类型、呈现形式、时效性、应用范围等。执行数据资产评估业务时，资产评估专业人员可以通过委托人提供、相关当事人提供、自主收集等方式获取数据资产的基本状况。

第五条 数据资产的基本特征通常包括：非实体性、依托性、多样性、可加工性、价值易变性等。通过对数据资产基本特征的了解，可以帮助资产评估专业人员分析基本特征对数据资产价值评估的影响。

（一）非实体性：数据资产无实物形态，虽然需要依托实物载体，但决定数据资产价值的是数据本身。数据的非实体性导致了数据的无消耗性，即数据不会因为使用频率的增加而磨损、消耗。这一点与其他传统无形资产相似。

（二）依托性：数据必须存储在一定的介质里。介质的种类多种多样，例如，纸、磁盘、磁带、光盘、硬盘等，甚至可以是化学介质或者生物介质。同一数据可以不同形式同时存在于多种介质。

（三）多样性：数据的表现形式多种多样，可以是数字、表格、图像、声音、视频、文字、光电信号、化学反应，甚至是生物信息等。数据资产的多样性，还表现在数据与数据处理技术的融合，形成融合形态数据资产。例如，数据库技术与数据，数字媒体与数字制作特技等融合产生的数据资产。多样的信息可以通过不同的方法进行互相转换，从而满足不同数据消费者的需求。该多样性表现在数据消费者上，则是使用方式的不确定性。不同数据类型拥有不同的处理方式，同一数据资产也可以有多种使用方式。数据应用的不确定性，导致数据资产的价值变化波动较大。

（四）可加工性：数据可以被维护、更新、补充，增加数据量；也可以被删除、合并、归集，消除冗余；还可以被分析、提炼、挖掘，加工得到更深层次的数据资源。

（五）价值易变性：数据资产的价值受多种不同因素影响，这些因素随时间的推移不断变化，某些数据当前看来可能没有价值，但随着时代进步可能会产生更大的价值。另外，随着技术的进步或者同类数据库的发展，可能会导致数据资产出现无形损耗，表现为价值降低。

第六条 数据资产的价值影响因素包括技术因素、数据容量、数据价值密度、数据应用的商业模式和其他因素。其中技术因素通常包括数据获取、数据存储、数据加工、数据挖掘、数据保护、数据共享等。

第七条 数据资产可以按照数据应用所在的行业进行划分，不同行业的数据资产具有不同的特征，这些特征可能会对数据资产的价值产生较大的影响。以下列举的是部分行业数据资产的特征。

（一）金融行业数据资产的特征通常包括：

1. 高效性：金融数据资产的高效性体现在能够提高金融系统运行效率，降低系统运行成本和维护成本，为数据库终端拥有人带来超额利润。数据库终端以科学技术为核心，不断进步的技术可以降低数据库终端的维护成本。

2. 风险性：金融数据资产的风险性主要包括研发风险和收益风险。研发风险是指在研究开发过程中，研究开发方虽然作了最大限度努力，但由于现有的认识水平、技术水平、科学知识以及其他现有条件的限制，仍然发生了无法预见、无法克服的技术困难，导致研究开发全部或者部分失败，因而引起的财产上的风险；数据库终端是在经历一系列研发失败之后的阶段性成果，研发失败的支出作为费用处理，账面的资产价值与研发成本具有弱对应性。金融数据资产的收益风险是指数据库终端的经济寿命受技术进步和市场不确定性因素的影响较大，竞争对手新开发或者升级的数据库终端有可能使得权利人的该项资产价值下降。

3. 共益性：金融数据资产的共益性是指数据库终端可以在同一时间不同地点由不同的主体同时使用。例如，数据库终端有不同的账号和密码，不同的个人账号和密码可以同时登录使用，机构的同一个账号和密码也可以同时由机构内不同人员登录使用。

（二）电信行业数据资产的特征通常包括：

1. 关联性：电信行业数据几乎承载了用户所有的通信行为，并且数据之间存在着天然的关联基因。

2. 复杂性：电信行业数据不仅包括结构化数据，也包括非结构化数据以及混合结构数据。

（三）政府数据资产的特征通常包括：数量庞大、领域广泛、异构性强。政府数据跨越了农业、气候、教育、能源、金融、地理空间、全球发展、医疗卫生、工作就业、公共安全、科学研究、气象气候等领域。这些来源广泛、数量巨大、非结构化的异质数据，增加了政府管理的难度。

数据资产对政府公共管理的潜在利用价值大。尽管数据资产能在各个领域显著提高创新力、竞争力和产出率，但对于不同部门而言，数据资产所带来的收益程度不同。政府数据资产的构成和特点分析表明，政府在数据占有方面具有天然的优势。占有巨量数据是从数据中挖掘出巨大价值的前提，但由于政府数据资产来自横向的不同部门或者管理领域以及纵向的不同层级，其数据资产管理面临着巨大的难度，这一难度既有数据资产及其技术发展方面的障碍，也有政府组织之间相互独立的限制和跨职能部门交流的障碍。

第八条 相同的数据资产，由于其应用领域、使用方法、获利方式的不同，会造成其价值差异。因此对数据资产商业模式的关注，可以帮助资产评估专业人员了解数据资产活动获取收益的方式。目前以数据资产为核心的商业模式主要有：

（一）提供数据服务模式：该模式的企业主营业务为出售经广泛收集、精心过滤的时效性强的数据，为用户提供各种商业机会。

（二）提供信息服务模式：该模式的企业聚焦某个行业，通过广泛收集相关数据、深度整合萃取信息，以庞大的数据中心加上专用的数据终端，形成数据采集、信息萃取、价值传递的完整链条，通过为用户提供信息服务的形式获利。

（三）数字媒体模式：数字媒体公司通过多媒体服务，面向个体，广泛搜集数据，发挥数据技术的预测能力，开展精准的自营业务和第三方推广营销业务。

（四）数据资产服务模式：通过提供软件和硬件等技术开发服务，根据用户需求，从指导、安全认证、应用开发和数据表设计等方面提供全方位数据开发和运行保障服务，满足用户业务需求，提升客户营运能力。并通过评估数据集群运行状态优化运行方案，以充分发挥客户数据资产的使用价值，帮助客户将数据资产转化为实际的生产力。

（五）数据空间运营模式：该模式的企业主要为第三方提供专业的数据存储服务业务。

（六）数据资产技术服务模式：该模式的企业为第三方提供开发数据资产所需的应用技术和技术支持作为商业模式。例如，提供数据管理以及处理技术、多媒体编解码技术，语音语义识别技术，数据传输与控制技术等。

第九条 数据资产的法律因素通常包括数据资产的权利属性以及权利限制、数据资产的保护方式等。关注数据资产所有权的具体形式、以往使用和转让的情况对数据资产价值的影响、数据资产的历史诉讼情况等法律因素情况，可以帮助评估专业人员判断法律因素对数据资产价值的影响程度。

第十条 数据资产的经济因素通常包括数据资产的取得成本、获利状况、类似资产的交易价格、市场应用情况、市场规模情况、市场占有率、竞争情况等。通过对经济因素情况的分析，资产评估专业人员可以判断经济因素对数据资产价值的影响程度。

第十一条 数据资产的使用过程中存在隐私保护方面的风险。部分数据如果使用不当，可能会产生损害国家安全、泄露商业秘密、侵犯个人隐私等问题。数据资产在实际应用中需要考虑合法性，资产评估专业人员应当关注此类事项对数据资产评估的影响。

第三章 数据资产的评估方法

第十二条 数据资产价值的评估方法包括成本法、收益法和市场法三种基本方法及其衍生方法。

第十三条 执行数据资产评估业务，应当根据评估目的、评估对象、价值类型、资料收集等情况，分析上述三种基本方法的适用性，选择评估方法。数据资产评估方法的选择应当注意方法的适用性，不可机械地按某种模式或者某种顺序进行选择。

成本法是根据形成数据资产的成本进行评估。尽管无形资产的成本和价值先天具有弱对应性且其成本具有不完整性，但一些数据资产应用成本法评估其价值存在一定合理性。

收益法是通过预计数据资产带来的收益估计其价值。这种方法在实际中比较容易操作。该方法是目前对数据资产评估比较容易接受的一种方法。虽然目前使用数据资产直接取得收益的情况比较少，但根据数据交易中心提供的交易数据，还是能够对部分企业数据资产的收益进行了解。

市场法是根据相同或者相似的数据资产的近期或者往期成交价格，通过对比分析，评估数据资产价值的方法。根据数据资产价值的影响因素，可以利用市场法对不同属性的数据资产的价值进行对比和分析调整，反映出被评估数据资产的价值。

第十四条 对于成本法，数据资产的价值由该资产的重置成本扣减各项贬值确定。其基本计算公式为：

评估值 = 重置成本 × (1 – 贬值率)或者评估值

= 重置成本 – 功能性贬值 – 经济性贬值

第十五条 使用成本法执行数据资产评估业务时，首先要根据数据资产形成的全部投入，分析数据资产价值与成本的相关程度，考虑成本法的适用性。然后要确定数据资产的重置成本。数据资产的重置成本包括合理的成本、利润和相关税费。合理的成本则包括直接成本和间接费用。

第十六条 在成本法中，数据资产的取得成本需要根据创建数据资产生命的流程特点，分阶段进行统计。尽管数据资产的存储、分析、挖掘技术复杂多变，但目前普遍使用的流程可以概括为四步，即数据采集、数据导入和预处理、数据统计和分析、数据挖掘。其中，数据采集属于数据资产获取阶段，后三个步骤属于数据资产研发阶段。

数据获取可能是主动获取，也可能是被动获取。数据主动获取可能发生的成本有：向数据持有人购买数据的价款、注册费、手续费，通过其他渠道获取数据时发生的市场调查、访谈、实验观察等费用，以及在数据采集阶段发生的人工工资、场地租金、打印费、网络费等相关费用。被动获取的数据包括企业生产经营中获得的数据、相关部门开放并经确认的数据、企业相互合作共享的数据等。从企业角度看，被动获取的数据如果要形成数据资产，还需要企业自身进行大量资源数据的清洗、研发和深挖掘，在数据获取阶段企业付出的成本较小，因此在获取阶段，可以只考虑发生的数据存储等费用，成本重心落在数据资产研发阶段。研发阶段发生的成本通常包括设备折旧、研发人员工资等费用。采用成本法进行数据资产评估时，需要合理确定贬值。数据资产贬值主要包括：功能性贬值和经济性贬值。

第十七条 在传统无形资产成本法的基础上，可以综合考虑数据资产的成本与预期使用溢价，加入数据资产价值影响因素对资产价值进行修正，建立一种数据资产价值评估成本法模型。成本法模型的表达式为：

$$P = TC \times (1 + R) \times U$$

其中：P 为评估值；TC 为数据资产总成本；R 为数据资产成本投资回报率；U 为数据效用。

第十八条 在上述评估模型中，数据资产总成本 TC 表示数据资产从产生到评估基准日所发生的总成本。数据资产总成本可以通过系统开发委托合同和实际支出进行计算，主要包括建设成本、运维成本和管理成本三类，并且不同的数据资产所包含的建设费用和运维费用的比例是不同的。因此，每一个评估项对数据资产价值产生多大的影响，必须给出一个比较合理的权重。其中建设成本是指数据规划、采集获取、数据确认、数据描述等方面的内容；运维成本包含着数据存储、数据整合、知识发现等评价指标；管理成本主要由人力成本、间接成本以及服务外包成本构成。

第十九条 在上述评估模型中，数据效用 U 是影响数据价值实现因素的集合，用于修正数据资产成本投资回报率 R。数据质量、数据基数、数据流通以及数据价值实现风险均会对数据效用 U 产生影响。定义数据效用的表达式为：

$$U = \alpha\beta(1+l)(1-r)$$

其中：α 为数据质量系数；β 为数据流通系数；l 为数据垄断系数；r 为数据价值实现风险系数。

（一）数据质量系数 α

数据质量是指数据固有质量，可以通过对数据完整性、数据准确性和数据有效性三方面设立约束规则，利用统计分析数据是否满足约束规则完成量化。基于统计学的思想，数据质量为满足要求的数据在数据系统中的百分比。数据质量的评价办法由数据模块、规则模块和评价模块三者组成。

数据模块是数据资产价值评估的对象，即待评估数据资产的合集。

规则模块用于生成数据的检验标准，即数据的约束规则。约束规则应当根据具体的业务内容和数据自身规则（如值域约束和语法约束）提炼出基本约束，并归纳形成规则库。在对数据质量进行评价时，约束规则是对数据进行检测的依据。

评价模块是数据质量评估办法的关键模块，目的是利用规则模块中的约束规则对数据进行检验并分析汇总。各个规则模块获取的结果需要加权汇总以获得最终的数据质量系数。

（二）数据流通系数 β

数据资产按流通类型可以分为开放数据、公开数据、共享数据和非共享数据四类。因此，在考察数据流通效率时，首先通过可流通数据量占总数据量的比重确定数据对外开放共享程度；然后，考虑到不同的数据流通类型对数据接受者范围的影响，需要将数据传播系数考虑进来。传播系数是指数据的传播广度，即数据在网络中被他人接受的总人次，可以通过查看系统访问量、网站访问量获得。

数据流通系数表示为：

数据流通系数 =（传播系数×可流通的数据量）/总数据量
=（a×开放数据量 + b×公开数据量 + c×共享数据量）/总数据量

其中，a、b、c 分别为开放、公开和共享三种数据流通类型的传播系数，非共享数据流通限制过强，对整体流通效率影响忽略不计。

（三）数据垄断系数 l

数据资产的垄断程度是由数据基数决定，即该数据资产所拥有的数据量占该类型数据总量的比例，可以通过某类别数据在整个行业领域内的数据占比衡量，即通过比较同类数据总量来确定。

数据垄断系数表示为：

数据垄断系数 = 系统数据量/行业总数据量

数据是现实事物的客观描述。衡量某种数据的垄断性不仅受限于所属行业，还可能与其所处的地域相关。

（四）数据价值实现风险系数 r

在数据价值链上的各个环节都存在影响数据价值实现的风险。数据价值实现风险分为数据管理风险、数据流通风险、增值开发风险和数据安全风险四个二级指标和设备故障、数据描述不当、系统不兼容、政策影响、应用需求、数据开发水平、数据泄露、数据损坏八个三级指标。由于数据资产价值实现环节较多且评估过程复杂，可以采用专家打分法与层次分析法获得其风险系数。

第二十条 收益法评估数据资产时，数据资产作为经营资产直接或者间接产生收益，其价值实现方式包括数据分析、数据挖掘、应用开发等。收益法较真实、准确地反映了数据资产本金化的价值，更容易被交易各方所接受。

第二十一条 收益法评估的基本计算公式为：

$$P = \sum_{t=1}^{n} F_t \frac{1}{(1+\lambda)^t}$$

其中：P 为评估值；Ft 为数据资产未来第 t 个收益期的收益额；n 为剩余经济寿命期；t 为未来第 t 年；i 为折现率。

根据收益法基本公式，在获取数据资产相关信息的基础上，根据该数据资产或者类似数据资产的历史应用情况以及未来应用前景，结合数据资产应用的商业模式，重点分析数据资产经济收益的可预测性，考虑收益法的适用性。

第二十二条 在估算数据资产带来的预期收益时，需要区分数据资产和其他资产所获得的收益，分析与之有关的预期变动、收益期限、成本费用、配套资产、现金流量、风险因素等。

数据资产的预期收益是因数据资产的使用而额外带来的收益，数据资产收益现金流是全部收益扣除其他资产的贡献后归属于数据资产的现金流。数据资产的获利形式通常包括：对企业顾客群体细分、模拟实境、提高投入回报率、数据存储空间出租、管理客户关系、个性化精准推荐、数据搜索等。目前确定数据资产现金流的方法有增量收益、收益分成或者超额收益等方式。确定预期收益时，注意区分并剔除与委托评估的数据资产无关的业务产生的收益，并关注数据资产产品或者服务所属行业的市场规模、市场地位以及相关企业的经营情况。

第二十三条 使用收益法执行数据资产评估业务时，需要综合考虑法律保护期限、相关合同约定期限、数据资产的产生时间、数据资产的更新时间、数据资产的时效性以及数据资产的权利状况等因素确定收益期限。收益期限不得超出产品或者服务的合理收益期。

第二十四条 使用收益法执行数据资产评估业务时，应当合理确定折现率。折现率可以通过分析评估基准日的利率、投资回报率，以及数据资产权利实施过程中的技术、经营、市场、资金等因素确定。数据资产折现率可以采用无风险报酬率加风险报酬率的方式确定。数据资产折现率与预期收益的口径保持一致。

第二十五条 执行数据资产评估业务，选用市场法的前提条件是具有公开并活跃的交易市场。

第二十六条 市场法通过以下公式中的因素修正评估数据资产价值：

被评估数据资产的价值＝可比案例数据资产的价值×技术修正系数×价值密度修正系数×期日修正系数×容量修正系数×其他修正系数

第二十七条 使用市场法执行数据资产评估业务时，在充分了解被评估数据资产的情况后，需要搜集类似数据资产交易案例相关信息，包括交易价格、交易时间、交易条件等信息，并从中选取可比案例。对于类似数据资产，可以从相近数据类型和相近数据用途两个方面获取。目前比较常见的数据类型包括：用户关系数据、基于用户关系产生的社交数据、交易数据、信用数据、移动数据、用户搜索表征的需求数据等。目前比较常见的数据用途包括：精准化营销、产品销售预测和需求管理、客户关系管理、风险管控等。

第二十八条 使用市场法执行数据资产评估业务时，应当收集足够的可比交易案例，并根据数据资产特性对交易信息进行必要调整，调整参数一般可以包括技术修正系数、价值密度修正系数、期日修正系数、容量修正系数和其他修正系数。

其中，技术修正系数主要考虑因技术因素带来的数据资产价值差异，通常包括数据获取、数据存储、数据加工、数据挖掘、数据保护、数据共享等因素。

期日修正系数主要考虑评估基准日与可比案例交易日期的不同带来的数据资产价值差异。一般来说，离评估基准日越近，越能反映相近商业环境下的成交价，其价值差异越小。期日修正系数的基本公式为：期日修正系数＝评估基准日价格指数/可比案例交易日价格指数。

容量修正系数主要考虑不同数据容量带来的数据资产价值差异，其基本逻辑为：一般情况下，价值密度接近时，容量越大，数据资产总价值越高。容量修正系数的基本公式为：容量修正系数＝评估对象的容量/可比案例的容量。当评估对象和可比案例的价值密度相同或者相近时，一般只需要考虑数据容量对资产价值的影响；当评估对象和可比案例的价值密度差异较大时，除需要考虑数据容量之外，还需要考虑价值密度对资产价值的影响。

价值密度修正系数主要考虑有效数据占总体数据比例不同带来的数据资产价值差异。价值密度用单位数据的价值来衡量，价值密度修正系数的逻辑为：有效数据（指在总体数据中对整体价值有贡献的那部分数据）占总体数据量比重越大，则数据资产总价值越高。如果一项数据资产可以进一步拆分为多项子数据资产，每一项子数据资产可能具有不同的价值密度，那么总体的价值密度应当考虑每个子数据资产的价值密度。

其他修正系数主要考虑数据资产评估实务中，根据具体数据资产的情况，影响数据资产价值差异的其他因素，例如，市场供需状况差异。可以根据实际情况考虑可比案例差异，选择修正系数。

第二十九条 当前正值数据资产市场建设期，交易透明度、信息公开度还需要时间来提升，有些数据资产不是在企业经营中形成直接收益，直接预测收益有一定难度，需要进行大量的市场调研、应用推演和实践检验。在上述条件下，可以考虑使用成本法，而收益法和市场法通常适用于交易性和收益性较好的数据资产评估。

第三十条 资产评估专业人员执行数据资产评估业务时，不论选择哪种评估方法进行评估，都应当保证评估目的与评估所依据的各种假设、前提条件，所使用的各种参数，在性质和逻辑上的一致。尤其是在运用多种评估方法评估同一评估对象时，更要保证每种评估方法运用中所依据的各种假设、前提条件，数据参数的可比性，以便能够使运用不同评估方法所得到的测算结果具有可比性和相互可验证性。

第四章 数据资产评估报告的编制

第三十一条 鉴于我国数据资产的产权还没有专门的法律法规予以明确，在编制数据资产评估报告时，可以就数据资产的来源、加工、形成进行描述，关注资产评估相关准则对评估对象产权描述的规定。

第三十二条 在编制数据资产评估报告时，不得违法披露数据资产涉及的国家安全、商业秘密、个人隐私等数据。

第三十三条 编制数据资产评估报告需要反映数据资产的特点，通常包括下列内容：

（一）评估对象的详细情况，通常包括数据资产的名称、来源、数据规模、产生时间、更新时间、数据类型、呈现形式、时效性、应用范围、权利属性、使用权具体形式以及法律状态等；

（二）数据资产应用的商业模式；

（三）对影响数据资产价值的基本因素、法律因素、经济因素的分析过程；

（四）使用的评估假设和前提条件；

（五）数据资产的许可使用、转让、诉讼和质押情况；

（六）有关评估方法的主要内容，包括评估方法的选取及其理由，评估方法中的运算和逻辑推理公式，各重要参数的来源、分析、比较与测算过程，对测算结果进行分析并形成评估结论的过程；

（七）其他必要信息。

第五章

商事主体经营与创业活动开展（二）

【教学目标】

本章通过商事主体经营中涉及的合同和雇用问题引出创业中经常遇到的合同和人力资源管理问题，在系统介绍合同法和劳动合同法基础上，让学生树立合法用工和依法履行合同的意识，熟悉合同订立、履行、解除、效力、抗辩、保全、违约等主要环节法律风险的表现形式以及企业人力资源管理中可能遇到的各种纷争，掌握处理合同和劳动纠纷的基本技巧。

第一节 合 同

一、合同的概念

合同是民事主体之间设立、变更、终止民事法律关系的协议。婚姻、收养、监护等有关身份关系的协议，适用有关该身份关系的法律规定；没有规定的，可以根据其性质参照适用民法典合同编相关规定。

依法成立的合同，受法律保护。依法成立的合同，仅对当事人具有法律约束力，但是法律另有规定的除外。

二、合同的解释

当事人对合同条款的理解有争议的，应当依据《民法典》第一百四十二条第一款的规定，确定争议条款的含义。合同文本采用两种以上文字订立并约定具有同等效力的，对各文本使用的词句推定具有相同含义。各文本使用的词句不一致的，应当根据合同的相关条款、性质、目的以及诚信原则等予以解释。

三、合同的形式

当事人订立合同，可以采用书面形式、口头形式或者其他形式。

书面形式是合同书、信件、电报、电传、传真等可以有形地表现所载内容的形式。以电子数据交换、电子邮件等方式能够有形地表现所载内容，并可以随时调取查用的数据电文，视为书面形式。

四、合同条款

合同的内容由当事人约定,一般包括下列条款:(1) 当事人的姓名或者名称和住所;(2) 标的;(3) 数量;(4) 质量;(5) 价款或者报酬;(6) 履行期限、地点和方式;(7) 违约责任;(8) 解决争议的方法。当事人可以参照各类合同的示范文本订立合同。

五、合同订立

当事人订立合同,可以采取要约、承诺方式或者其他方式。

(一) 要约

要约是希望与他人订立合同的意思表示,该意思表示应当符合下列条件:(1) 内容具体确定;(2) 表明经受要约人承诺,要约人即受该意思表示约束。

要约邀请是希望他人向自己发出要约的表示。拍卖公告、招标公告、招股说明书、债券募集办法、基金招募说明书、商业广告和宣传、寄送的价目表等为要约邀请。商业广告和宣传的内容符合要约条件的,构成要约。

要约可以撤销,但是有下列情形之一的除外:(1) 要约人以确定承诺期限或者其他形式明示要约不可撤销;(2) 受要约人有理由认为要约是不可撤销的,并已经为履行合同做了合理准备工作。撤销要约的意思表示以对话方式作出的,该意思表示的内容应当在受要约人作出承诺之前为受要约人所知道;撤销要约的意思表示以非对话方式作出的,应当在受要约人作出承诺之前到达受要约人。

有下列情形之一的,要约失效:(1) 要约被拒绝;(2) 要约被依法撤销;(3) 承诺期限届满,受要约人未作出承诺;(4) 受要约人对要约的内容作出实质性变更。

(二) 承诺

承诺是受要约人同意要约的意思表示。承诺应当以通知的方式作出,但是根据交易习惯或者要约表明可以通过行为作出承诺的除外。承诺应当在要约确定的期限内到达要约人。要约没有确定承诺期限的,承诺应当依照下列规定到达:(1) 要约以对话方式作出的,应当即时作出承诺;(2) 要约以非对话方式作出的,承诺应当在合理期限内到达。

受要约人超过承诺期限发出承诺,或者在承诺期限内发出承诺,按照通常情形不能及时到达要约人的,为新要约,但是要约人及时通知受要约人该承诺有效的除外。

受要约人在承诺期限内发出承诺,按照通常情形能够及时到达要约人,但是因其他原因致使承诺到达要约人时超过承诺期限的,除要约人及时通知受要约人因承诺超过期限不接受该承诺外,该承诺有效。

承诺的内容应当与要约的内容一致。受要约人对要约的内容作出实质性变更的,为新要约。有关合同标的、数量、质量、价款或者报酬、履行期限、履行地点和方式、违约责任和解决争议方法等的变更,是对要约内容的实质性变更。承诺对要约的内容作出非实质性变更的,除要约人及时表示反对或者要约表明承诺不得对要约的内容作出任何变更外,该承诺有效,合同的内容以承诺的内容为准。

六、合同成立

当事人采用合同书形式订立合同的,自当事人均签名、盖章或者按指印时合同成立。在签名、盖章或者按指印之前,当事人一方已经履行主要义务,对方接受时,该合同成立。法律、行政法规规定或者当事人约定合同应当采用书面形式订立,当事人未采用书面形式但是一方已经履行主要义务,对方接受时,该合同成立。当事人采用信件、数据电文等形式订立合同要求签订确认书的,签订确认书时合同成立。当事人一方通过互联网等信息网络发布的商品或者服务信息符合要约条件的,对方选择该商品或者服务并提交订单成功时合同成立,但是当事人另有约定的除外。

承诺生效的地点为合同成立的地点。采用数据电文形式订立合同的,收件人的主营业地为合同成立的地点;没有主营业地的,其住所地为合同成立的地点。当事人另有约定的,按照其约定。当事人采用合同书形式订立合同的,最后签名、盖章或者按指印的地点为合同成立的地点,但是当事人另有约定的除外。

七、格式合同及格式条款

(一) 格式合同及格式条款的概念

格式条款是当事人为了重复使用而预先拟定,并在订立合同时未与对方协商的条款。

(二) 提供格式条款一方的特殊义务

采用格式条款订立合同的,提供格式条款的一方应当遵循公平原则确定当事人之间的权利和义务,并采取合理的方式提示对方注意免除或者减轻其责任等与对方有重大利害关系的条款,按照对方的要求,对该条款予以说明。提供格式条款的一方未履行提示或者说明义务,致使对方没有注意或者理解与其有重大利害关系的条款的,对方可以主张该条款不成为合同的内容。

(三) 格式条款无效的情形

有下列情形之一的,该格式条款无效:(1)具有《民法典》第一编第六章第三节和本法第五百零六条规定的无效情形;(2)提供格式条款一方不合理地免除或者减轻其责任、加重对方责任、限制对方主要权利;(3)提供格式条款一方排除对方主要权利。

(四) 格式条款的解释

对格式条款的理解发生争议的,应当按照通常理解予以解释。对格式条款有两种以上解释的,应当作出不利于提供格式条款一方的解释。格式条款和非格式条款不一致的,应当采用非格式条款。

八、缔约过失责任

当事人在订立合同过程中有下列情形之一,造成对方损失的,应当承担赔偿责任:(1)假借订立合同,恶意进行磋商;(2)故意隐瞒与订立合同有关的重要事实或者提供虚假情况;(3)有其他违背诚信原则的行为。

当事人在订立合同过程中知悉的商业秘密或者其他应当保密的信息，无论合同是否成立，不得泄露或者不正当地使用；泄露、不正当地使用该商业秘密或者信息，造成对方损失的，应当承担赔偿责任。

九、合同的效力

依法成立的合同，自成立时生效，但是法律另有规定或者当事人另有约定的除外。依照法律、行政法规的规定，合同应当办理批准等手续的，依照其规定。未办理批准等手续影响合同生效的，不影响合同中履行报批等义务条款以及相关条款的效力。应当办理申请批准等手续的当事人未履行义务的，对方可以请求其承担违反该义务的责任。依照法律、行政法规的规定，合同的变更、转让、解除等情形应当办理批准等手续的，适用前款规定。

无权代理人以被代理人的名义订立合同，被代理人已经开始履行合同义务或者接受相对人履行的，视为对合同的追认。

法人的法定代表人或者非法人组织的负责人超越权限订立的合同，除相对人知道或者应当知道其超越权限外，该代表行为有效，订立的合同对法人或者非法人组织发生效力。

合同中的下列免责条款无效：（1）造成对方人身损害的；（2）因故意或者重大过失造成对方财产损失的。

合同不生效、无效、被撤销或者终止的，不影响合同中有关解决争议方法的条款的效力。

十、合同的履行

（一）合同履行的基本原则

当事人应当按照约定全面履行自己的义务。当事人应当遵循诚信原则，根据合同的性质、目的和交易习惯履行通知、协助、保密等义务。当事人在履行合同过程中，应当避免浪费资源、污染环境和破坏生态。

（二）合同约定不明的处理规则

合同生效后，当事人就质量、价款或者报酬、履行地点等内容没有约定或者约定不明确的，可以协议补充；不能达成补充协议的，按照合同相关条款或者交易习惯确定。当事人就有关合同内容约定不明确，依据前条规定仍不能确定的，适用下列规定：（1）质量要求不明确的，按照强制性国家标准履行；没有强制性国家标准的，按照推荐性国家标准履行；没有推荐性国家标准的，按照行业标准履行；没有国家标准、行业标准的，按照通常标准或者符合合同目的的特定标准履行。（2）价款或者报酬不明确的，按照订立合同时履行地的市场价格履行；依法应当执行政府定价或者政府指导价的，依照规定履行。（3）履行地点不明确，给付货币的，在接受货币一方所在地履行；交付不动产的，在不动产所在地履行；其他标的，在履行义务一方所在地履行。（4）履行期限不明确的，债务人可以随时履行，债权人也可以随时请求履行，但是应当给对方必要的准备时间。（5）履行方式不明确的，按照有利于实现合同目的的方式履行。（6）履行费用的负担不明确的，由履行义务一方负担；因债权人原因增加的履行费用，由债权人负担。

(三) 电子合同履行的特殊规定

通过互联网等信息网络订立的电子合同的标的为交付商品并采用快递物流方式交付的，收货人的签收时间为交付时间。电子合同的标的为提供服务的，生成的电子凭证或者实物凭证中载明的时间为提供服务时间；前述凭证没有载明时间或者载明时间与实际提供服务时间不一致的，以实际提供服务的时间为准。电子合同的标的物为采用在线传输方式交付的，合同标的物进入对方当事人指定的特定系统且能够检索识别的时间为交付时间。电子合同当事人对交付商品或者提供服务的方式、时间另有约定的，按照其约定。

十一、按份债务和连带债务

(一) 按份债务

债权人为两人以上，标的可分，按照份额各自享有债权的，为按份债权；债务人为两人以上，标的可分，按照份额各自负担债务的，为按份债务。按份债权人或者按份债务人的份额难以确定的，视为份额相同。

(二) 连带债务

债权人为两人以上，部分或者全部债权人均可以请求债务人履行债务的，为连带债权；债务人为两人以上，债权人可以请求部分或者全部债务人履行全部债务的，为连带债务。连带债权或者连带债务，由法律规定或者当事人约定。

连带债务人之间的份额难以确定的，视为份额相同。实际承担债务超过自己份额的连带债务人，有权就超出部分在其他连带债务人未履行的份额范围内向其追偿，并相应地享有债权人的权利，但是不得损害债权人的利益。其他连带债务人对债权人的抗辩，可以向该债务人主张。被追偿的连带债务人不能履行其应分担份额的，其他连带债务人应当在相应范围内按比例分担。

部分连带债务人履行、抵销债务或者提存标的物的，其他债务人对债权人的债务在相应范围内消灭；该债务人可以依据前条规定向其他债务人追偿。部分连带债务人的债务被债权人免除的，在该连带债务人应当承担的份额范围内，其他债务人对债权人的债务消灭。部分连带债务人的债务与债权人的债权同归于一人的，在扣除该债务人应当承担的份额后，债权人对其他债务人的债权继续存在。债权人对部分连带债务人的给付受领迟延的，对其他连带债务人发生效力。连带债权人之间的份额难以确定的，视为份额相同。实际受领债权的连带债权人，应当按比例向其他连带债权人返还。

十二、合同抗辩

(一) 同时履行抗辩

当事人互负债务，没有先后履行顺序的，应当同时履行。一方在对方履行之前有权拒绝其履行请求。一方在对方履行债务不符合约定时，有权拒绝其相应的履行请求。

(二) 后履行抗辩

当事人互负债务，有先后履行顺序，应当先履行债务一方未履行的，后履行一方有权拒绝其履行请求。先履行一方履行债务不符合约定的，后履行一方有权拒绝其相应的履行请求。

（三）不安抗辩

应当先履行债务的当事人，有确切证据证明对方有下列情形之一的，可以中止履行：（1）经营状况严重恶化；（2）转移财产、抽逃资金，以逃避债务；（3）丧失商业信誉；（4）有丧失或者可能丧失履行债务能力的其他情形。当事人没有确切证据中止履行的，应当承担违约责任。当事人依据前条规定中止履行的，应当及时通知对方。对方提供适当担保的，应当恢复履行。中止履行后，对方在合理期限内未恢复履行能力且未提供适当担保的，视为以自己的行为表明不履行主要债务，中止履行的一方可以解除合同并可以请求对方承担违约责任。

十三、情势变更

合同成立后，合同的基础条件发生了当事人在订立合同时无法预见的、不属于商业风险的重大变化，继续履行合同对于当事人一方明显不公平的，受不利影响的当事人可以与对方重新协商；在合理期限内协商不成的，当事人可以请求人民法院或者仲裁机构变更或者解除合同。人民法院或者仲裁机构应当结合案件的实际情况，根据公平原则变更或者解除合同。

十四、合同的保全

（一）代位权

因债务人怠于行使其债权或者与该债权有关的从权利，影响债权人的到期债权实现的，债权人可以向人民法院请求以自己的名义代位行使债务人对相对人的权利，但是该权利专属于债务人自身的除外。代位权的行使范围以债权人的到期债权为限。债权人行使代位权的必要费用，由债务人负担。相对人对债务人的抗辩，可以向债权人主张。债权人的债权到期前，债务人的债权或者与该债权有关的从权利存在诉讼时效期间即将届满或者未及时申报破产债权等情形，影响债权人的债权实现的，债权人可以代位向债务人的相对人请求其向债务人履行、向破产管理人申报或者作出其他必要的行为。

（二）撤销权

债务人以放弃其债权、放弃债权担保、无偿转让财产等方式无偿处分财产权益，或者恶意延长其到期债权的履行期限，影响债权人的债权实现的，债权人可以请求人民法院撤销债务人的行为。债务人以明显不合理的低价转让财产、以明显不合理的高价受让他人财产或者为他人的债务提供担保，影响债权人的债权实现，债务人的相对人知道或者应当知道该情形的，债权人可以请求人民法院撤销债务人的行为。撤销权的行使范围以债权人的债权为限。债权人行使撤销权的必要费用，由债务人负担。撤销权自债权人知道或者应当知道撤销事由之日起 1 年内行使。自债务人的行为发生之日起 5 年内没有行使撤销权的，该撤销权消灭。债务人影响债权人的债权实现的行为被撤销的，自始没有法律约束力。

十五、合同的变更和转让

（一）合同的变更

当事人协商一致，可以变更合同。当事人对合同变更的内容约定不明确的，推定为未变更。

（二）合同的转让

债权人可以将债权的全部或者部分转让给第三人，但是有下列情形之一的除外：（1）根据债权性质不得转让；（2）按照当事人约定不得转让；（3）依照法律规定不得转让。当事人约定非金钱债权不得转让的，不得对抗善意第三人。当事人约定金钱债权不得转让的，不得对抗第三人。

债权人转让债权，未通知债务人的，该转让对债务人不发生效力。债权转让的通知不得撤销，但是经受让人同意的除外。债权人转让债权的，受让人取得与债权有关的从权利，但是该从权利专属于债权人自身的除外。受让人取得从权利不因该从权利未办理转移登记手续或者未转移占有而受到影响。

债务人接到债权转让通知后，债务人对让与人的抗辩，可以向受让人主张。

（三）合同转让中的抗辩

有下列情形之一的，债务人可以向受让人主张抵销：（1）债务人接到债权转让通知时，债务人对让与人享有债权，且债务人的债权先于转让的债权到期或者同时到期；（2）债务人的债权与转让的债权是基于同一合同产生。

因债权转让增加的履行费用，由让与人负担。债务人将债务的全部或者部分转移给第三人的，应当经债权人同意。债务人或者第三人可以催告债权人在合理期限内予以同意，债权人未作表示的，视为不同意。

第三人与债务人约定加入债务并通知债权人，或者第三人向债权人表示愿意加入债务，债权人未在合理期限内明确拒绝的，债权人可以请求第三人在其愿意承担的债务范围内和债务人承担连带债务。

债务人转移债务的，新债务人可以主张原债务人对债权人的抗辩；原债务人对债权人享有债权的，新债务人不得向债权人主张抵销。

债务人转移债务的，新债务人应当承担与主债务有关的从债务，但是该从债务专属于原债务人自身的除外。

（四）债权债务的一并转让

当事人一方经对方同意，可以将自己在合同中的权利和义务一并转让给第三人。合同的权利和义务一并转让的，适用债权转让、债务转移的有关规定。

十六、合同的权利义务终止

有下列情形之一的，债权债务终止：（1）债务已经履行；（2）债务相互抵销；（3）债务人依法将标的物提存；（4）债权人免除债务；（5）债权债务同归于一人；（6）法律规定或者当事人约定终止的其他情形。合同解除的，该合同的权利义务关系终止。

债权债务终止后，当事人应当遵循诚信等原则，根据交易习惯履行通知、协助、保密、旧物回收等义务。债权债务终止时，债权的从权利同时消灭，但是法律另有规定或者当事人另有约定的除外。

十七、合同解除

（一）合同解除的情形

当事人协商一致，可以解除合同。当事人可以约定一方解除合同的事由。解除合同的事由发生时，解除权人可以解除合同。有下列情形之一的，当事人可以解除合同：（1）因不可抗力致使不能实现合同目的；（2）在履行期限届满前，当事人一方明确表示或者以自己的行为表明不履行主要债务；（3）当事人一方迟延履行主要债务，经催告后在合理期限内仍未履行；（4）当事人一方迟延履行债务或者有其他违约行为致使不能实现合同目的；（5）法律规定的其他情形。以持续履行的债务为内容的不定期合同，当事人可以随时解除合同，但是应当在合理期限之前通知对方。法律规定或者当事人约定解除权行使期限，期限届满当事人不行使的，该权利消灭。法律没有规定或者当事人没有约定解除权行使期限，自解除权人知道或者应当知道解除事由之日起1年内不行使，或者经对方催告后在合理期限内不行使的，该权利消灭。

（二）合同解除的通知

当事人一方依法主张解除合同的，应当通知对方。合同自通知到达对方时解除；通知载明债务人在一定期限内不履行债务则合同自动解除，债务人在该期限内未履行债务的，合同自通知载明的期限届满时解除。对方对解除合同有异议的，任何一方当事人均可以请求人民法院或者仲裁机构确认解除行为的效力。当事人一方未通知对方，直接以提起诉讼或者申请仲裁的方式依法主张解除合同，人民法院或者仲裁机构确认该主张的，合同自起诉状副本或者仲裁申请书副本送达对方时解除。

（三）合同解除的后果

合同解除后，尚未履行的，终止履行；已经履行的，根据履行情况和合同性质，当事人可以请求恢复原状或者采取其他补救措施，并有权请求赔偿损失。合同因违约解除的，解除权人可以请求违约方承担违约责任，但是当事人另有约定的除外。主合同解除后，担保人对债务人应当承担的民事责任仍应当承担担保责任，但是担保合同另有约定的除外。合同的权利义务关系终止，不影响合同中结算和清理条款的效力。

十八、债务抵销

当事人互负债务，该债务的标的物种类、品质相同的，任何一方可以将自己的债务与对方的到期债务抵销，但是根据债务性质、按照当事人约定或者依照法律规定不得抵销的除外。当事人主张抵销的，应当通知对方。通知自到达对方时生效。抵销不得附条件或者附期限。当事人互负债务，标的物种类、品质不相同的，经协商一致，也可以抵销。

十九、违约责任

(一) 违约责任的概念

当事人一方不履行合同义务或者履行合同义务不符合约定的,应当承担继续履行、采取补救措施或者赔偿损失等违约责任。当事人一方明确表示或者以自己的行为表明不履行合同义务的,对方可以在履行期限届满前请求其承担违约责任。

(二) 违约责任的承担

当事人一方未支付价款、报酬、租金、利息,或者不履行其他金钱债务的,对方可以请求其支付。当事人一方不履行非金钱债务或者履行非金钱债务不符合约定的,对方可以请求履行,但是有下列情形之一的除外:(1)法律上或者事实上不能履行;(2)债务的标的不适于强制履行或者履行费用过高;(3)债权人在合理期限内未请求履行。有前款规定的除外情形之一,致使不能实现合同目的的,人民法院或者仲裁机构可以根据当事人的请求终止合同权利义务关系,但是不影响违约责任的承担。

当事人一方不履行债务或者履行债务不符合约定,根据债务的性质不得强制履行的,对方可以请求其负担由第三人替代履行的费用。履行不符合约定的,应当按照当事人的约定承担违约责任。对违约责任没有约定或者约定不明确,依据《民法典》第五百一十条的规定仍不能确定的,受损害方根据标的的性质以及损失的大小,可以合理选择请求对方承担修理、重作、更换、退货、减少价款或者报酬等违约责任。当事人一方不履行合同义务或者履行合同义务不符合约定的,在履行义务或者采取补救措施后,对方还有其他损失的,应当赔偿损失。

当事人一方不履行合同义务或者履行合同义务不符合约定,造成对方损失的,损失赔偿额应当相当于因违约所造成的损失,包括合同履行后可以获得的利益,但是不得超过违约一方订立合同时预见到或者应当预见到的因违约可能造成的损失。当事人可以约定一方违约时应当根据违约情况向对方支付一定数额的违约金,也可以约定因违约产生的损失赔偿额的计算方法。约定的违约金低于造成的损失的,人民法院或者仲裁机构可以根据当事人的请求予以增加;约定的违约金过分高于造成的损失的,人民法院或者仲裁机构可以根据当事人的请求予以适当减少。当事人就迟延履行约定违约金的,违约方支付违约金后,还应当履行债务。

当事人可以约定一方向对方给付定金作为债权的担保。定金合同自实际交付定金时成立。定金的数额由当事人约定,但是不得超过主合同标的额的20%,超过部分不产生定金的效力。实际交付的定金数额多于或者少于约定数额的,视为变更约定的定金数额。债务人履行债务的,定金应当抵作价款或者收回。给付定金的一方不履行债务或者履行债务不符合约定,致使不能实现合同目的的,无权请求返还定金;收受定金的一方不履行债务或者履行债务不符合约定,致使不能实现合同目的的,应当双倍返还定金。当事人既约定违约金,又约定定金的,一方违约时,对方可以选择适用违约金或者定金条款。定金不足以弥补一方违约造成的损失的,对方可以请求赔偿超过定金数额的损失。

债务人按照约定履行债务,债权人无正当理由拒绝受领的,债务人可以请求债权人赔偿增加的费用。在债权人受领迟延期间,债务人无须支付利息。

当事人一方因不可抗力不能履行合同的，根据不可抗力的影响，部分或者全部免除责任，但是法律另有规定的除外。因不可抗力不能履行合同的，应当及时通知对方，以减轻可能给对方造成的损失，并应当在合理期限内提供证明。当事人迟延履行后发生不可抗力的，不免除其违约责任。当事人一方违约后，对方应当采取适当措施防止损失的扩大；没有采取适当措施致使损失扩大的，不得就扩大的损失请求赔偿。当事人因防止损失扩大而支出的合理费用，由违约方负担。

当事人都违反合同的，应当各自承担相应的责任。当事人一方违约造成对方损失，对方对损失的发生有过错的，可以减少相应的损失赔偿额。

当事人一方因第三人的原因造成违约的，应当依法向对方承担违约责任。当事人一方和第三人之间的纠纷，依照法律规定或者按照约定处理。

二十、买卖合同

（一）买卖合同的概念及合同基本条款

买卖合同是出卖人转移标的物的所有权于买受人，买受人支付价款的合同。买卖合同的内容一般包括标的物的名称、数量、质量、价款、履行期限、履行地点和方式、包装方式、检验标准和方法、结算方式、合同使用的文字及其效力等条款。

（二）卖方的义务

因出卖人未取得处分权致使标的物所有权不能转移的，买受人可以解除合同并请求出卖人承担违约责任。出卖人应当履行向买受人交付标的物或者交付提取标的物的单证，并转移标的物所有权的义务。出卖人应当按照约定或者交易习惯向买受人交付提取标的物单证以外的有关单证和资料。出卖具有知识产权的标的物的，除法律另有规定或者当事人另有约定外，该标的物的知识产权不属于买受人。出卖人应当按照约定的时间交付标的物。约定交付期限的，出卖人可以在该交付期限内的任何时间交付。

（三）标的物风险的承担

标的物毁损、灭失的风险，在标的物交付之前由出卖人承担，交付之后由买受人承担，但是法律另有规定或者当事人另有约定的除外。因买受人的原因致使标的物未按照约定的期限交付的，买受人应当自违反约定时起承担标的物毁损、灭失的风险。出卖人出卖交由承运人运输的在途标的物，除当事人另有约定外，毁损、灭失的风险自合同成立时起由买受人承担。出卖人按照约定将标的物运送至买受人指定地点并交付给承运人后，标的物毁损、灭失的风险由买受人承担。出卖人按照约定未交付有关标的物的单证和资料的，不影响标的物毁损、灭失风险的转移。因标的物不符合质量要求，致使不能实现合同目的的，买受人可以拒绝接受标的物或者解除合同。买受人拒绝接受标的物或者解除合同的，标的物毁损、灭失的风险由出卖人承担。标的物毁损、灭失的风险由买受人承担的，不影响因出卖人履行义务不符合约定，买受人请求其承担违约责任的权利。

（四）标的物权利担保义务

出卖人就交付的标的物，负有保证第三人对该标的物不享有任何权利的义务，但是法律另有规定的除外。买受人订立合同时知道或者应当知道第三人对买卖的标的物享有权利的，出卖人不承担前条规定的义务。买受人有确切证据证明第三人对标的物享有权利的，可以中止支付相应的价款，但是出卖人提供适当担保的除外。

（五）标的物质量担保义务

出卖人应当按照约定的质量要求交付标的物。出卖人提供有关标的物质量说明的，交付的标的物应当符合该说明的质量要求。当事人约定减轻或者免除出卖人对标的物瑕疵承担的责任，因出卖人故意或者重大过失不告知买受人标的物瑕疵的，出卖人无权主张减轻或者免除责任。

（六）标的物检验

买受人收到标的物时应当在约定的检验期限内检验。没有约定检验期限的，应当及时检验。当事人约定检验期限的，买受人应当在检验期限内将标的物的数量或者质量不符合约定的情形通知出卖人。买受人怠于通知的，视为标的物的数量或者质量符合约定。当事人没有约定检验期限的，买受人应当在发现或者应当发现标的物的数量或者质量不符合约定的合理期限内通知出卖人。买受人在合理期限内未通知或者自收到标的物之日起两年内未通知出卖人的，视为标的物的数量或者质量符合约定。但是，对标的物有质量保证期的，适用质量保证期，不适用该两年的规定。出卖人知道或者应当知道提供的标的物不符合约定的，买受人不受前两款规定的通知时间的限制。当事人约定的检验期限过短，根据标的物的性质和交易习惯，买受人在检验期限内难以完成全面检验的，该期限仅视为买受人对标的物的外观瑕疵提出异议的期限。约定的检验期限或者质量保证期短于法律、行政法规规定期限的，应当以法律、行政法规规定的期限为准。当事人对检验期限未作约定，买受人签收的送货单、确认单等载明标的物数量、型号、规格的，推定买受人已经对数量和外观瑕疵进行检验，但是有相关证据足以推翻的除外。出卖人依照买受人的指示向第三人交付标的物，出卖人和买受人约定的检验标准与买受人和第三人约定的检验标准不一致的，以出卖人和买受人约定的检验标准为准。

（七）标的物孳息

标的物在交付之前产生的孳息，归出卖人所有；交付之后产生的孳息，归买受人所有。但是，当事人另有约定的除外。

（八）分批交付合同的解除

标的物为数物，其中一物不符合约定的，买受人可以就该物解除。但是，该物与他物分离使标的物的价值显受损害的，买受人可以就数物解除合同。出卖人分批交付标的物的，出卖人对其中一批标的物不交付或者交付不符合约定，致使该批标的物不能实现合同目的的，买受人可以就该批标的物解除。出卖人不交付其中一批标的物或者交付不符合约定，致使之后其他各批标的物的交付不能实现合同目的的，买受人可以就该批以及之后其他各批标的物解除。买受人如果就其中一批标的物解除，该批标的物与其他各批标的物相互依存的，可以就已经交付和未交付的各批标的物解除。

（九）分期付款合同的解除

分期付款的买受人未支付到期价款的数额达到全部价款的 1/5，经催告后在合理期限内仍未支付到期价款的，出卖人可以请求买受人支付全部价款或者解除合同。出卖人解除合同的，可以向买受人请求支付该标的物的使用费。

（十）凭样品买卖合同

凭样品买卖的当事人应当封存样品，并可以对样品质量予以说明。出卖人交付的标的物应当与样品及其说明的质量相同。凭样品买卖的买受人不知道样品有隐蔽瑕疵的，即使交付的标的物与样品相同，出卖人交付的标的物的质量仍然应当符合同种物的通常标准。

（十一）试用买卖合同

试用买卖的买受人在试用期内可以购买标的物，也可以拒绝购买。试用期限届满，买受人对是否购买标的物未作表示的，视为购买。试用买卖的买受人在试用期内已经支付部分价款或者对标的物实施出卖、出租、设立担保物权等行为的，视为同意购买。试用买卖的当事人对标的物使用费没有约定或者约定不明确的，出卖人无权请求买受人支付。标的物在试用期内毁损、灭失的风险由出卖人承担。

（十二）所有权保留买卖合同

当事人可以在买卖合同中约定买受人未履行支付价款或者其他义务的，标的物的所有权属于出卖人。出卖人对标的物保留的所有权，未经登记，不得对抗善意第三人。当事人约定出卖人保留合同标的物的所有权，在标的物所有权转移前，买受人有下列情形之一，造成出卖人损害的，除当事人另有约定外，出卖人有权取回标的物：（1）未按照约定支付价款，经催告后在合理期限内仍未支付；（2）未按照约定完成特定条件；（3）将标的物出卖、出质或者作出其他不当处分。

二十一、供用电、水、气、热力合同

（一）供电合同的概念及基本合同条款

供用电合同是供电人向用电人供电，用电人支付电费的合同。向社会公众供电的供电人，不得拒绝用电人合理的订立合同要求。供用电合同的内容一般包括供电的方式、质量、时间、用电容量、地址、性质、计量方式、电价、电费的结算方式，供用电设施的维护责任等条款。

（二）供电人的义务

供电人应当按照国家规定的供电质量标准和约定安全供电。供电人未按照国家规定的供电质量标准和约定安全供电，造成用电人损失的，应当承担赔偿责任。供电人因供电设施计划检修、临时检修、依法限电或者用电人违法用电等原因，需要中断供电时，应当按照国家有关规定事先通知用电人；未事先通知用电人中断供电，造成用电人损失的，应当承担赔偿责任。因自然灾害等原因断电,供电人应当按照国家有关规定及时抢修;未及时抢修,造成用电人损失的,应当承担赔偿责任。

(三) 用电人的义务

用电人应当按照国家有关规定和当事人的约定及时支付电费。用电人逾期不支付电费的,应当按照约定支付违约金。经催告用电人在合理期限内仍不支付电费和违约金的,供电人可以按照国家规定的程序中止供电。供电人依据前款规定中止供电的,应当事先通知用电人。用电人应当按照国家有关规定和当事人的约定安全、节约和计划用电。用电人未按照国家有关规定和当事人的约定用电,造成供电人损失的,应当承担赔偿责任。供用水、供用气、供用热力合同,参照适用供用电合同的有关规定。

二十二、赠与合同

赠与合同是赠与人将自己的财产无偿给予受赠人,受赠人表示接受赠与的合同。赠与人在赠与财产的权利转移之前可以撤销赠与。经过公证的赠与合同或者依法不得撤销的具有救灾、扶贫、助残等公益、道德义务性质的赠与合同,不适用前款规定。

赠与的财产依法需要办理登记或者其他手续的,应当办理有关手续。赠与附义务的,受赠人应当按照约定履行义务。

赠与的财产有瑕疵的,赠与人不承担责任。附义务的赠与,赠与的财产有瑕疵的,赠与人在附义务的限度内承担与出卖人相同的责任。赠与人故意不告知瑕疵或者保证无瑕疵,造成受赠人损失的,应当承担赔偿责任。

受赠人有下列情形之一的,赠与人可以撤销赠与:(1) 严重侵害赠与人或者赠与人近亲属的合法权益;(2) 对赠与人有扶养义务而不履行;(3) 不履行赠与合同约定的义务。赠与人的撤销权,自知道或者应当知道撤销事由之日起 1 年内行使。

赠与人的经济状况显著恶化,严重影响其生产经营或者家庭生活的,可以不再履行赠与义务。

二十三、借款合同

(一) 借款合同的概念及基本合同条款

借款合同是借款人向贷款人借款,到期返还借款并支付利息的合同。借款合同应当采用书面形式,但是自然人之间借款另有约定的除外。借款合同的内容一般包括借款种类、币种、用途、数额、利率、期限和还款方式等条款。

(二) 借款合同利息的支付

借款的利息不得预先在本金中扣除。利息预先在本金中扣除的,应当按照实际借款数额返还借款并计算利息。贷款人未按照约定的日期、数额提供借款,造成借款人损失的,应当赔偿损失。借款人未按照约定的日期、数额收取借款的,应当按照约定的日期、数额支付利息。

(三) 贷款人的权利

贷款人按照约定可以检查、监督借款的使用情况。借款人应当按照约定向贷款人定期提供有关财务会计报表或者其他资料。借款人未按照约定的借款用途使用借款的，贷款人可以停止发放借款、提前收回借款或者解除合同。

(四) 借款人的义务

借款人未按照约定的期限返还借款的，应当按照约定或者国家有关规定支付逾期利息。借款人提前返还借款的，除当事人另有约定外，应当按照实际借款的期间计算利息。借款人可以在还款期限届满前向贷款人申请展期；贷款人同意的，可以展期。

(五) 自然人之间的借款合同

自然人之间的借款合同，自贷款人提供借款时成立。禁止高利放贷，借款的利率不得违反国家有关规定。借款合同对支付利息没有约定的，视为没有利息。借款合同对支付利息约定不明确，当事人不能达成补充协议的，按照当地或者当事人的交易方式、交易习惯、市场利率等因素确定利息；自然人之间借款的，视为没有利息。

二十四、保证合同

(一) 保证合同的概念及特点

保证合同是为保障债权的实现，保证人和债权人约定，当债务人不履行到期债务或者发生当事人约定的情形时，保证人履行债务或者承担责任的合同。保证合同是主债权债务合同的从合同。主债权债务合同无效的，保证合同无效，但是法律另有规定的除外。保证合同被确认无效后，债务人、保证人、债权人有过错的，应当根据其过错各自承担相应的民事责任。

(二) 保证人

机关法人不得为保证人，但是经国务院批准为使用外国政府或者国际经济组织贷款进行转贷的除外。以公益为目的的非营利法人、非法人组织不得为保证人。

(三) 保证合同的内容及形式

保证合同的内容一般包括被保证的主债权的种类、数额，债务人履行债务的期限，保证的方式、范围和期间等条款。保证合同可以是单独订立的书面合同，也可以是主债权债务合同中的保证条款。

第三人单方以书面形式向债权人作出保证，债权人接收且未提出异议的，保证合同成立。

(四) 保证方式

保证的方式包括一般保证和连带责任保证。当事人在保证合同中对保证方式没有约定或者约定不明确的，按照一般保证承担保证责任。

1. 一般责任保证

当事人在保证合同中约定，债务人不能履行债务时，由保证人承担保证责任的，为一般保证。一般保证的保证人在主合同纠纷未经审判或者仲裁，并就债务人财产依法强制执行仍不能履行债务前，有权拒绝向债权人承担保证责任，但是有下列情形之一的除外：（1）债务人下落不明，且无财产可供执行；（2）人民法院已经受理债务人破产案件；（3）债权人有证据证明债务人的财产不足以履行全部债务或者丧失履行债务能力；（4）保证人书面表示放弃本款规定的权利。

2. 连带责任保证

当事人在保证合同中约定保证人和债务人对债务承担连带责任的，为连带责任保证。连带责任保证的债务人不履行到期债务或者发生当事人约定的情形时，债权人可以请求债务人履行债务，也可以请求保证人在其保证范围内承担保证责任。

3. 反担保及最高额保证

保证人可以要求债务人提供反担保。

保证人与债权人可以协商订立最高额保证的合同，约定在最高债权额限度内就一定期间连续发生的债权提供保证。

4. 保证范围及保证期间

保证的范围包括主债权及其利息、违约金、损害赔偿金和实现债权的费用。当事人另有约定的，按照其约定。

保证期间是确定保证人承担保证责任的期间，不发生中止、中断和延长。债权人与保证人可以约定保证期间，但是约定的保证期间早于主债务履行期限或者与主债务履行期限同时届满的，视为没有约定；没有约定或者约定不明确的，保证期间为主债务履行期限届满之日起6个月。债权人与债务人对主债务履行期限没有约定或者约定不明确的，保证期间自债权人请求债务人履行债务的宽限期届满之日起计算。

5. 保证责任的承担

一般保证的债权人未在保证期间对债务人提起诉讼或者申请仲裁的，保证人不再承担保证责任。连带责任保证的债权人未在保证期间请求保证人承担保证责任的，保证人不再承担保证责任。

债权人和债务人未经保证人书面同意，协商变更主债权债务合同内容，减轻债务的，保证人仍对变更后的债务承担保证责任；加重债务的，保证人对加重的部分不承担保证责任。债权人和债务人变更主债权债务合同的履行期限，未经保证人书面同意的，保证期间不受影响。债权人转让全部或者部分债权，未通知保证人的，该转让对保证人不发生效力。保证人与债权人约定禁止债权转让，债权人未经保证人书面同意转让债权的，保证人对受让人不再承担保证责任。债权人未经保证人书面同意，允许债务人转移全部或者部分债务，保证人对未经其同意转移的债务不再承担保证责任，但是债权人和保证人另有约定的除外。第三人加入债务的，保证人的保证责任不受影响。一般保证的保证人在主债务履行期限届满后，向债权人提供债务人可供执行财产的真实情况，债权人放弃或者怠于行使权利致使该财产不能被执行的，保证人在其提供可供执行财产的价值范围内不再承担保证责任。

同一债务有两个以上保证人的，保证人应当按照保证合同约定的保证份额，承担保证责任；没有约定保证份额的，债权人可以请求任何一个保证人在其保证范围内承担保证责任。

保证人承担保证责任后，除当事人另有约定外，有权在其承担保证责任的范围内向债务人追偿，享有债权人对债务人的权利，但是不得损害债权人的利益。

保证人可以主张债务人对债权人的抗辩。债务人放弃抗辩的，保证人仍有权向债权人主张抗辩。

二十五、租赁合同

（一）租赁合同的概念及基本合同条款

租赁合同是出租人将租赁物交付承租人使用、收益，承租人支付租金的合同。租赁合同的内容一般包括租赁物的名称、数量、用途、租赁期限、租金及其支付期限和方式、租赁物维修等条款。

（二）租赁合同的期限

租赁期限不得超过 20 年。超过 20 年的，超过部分无效。租赁期限届满，当事人可以续订租赁合同，但是约定的租赁期限自续订之日起不得超过 20 年。当事人未依照法律、行政法规规定办理租赁合同登记备案手续的，不影响合同的效力。租赁期限 6 个月以上的，应当采用书面形式。当事人未采用书面形式，无法确定租赁期限的，视为不定期租赁。

（三）出租人和承租人的义务

出租人应当按照约定将租赁物交付承租人，并在租赁期限内保持租赁物符合约定的用途。出租人应当履行租赁物的维修义务，但是当事人另有约定的除外。

承租人应当按照约定的方法使用租赁物。对租赁物的使用方法没有约定或者约定不明确，依据《合同法》第五百一十条的规定仍不能确定的，应当根据租赁物的性质使用。承租人按照约定的方法或者根据租赁物的性质使用租赁物，致使租赁物受到损耗的，不承担赔偿责任。承租人未按照约定的方法或者未根据租赁物的性质使用租赁物，致使租赁物受到损失的，出租人可以解除合同并请求赔偿损失。承租人在租赁物需要维修时可以请求出租人在合理期限内维修。出租人未履行维修义务的，承租人可以自行维修，维修费用由出租人负担。因维修租赁物影响承租人使用的，应当相应减少租金或者延长租期。因承租人的过错致使租赁物需要维修的，出租人不承担前款规定的维修义务。承租人应当妥善保管租赁物，因保管不善造成租赁物毁损、灭失的，应当承担赔偿责任。承租人经出租人同意，可以对租赁物进行改善或者增设他物。承租人未经出租人同意，对租赁物进行改善或者增设他物的，出租人可以请求承租人恢复原状或者赔偿损失。

（四）转租

承租人经出租人同意，可以将租赁物转租给第三人。承租人转租的，承租人与出租人之间的租赁合同继续有效；第三人造成租赁物损失的，承租人应当赔偿损失。承租人未经出租人同意转租的，出租人可以解除合同。承租人经出租人同意将租赁物转租给第三人，转租期限超过承租人剩余租赁期限的，超过部分的约定对出租人不具有法律约束力，但是出租人与承租人另有约定的除外。出租人知道或者应当知道承租人转租，但是在 6 个月内未提出异议的，视为出租人同意转租。

承租人拖欠租金的，次承租人可以代承租人支付其欠付的租金和违约金，但是转租合同对出租人不具有法律约束力的除外。次承租人代为支付的租金和违约金，可以充抵次承租人应当向承租人支付的租金；超出其应付的租金数额的，可以向承租人追偿。

（五）租赁合同的解除

承租人无正当理由未支付或者迟延支付租金的，出租人可以请求承租人在合理期限内支付；承租人逾期不支付的，出租人可以解除合同。

有下列情形之一，非因承租人原因致使租赁物无法使用的，承租人可以解除合同：（1）租赁物被司法机关或者行政机关依法查封、扣押；（2）租赁物权属有争议；（3）租赁物具有违反法律、行政法规关于使用条件的强制性规定情形。

因不可归责于承租人的事由，致使租赁物部分或者全部毁损、灭失的，承租人可以请求减少租金或者不支付租金；因租赁物部分或者全部毁损、灭失，致使不能实现合同目的的，承租人可以解除合同。

租赁物危及承租人的安全或者健康的，即使承租人订立合同时明知该租赁物质量不合格，承租人仍然可以随时解除合同。

（六）承租人的优先权

租赁物在承租人按照租赁合同占有期限内发生所有权变动的，不影响租赁合同的效力。出租人出卖租赁房屋的，应当在出卖之前的合理期限内通知承租人，承租人享有以同等条件优先购买的权利。但是，房屋按份共有人行使优先购买权或者出租人将房屋出卖给近亲属的除外。出租人履行通知义务后，承租人在 15 日内未明确表示购买的，视为承租人放弃优先购买权。出租人委托拍卖人拍卖租赁房屋的，应当在拍卖 5 日前通知承租人。承租人未参加拍卖的，视为放弃优先购买权。出租人未通知承租人或者有其他妨害承租人行使优先购买权情形的，承租人可以请求出租人承担赔偿责任。但是，出租人与第三人订立的房屋买卖合同的效力不受影响。

二十六、融资租赁合同

（一）融资租赁合同的概念

融资租赁合同是出租人根据承租人对出卖人、租赁物的选择，向出卖人购买租赁物，提供给承租人使用，承租人支付租金的合同。融资租赁合同的内容一般包括租赁物的名称、数量、规格、技术性能、检验方法，租赁期限，租金构成及其支付期限和方式、币种，租赁期限届满租赁物的归属等条款。融资租赁合同应当采用书面形式。当事人以虚构租赁物方式订立的融资租赁合同无效。

（二）融资租赁合同各方当事人权利义务

依照法律、行政法规的规定，对于租赁物的经营使用应当取得行政许可的，出租人未取得行政许可不影响融资租赁合同的效力。

出租人根据承租人对出卖人、租赁物的选择订立的买卖合同，出卖人应当按照约定向承租人交付标的物，承租人享有与受领标的物有关的买受人的权利。

出卖人违反向承租人交付标的物的义务，有下列情形之一的，承租人可以拒绝受领出卖人向其交付的标的物：（1）标的物严重不符合约定；（2）未按照约定交付标的物，经承租人或者出租人催告后在合理期限内仍未交付。承租人拒绝受领标的物的，应当及时通知出租人。出租人、出卖人、承租人可以约定，出卖人不履行买卖合同义务的，由承租人行使索赔的权利。承租人行使索赔权利的，出租人应当协助。承租人对出卖人行使索赔权利，不影响其履行支付租金的义务。但是，承租人依赖出租人的技能确定租赁物或者出租人干预选择租赁物的，承租人可以请求减免相应租金。

出租人有下列情形之一，致使承租人对出卖人行使索赔权利失败的，承租人有权请求出租人承担相应的责任：（1）明知租赁物有质量瑕疵而不告知承租人；（2）承租人行使索赔权利时，未及时提供必要协助。出租人怠于行使只能由其对出卖人行使的索赔权利，造成承租人损失的，承租人有权请求出租人承担赔偿责任。

融资租赁合同的租金，除当事人另有约定外，应当根据购买租赁物的大部分或者全部成本以及出租人的合理利润确定。租赁物不符合约定或者不符合使用目的的，出租人不承担责任。但是，承租人依赖出租人的技能确定租赁物或者出租人干预选择租赁物的除外。出租人应当保证承租人对租赁物的占有和使用。

出租人有下列情形之一的，承租人有权请求其赔偿损失：（1）无正当理由收回租赁物；（2）无正当理由妨碍、干扰承租人对租赁物的占有和使用；（3）因出租人的原因致使第三人对租赁物主张权利；（4）不当影响承租人对租赁物占有和使用的其他情形。

承租人占有租赁物期间，租赁物造成第三人人身损害或者财产损失的，出租人不承担责任。承租人应当妥善保管、使用租赁物。承租人应当履行占有租赁物期间的维修义务。承租人占有租赁物期间，租赁物毁损、灭失的，出租人有权请求承租人继续支付租金，但是法律另有规定或者当事人另有约定的除外。承租人应当按照约定支付租金。承租人经催告后在合理期限内仍不支付租金的，出租人可以请求支付全部租金；也可以解除合同，收回租赁物。承租人未经出租人同意，将租赁物转让、抵押、质押、投资入股或者以其他方式处分的，出租人可以解除融资租赁合同。

（三）融资租赁合同的解除

有下列情形之一的，出租人或者承租人可以解除融资租赁合同：（1）出租人与出卖人订立的买卖合同解除、被确认无效或者被撤销，且未能重新订立买卖合同；（2）租赁物因不可归责于当事人的原因毁损、灭失，且不能修复或者确定替代物；（3）因出卖人的原因致使融资租赁合同的目的不能实现。

融资租赁合同因买卖合同解除、被确认无效或者被撤销而解除，出卖人、租赁物系由承租人选择的，出租人有权请求承租人赔偿相应损失。但是，因出租人原因致使买卖合同解除、被确认无效或者被撤销的除外。出租人的损失已经在买卖合同解除、被确认无效或者被撤销时获得赔偿的，承租人不再承担相应的赔偿责任。

融资租赁合同因租赁物交付承租人后意外毁损、灭失等不可归责于当事人的原因解除的，出租人可以请求承租人按照租赁物折旧情况给予补偿。出租人和承租人可以约定租赁期限届满租赁物的归属；对租赁物的归属没有约定或者约定不明确，依据《合同法》第五百一十条的规定仍不能确定的，租赁物的所有权归出租人。

（四）租赁标的物的归属

当事人约定租赁期限届满租赁物归承租人所有，承租人已经支付大部分租金，但是无力支付剩余租金，出租人因此解除合同收回租赁物，收回的租赁物的价值超过承租人欠付的租金以及其他费用的，承租人可以请求相应返还。当事人约定租赁期限届满租赁物归出租人所有，因租赁物毁损、灭失或者附合、混合于他物致使承租人不能返还的，出租人有权请求承租人给予合理补偿。当事人约定租赁期限届满，承租人仅需向出租人支付象征性价款的，视为约定的租金义务履行完毕后租赁物的所有权归承租人。

融资租赁合同无效，当事人就该情形下租赁物的归属有约定的，按照其约定；没有约定或者约定不明确的，租赁物应当返还出租人。但是，因承租人原因致使合同无效，出租人不请求返还或者返还后会显著降低租赁物效用的，租赁物的所有权归承租人，由承租人给予出租人合理补偿。

二十七、保理合同

（一）保理合同的概念

保理合同是应收账款债权人将现有的或者将有的应收账款转让给保理人，保理人提供资金融通、应收账款管理或者催收、应收账款债务人付款担保等服务的合同。保理合同的内容一般包括业务类型、服务范围、服务期限、基础交易合同情况、应收账款信息、保理融资款或者服务报酬及其支付方式等条款。保理合同应当采用书面形式。

（二）保理合同的履行

应收账款债权人与债务人虚构应收账款作为转让标的，与保理人订立保理合同的，应收账款债务人不得以应收账款不存在为由对抗保理人，但是保理人明知虚构的除外。保理人向应收账款债务人发出应收账款转让通知的，应当表明保理人身份并附有必要凭证。

应收账款债务人接到应收账款转让通知后，应收账款债权人与债务人无正当理由协商变更或者终止基础交易合同，对保理人产生不利影响的，对保理人不发生效力。

当事人约定有追索权保理的，保理人可以向应收账款债权人主张返还保理融资款本息或者回购应收账款债权，也可以向应收账款债务人主张应收账款债权。保理人向应收账款债务人主张应收账款债权，在扣除保理融资款本息和相关费用后有剩余的，剩余部分应当返还给应收账款债权人。当事人约定无追索权保理的，保理人应当向应收账款债务人主张应收账款债权，保理人取得超过保理融资款本息和相关费用的部分，无须向应收账款债权人返还。

应收账款债权人就同一应收账款订立多个保理合同，致使多个保理人主张权利的，已经登记的先于未登记的取得应收账款；均已经登记的，按照登记时间的先后顺序取得应收账款；均未登记的，由最先到达应收账款债务人的转让通知中载明的保理人取得应收账款；既未登记也未通知的，按照保理融资款或者服务报酬的比例取得应收账款。

二十八、承揽合同

（一）承揽合同的概念及基本合同条款

承揽合同是承揽人按照定作人的要求完成工作，交付工作成果，定作人支付报酬的合同。承揽包括加工、定作、修理、复制、测试、检验等工作。承揽合同的内容一般包括承揽的标的、数量、质量、报酬，承揽方式，材料的提供，履行期限，验收标准和方法等条款。

（二）承揽合同的履行

承揽人应当以自己的设备、技术和劳力，完成主要工作，但是当事人另有约定的除外。承揽人将其承揽的主要工作交由第三人完成的，应当就该第三人完成的工作成果向定作人负责；未经定作人同意的，定作人也可以解除合同。承揽人可以将其承揽的辅助工作交由第三人完成。承揽人将其承揽的辅助工作交由第三人完成的，应当就该第三人完成的工作成果向定作人负责。承揽人提供材料的，应当按照约定选用材料，并接受定作人检验。定作人提供材料的，应当按照约定提供材料。承揽人对定作人提供的材料应当及时检验，发现不符合约定时，应当及时通知定作人更换、补齐或者采取其他补救措施。承揽人不得擅自更换定作人提供的材料，不得更换不需要修理的零部件。

承揽人发现定作人提供的图纸或者技术要求不合理的，应当及时通知定作人。因定作人怠于答复等原因造成承揽人损失的，应当赔偿损失。定作人中途变更承揽工作的要求，造成承揽人损失的，应当赔偿损失。

承揽工作需要定作人协助的，定作人有协助的义务。定作人不履行协助义务致使承揽工作不能完成的，承揽人可以催告定作人在合理期限内履行义务，并可以顺延履行期限；定作人逾期不履行的，承揽人可以解除合同。

承揽人在工作期间，应当接受定作人必要的监督检验。定作人不得因监督检验妨碍承揽人的正常工作。

承揽人完成工作的，应当向定作人交付工作成果，并提交必要的技术资料和有关质量证明。定作人应当验收该工作成果。承揽人交付的工作成果不符合质量要求的，定作人可以合理选择请求承揽人承担修理、重作、减少报酬、赔偿损失等违约责任。

定作人应当按照约定的期限支付报酬。对支付报酬的期限没有约定或者约定不明确，依据《合同法》第五百一十条的规定仍不能确定的，定作人应当在承揽人交付工作成果时支付；工作成果部分交付的，定作人应当相应支付。定作人未向承揽人支付报酬或者材料费等价款的，承揽人对完成的工作成果享有留置权或者有权拒绝交付，但是当事人另有约定的除外。

承揽人应当妥善保管定作人提供的材料以及完成的工作成果，因保管不善造成毁损、灭失的，应当承担赔偿责任。承揽人应当按照定作人的要求保守秘密，未经定作人许可，不得留存复制品或者技术资料。共同承揽人对定作人承担连带责任，但是当事人另有约定的除外。

定作人在承揽人完成工作前可以随时解除合同，造成承揽人损失的，应当赔偿损失。

二十九、建设工程合同

（一）建设工程合同的概念

建设工程合同是承包人进行工程建设，发包人支付价款的合同。建设工程合同包括工程勘察、设计、施工合同。建设工程合同应当采用书面形式。

（二）建设工程的招投标

建设工程的招标投标活动，应当依照有关法律的规定公开、公平、公正进行。发包人可以与总承包人订立建设工程合同，也可以分别与勘察人、设计人、施工人订立勘察、设计、施工承包合同。发包人不得将应当由一个承包人完成的建设工程支解成若干部分发包给数个承包人。总承包人或者勘察、设计、施工承包人经发包人同意，可以将自己承包的部分工作交由第三人完成。第三人就其完成的工作成果与总承包人或者勘察、设计、施工承包人向发包人承担连带责任。承包人不得将其承包的全部建设工程转包给第三人或者将其承包的全部建设工程支解以后以分包的名义分别转包给第三人。禁止承包人将工程分包给不具备相应资质条件的单位。禁止分包单位将其承包的工程再分包。建设工程主体结构的施工必须由承包人自行完成。国家重大建设工程合同，应当按照国家规定的程序和国家批准的投资计划、可行性研究报告等文件订立。

（三）建设施工合同无效的处理

建设工程施工合同无效，但是建设工程经验收合格的，可以参照合同关于工程价款的约定折价补偿承包人。建设工程施工合同无效，且建设工程经验收不合格的，按照以下情形处理：（1）修复后的建设工程经验收合格的，发包人可以请求承包人承担修复费用；（2）修复后的建设工程经验收不合格的，承包人无权请求参照合同关于工程价款的约定折价补偿。发包人对因建设工程不合格造成的损失有过错的，应当承担相应的责任。

（四）建设工程相关合同的主要条款

勘察、设计合同的内容一般包括提交有关基础资料和概预算等文件的期限、质量要求、费用以及其他协作条件等条款。

施工合同的内容一般包括工程范围、建设工期、中间交工工程的开工和竣工时间、工程质量、工程造价、技术资料交付时间、材料和设备供应责任、拨款和结算、竣工验收、质量保修范围和质量保证期、相互协作等条款。

建设工程实行监理的，发包人应当与监理人采用书面形式订立委托监理合同。发包人与监理人的权利和义务以及法律责任，应当依照本编委托合同以及其他有关法律、行政法规的规定。

（五）建设工程合同各方当事人的权利义务

发包人在不妨碍承包人正常作业的情况下，可以随时对作业进度、质量进行检查。隐蔽工程在隐蔽以前，承包人应当通知发包人检查。发包人没有及时检查的，承包人可以顺延工程日期，并有权请求赔偿停工、窝工等损失。建设工程竣工后，发包人应当根据施工图纸及说明书、国家颁发的施工验收规范和质量检验标准及时进行验收。验收合格的，发包人应当按照约定支付价款，并接收该建设工程。建设工程竣工经验收合格后，方可交付使用；未经验收或者验收不合格的，不得交付使用。

因施工人的原因致使建设工程质量不符合约定的，发包人有权请求施工人在合理期限内无偿修理或者返工、改建。经过修理或者返工、改建后，造成逾期交付的，施工人应当承担违约责任。因承包人的原因致使建设工程在合理使用期限内造成人身损害和财产损失的，承包人应当承担赔偿责任。

发包人未按照约定的时间和要求提供原材料、设备、场地、资金、技术资料的，承包人可以顺延工程日期，并有权请求赔偿停工、窝工等损失。因发包人的原因致使工程中途停建、缓建的，发包人应当采取措施弥补或者减少损失，赔偿承包人因此造成的停工、窝工、倒运、机械设备调迁、材料和构件积压等损失和实际费用。因发包人变更计划，提供的资料不准确，或者未按照期限提供必需的勘察、设计工作条件而造成勘察、设计的返工、停工或者修改设计，发包人应当按照勘察人、设计人实际消耗的工作量增付费用。

承包人将建设工程转包、违法分包的，发包人可以解除合同。发包人提供的主要建筑材料、建筑构配件和设备不符合强制性标准或者不履行协助义务，致使承包人无法施工，经催告后在合理期限内仍未履行相应义务的，承包人可以解除合同。合同解除后，已经完成的建设工程质量合格的，发包人应当按照约定支付相应的工程价款；已经完成的建设工程质量不合格的，参照《合同法》第七百九十三条的规定处理。

发包人未按照约定支付价款的，承包人可以催告发包人在合理期限内支付价款。发包人逾期不支付的，除根据建设工程的性质不宜折价、拍卖外，承包人可以与发包人协议将该工程折价，也可以请求人民法院将该工程依法拍卖。建设工程的价款就该工程折价或者拍卖的价款优先受偿。

三十、运输合同

（一）运输合同的概念

运输合同是承运人将旅客或者货物从起运地点运输到约定地点，旅客、托运人或者收货人支付票款或者运输费用的合同。

（二）客运合同

从事公共运输的承运人不得拒绝旅客、托运人通常、合理的运输要求。承运人应当在约定期限或者合理期限内将旅客、货物安全运输到约定地点。承运人应当按照约定的或者通常的运输路线将旅客、货物运输到约定地点。旅客、托运人或者收货人应当支付票款或者运输费用。承运人未按照约定路线或者通常路线运输增加票款或者运输费用的，旅客、托运人或者收货人可以拒绝支付增加部分的票款或者运输费用。

客运合同自承运人向旅客出具客票时成立，但是当事人另有约定或者另有交易习惯的除外。旅客应当按照有效客票记载的时间、班次和座位号乘坐。旅客无票乘坐、超程乘坐、越级乘坐或者持不符合减价条件的优惠客票乘坐的，应当补交票款，承运人可以按照规定加收票款；旅客不支付票款的，承运人可以拒绝运输。实名制客运合同的旅客丢失客票的，可以请求承运人挂失补办，承运人不得再次收取票款和其他不合理费用。

旅客因自己的原因不能按照客票记载的时间乘坐的，应当在约定的期限内办理退票或者变更手续；逾期办理的，承运人可以不退票款，并不再承担运输义务。旅客随身携带行李应当符合约定的限量和品类要求；超过限量或者违反品类要求携带行李的，应当办理托运手续。旅客不得随身携带或者在行李中夹带易燃、易爆、有毒、有腐蚀性、有放射性以及可能危及运输工具上人身和财产安全的危险物品或者违禁物品。旅客违反前款规定的，承运人可以将危险物品或者违禁物品卸下、销毁或者送交有关部门。旅客坚持携带或者夹带危险物品或者违禁物品的，承运人应当拒绝运输。

承运人应当严格履行安全运输义务，及时告知旅客安全运输应当注意的事项。旅客对承运人为安全运输所作的合理安排应当积极协助和配合。承运人应当按照有效客票记载的时间、班次和座位号运输旅客。承运人迟延运输或者有其他不能正常运输情形的，应当及时告知和提醒旅客，采取必要的安置措施，并根据旅客的要求安排改乘其他班次或者退票；由此造成旅客损失的，承运人应当承担赔偿责任，但是不可归责于承运人的除外。承运人擅自降低服务标准的，应当根据旅客的请求退票或者减收票款；提高服务标准的，不得加收票款。承运人在运输过程中，应当尽力救助患有急病、分娩、遇险的旅客。承运人应当对运输过程中旅客的伤亡承担赔偿责任。但是，伤亡是旅客自身健康原因造成的或者承运人证明伤亡是旅客故意、重大过失造成的除外。前款规定适用于按照规定免票、持优待票或者经承运人许可搭乘的无票旅客。在运输过程中旅客随身携带物品毁损、灭失，承运人有过错的，应当承担赔偿责任。

（三）货运合同

托运人办理货物运输，应当向承运人准确表明收货人的姓名、名称或者凭指示的收货人，货物的名称、性质、重量、数量，收货地点等有关货物运输的必要情况。因托运人申报不实或者遗漏重要情况，造成承运人损失的，托运人应当承担赔偿责任。货物运输需要办理审批、检验等手续的，托运人应当将办理完有关手续的文件提交承运人。托运人应当按照约定的方式包装货物。对包装方式没有约定或者约定不明确的，适用《合同法》第六百一十九条的规定。托运人违反前款规定的，承运人可以拒绝运输。托运人托运易燃、易爆、有毒、有腐蚀性、有放射性等危险物品的，应当按照国家有关危险物品运输的规定对危险物品妥善包装，做出危险物品标志和标签，并将有关危险物品的名称、性质和防范措施的书面材料提交承运人。托运人违反前款规定的，承运人可以拒绝运输，也可以采取相应措施以避免损失的发生，因此产生的费用由托运人负担。在承运人将货物交付收货人之前，托运人可以要求承运人中止运输、返还货物、变更到达地或者将货物交给其他收货人，但是应当赔偿承运人因此受到的损失。

货物运输到达后，承运人知道收货人的，应当及时通知收货人，收货人应当及时提货。收货人逾期提货的，应当向承运人支付保管费等费用。收货人提货时应当按照约定的期限检验货物。对检验货物的期限没有约定或者约定不明确，依据《合同法》第五百一十条的规定仍不能确定的，应当在合理期限内检验货物。收货人在约定的期限或者合理期限内对货物的数量、毁损等未提出异议的，视为承运人已经按照运输单证的记载交付的初步证据。

承运人对运输过程中货物的毁损、灭失承担赔偿责任。但是，承运人证明货物的毁损、灭失是因不可抗力、货物本身的自然性质或者合理损耗以及托运人、收货人的过错造成的，不承担赔偿责任。货物的毁损、灭失的赔偿额，当事人有约定的，按照其约定；没有约定或者约定不明确，依据《合同法》第五百一十条的规定仍不能确定的，按照交付或者应当交付时货物到达地的市场价格计算。法律、行政法规对赔偿额的计算方法和赔偿限额另有规定的，依照其规定。

两个以上承运人以同一运输方式联运的，与托运人订立合同的承运人应当对全程运输承担责任；损失发生在某一运输区段的，与托运人订立合同的承运人和该区段的承运人承担连带责任。货物在运输过程中因不可抗力灭失，未收取运费的，承运人不得请求支付运费；已经收取运费的，托运人可以请求返还。法律另有规定的，依照其规定。

托运人或者收货人不支付运费、保管费或者其他费用的，承运人对相应的运输货物享有留置权，但是当事人另有约定的除外。收货人不明或者收货人无正当理由拒绝受领货物的，承运人依法可以提存货物。

多式联运经营人负责履行或者组织履行多式联运合同，对全程运输享有承运人的权利，承担承运人的义务。多式联运经营人可以与参加多式联运的各区段承运人就多式联运合同的各区段运输约定相互之间的责任，但是该约定不影响多式联运经营人对全程运输承担的义务。多式联运经营人收到托运人交付的货物时，应当签发多式联运单据。按照托运人的要求，多式联运单据可以是可转让单据，也可以是不可转让单据。因托运人托运货物时的过错造成多式联运经营人损失的，即使托运人已经转让多式联运单据，托运人仍然应当承担赔偿责任。货物的毁损、灭失发生于多式联运的某一运输区段的，多式联运经营人的赔偿责任和责任限额，适用调整该区段运输方式的有关法律规定；货物毁损、灭失发生的运输区段不能确定的，依法承担赔偿责任。

三十一、技术合同

（一）技术合同的概念及基本合同条款

技术合同是当事人就技术开发、转让、许可、咨询或者服务订立的确立相互之间权利和义务的合同。订立技术合同，应当有利于知识产权的保护和科学技术的进步，促进科学技术成果的研发、转化、应用和推广。技术合同的内容一般包括项目的名称，标的的内容、范围和要求，履行的计划、地点和方式，技术信息和资料的保密，技术成果的归属和收益的分配办法，验收标准和方法，名词和术语的解释等条款。与履行合同有关的技术背景资料、可行性论证和技术评价报告、项目任务书和计划书、技术标准、技术规范、原始设计和工艺文件，以及其他技术文档，按照当事人的约定可以作为合同的组成部分。技术合同涉及专利的，应当注明发明创造的名称、专利申请人和专利权人、申请日期、申请号、专利号以及专利权的有效期限。

（二）技术合同价格条款的约定

技术合同价款、报酬或者使用费的支付方式由当事人约定，可以采取一次总算、一次总付或者一次总算、分期支付，也可以采取提成支付或者提成支付附加预付入门费的方式。约定提成支付的，可以按照产品价格、实施专利和使用技术秘密后新增的产值、利润或者产品销售额的一定比例提成，也可以按照约定的其他方式计算。提成支付的比例可以采取固定比例、逐年递增比例或者逐年递减比例。约定提成支付的，当事人可以约定查阅有关会计账目的办法。

（三）职务技术成果和非职务技术成果的使用与转让

职务技术成果的使用权、转让权属于法人或者非法人组织的，法人或者非法人组织可以就该项职务技术成果订立技术合同。法人或者非法人组织订立技术合同转让职务技术成果时，职务技术成果的完成人享有以同等条件优先受让的权利。职务技术成果是执行法人或者非法人组织的工作任务，或者主要是利用法人或者非法人组织的物质技术条件所完成的技术成果。非职务技术成果的使用权、转让权属于完成技术成果的个人，完成技术成果的个人可以就该项非职务技术成果订立技术合同。非法垄断技术或者侵害他人技术成果的技术合同无效。

（四）技术开发合同

技术开发合同是当事人之间就新技术、新产品、新工艺、新品种或者新材料及其系统的研究开发所订立的合同。技术开发合同包括委托开发合同和合作开发合同。技术开发合同应当采用书面形式。当事人之间就具有实用价值的科技成果实施转化订立的合同，参照适用技术开发合同的有关规定。

委托开发合同的委托人应当按照约定支付研究开发经费和报酬，提供技术资料，提出研究开发要求，完成协作事项，接受研究开发成果。委托开发合同的研究开发人应当按照约定制定和实施研究开发计划，合理使用研究开发经费，按期完成研究开发工作，交付研究开发成果，提供有关的技术资料和必要的技术指导，帮助委托人掌握研究开发成果。委托开发合同的当事人违反约定造成研究开发工作停滞、延误或者失败的，应当承担违约责任。

合作开发合同的当事人应当按照约定进行投资，包括以技术进行投资，分工参与研究开发工作，协作配合研究开发工作。合作开发合同的当事人违反约定造成研究开发工作停滞、延误或者失败的，应当承担违约责任。

作为技术开发合同标的的技术已经由他人公开，致使技术开发合同的履行没有意义的，当事人可以解除合同。技术开发合同履行过程中，因出现无法克服的技术困难，致使研究开发失败或者部分失败的，该风险由当事人约定；没有约定或者约定不明确，依据《合同法》第五百一十条的规定仍不能确定的，风险由当事人合理分担。当事人一方发现前款规定的可能致使研究开发失败或者部分失败的情形时，应当及时通知另一方并采取适当措施减少损失；没有及时通知并采取适当措施，致使损失扩大的，应当就扩大的损失承担责任。

委托开发完成的发明创造，除法律另有规定或者当事人另有约定外，申请专利的权利属于研究开发人。研究开发人取得专利权的，委托人可以依法实施该专利。研究开发人转让专利申请权的，委托人享有以同等条件优先受让的权利。合作开发完成的发明创造，申请专利的权利属于合作开发的当事人共有；当事人一方转让其共有的专利申请权的，其他各方享有以同等条件优先受让的权利。但是，当事人另有约定的除外。合作开发的当事人一方声明放弃其共有的专利申请权的，除当事人另有约定外，可以由另一方单独申请或者由其他各方共同申请。申请人取得专利权的，放弃专利申请权的一方可以免费实施该专利。合作开发的当事人一方不同意申请专利的，另一方或者其他各方不得申请专利。

委托开发或者合作开发完成的技术秘密成果的使用权、转让权以及收益的分配办法，由当事人约定；没有约定或者约定不明确，依据《合同法》第五百一十条的规定仍不能确定的，在没有相同技术方案被授予专利权前，当事人均有使用和转让的权利。但是，委托开发的研究开发人不得在向委托人交付研究开发成果之前，将研究开发成果转让给第三人。

(五) 技术转让合同

技术转让合同是合法拥有技术的权利人，将现有特定的专利、专利申请、技术秘密的相关权利让与他人所订立的合同。技术许可合同是合法拥有技术的权利人，将现有特定的专利、技术秘密的相关权利许可他人实施、使用所订立的合同。技术转让合同和技术许可合同中关于提供实施技术的专用设备、原材料或者提供有关的技术咨询、技术服务的约定，属于合同的组成部分。

技术转让合同包括专利权转让、专利申请权转让、技术秘密转让等合同。技术许可合同包括专利实施许可、技术秘密使用许可等合同。技术转让合同和技术许可合同应当采用书面形式。技术转让合同和技术许可合同可以约定实施专利或者使用技术秘密的范围，但是不得限制技术竞争和技术发展。

专利实施许可合同仅在该专利权的存续期限内有效。专利权有效期限届满或者专利权被宣告无效的，专利权人不得就该专利与他人订立专利实施许可合同。专利实施许可合同的许可人应当按照约定许可被许可人实施专利，交付实施专利有关的技术资料，提供必要的技术指导。专利实施许可合同的被许可人应当按照约定实施专利，不得许可约定以外的第三人实施该专利，并按照约定支付使用费。

技术秘密转让合同的让与人和技术秘密使用许可合同的许可人应当按照约定提供技术资料，进行技术指导，保证技术的实用性、可靠性，承担保密义务。前款规定的保密义务，不限制许可人申请专利，但是当事人另有约定的除外。技术秘密转让合同的受让人和技术秘密使用许可合同的被许可人应当按照约定使用技术，支付转让费、使用费，承担保密义务。

技术转让合同的让与人和技术许可合同的许可人应当保证自己是所提供的技术的合法拥有者，并保证所提供的技术完整、无误、有效，能够达到约定的目标。技术转让合同的受让人和技术许可合同的被许可人应当按照约定的范围和期限，对让与人、许可人提供的技术中尚未公开的秘密部分，承担保密义务。许可人未按照约定许可技术的，应当返还部分或者全部使用费，并应当承担违约责任；实施专利或者使用技术秘密超越约定的范围的，违反约定擅自许可第三人实施该项专利或者使用该项技术秘密的，应当停止违约行为，承担违约责任；违反约定的保密义务的，应当承担违约责任。让与人承担违约责任，参照适用前款规定。被许可人未按照约定支付使用费的，应当补交使用费并按照约定支付违约金；不补交使用费或者支付违约金的，应当停止实施专利或者使用技术秘密，交还技术资料，承担违约责任；实施专利或者使用技术秘密超越约定的范围的，未经许可人同意擅自许可第三人实施该专利或者使用该技术秘密的，应当停止违约行为，承担违约责任；违反约定的保密义务的，应当承担违约责任。受让人承担违约责任，参照适用前述规定。受让人或者被许可人按照约定实施专利、使用技术秘密侵害他人合法权益的，由让与人或者许可人承担责任，但是当事人另有约定的除外。当事人可以按照互利的原则，在合同中约定实施专利、使用技术秘密后续改进的技术成果的分享办法；没有约定或者约定不明确，依据《合同法》第五百一十条的规定仍不能确定的，一方后续改进的技术成果，其他各方无权分享。

(六) 技术咨询合同

技术咨询合同是当事人一方以技术知识为对方就特定技术项目提供可行性论证、技术预测、专题技术调查、分析评价报告等所订立的合同。技术咨询合同的委托人应当按照约定阐明咨询的问题，提供技术背景材料及有关技术资料，接受受托人的工作成果，支付报酬。技术咨询合同的受托人应当按照约定的期限完成咨询报告或者解答问题，提出的咨询报告应当达到约定的要求。技术咨询合同的委托人未按照约定提供必要的资料，影响工作进度和质量，不接受或者逾期接受工作成果的，支付的报酬不得追回，未支付的报酬应当支付。技术咨询合同的受托人未按期提出咨询报告或者提出的咨询报告不符合约定的，应当承担减收或者免收报酬等违约责任。技术咨询合同的委托人按照受托人符合约定要求的咨询报告和意见作出决策所造成的损失，由委托人承担，但是当事人另有约定的除外。

（七）技术服务合同

技术服务合同是当事人一方以技术知识为对方解决特定技术问题所订立的合同，不包括承揽合同和建设工程合同。技术服务合同的委托人应当按照约定提供工作条件，完成配合事项，接受工作成果并支付报酬。技术服务合同的受托人应当按照约定完成服务项目，解决技术问题，保证工作质量，并传授解决技术问题的知识。技术服务合同的委托人不履行合同义务或者履行合同义务不符合约定，影响工作进度和质量，不接受或者逾期接受工作成果的，支付的报酬不得追回，未支付的报酬应当支付。技术服务合同的受托人未按照约定完成服务工作的，应当承担免收报酬等违约责任。

技术咨询合同、技术服务合同履行过程中，受托人利用委托人提供的技术资料和工作条件完成的新的技术成果，属于受托人。委托人利用受托人的工作成果完成的新的技术成果，属于委托人。当事人另有约定的，按照其约定。技术咨询合同和技术服务合同对受托人正常开展工作所需费用的负担没有约定或者约定不明确的，由受托人负担。

三十二、保管合同

（一）保管合同的概念

保管合同是保管人保管寄存人交付的保管物，并返还该物的合同。寄存人到保管人处从事购物、就餐、住宿等活动，将物品存放在指定场所的，视为保管，但是当事人另有约定或者另有交易习惯的除外。

（二）保管合同各方当事人的权利义务

寄存人应当按照约定向保管人支付保管费。当事人对保管费没有约定或者约定不明确，依据《合同法》第五百一十条的规定仍不能确定的，视为无偿保管。

保管合同自保管物交付时成立，但是当事人另有约定的除外。寄存人向保管人交付保管物的，保管人应当出具保管凭证，但是另有交易习惯的除外。保管人应当妥善保管保管物。当事人可以约定保管场所或者方法。除紧急情况或者为维护寄存人利益外，不得擅自改变保管场所或者方法。

寄存人交付的保管物有瑕疵或者根据保管物的性质需要采取特殊保管措施的，寄存人应当将有关情况告知保管人。寄存人未告知，致使保管物受损失的，保管人不承担赔偿责任；保管人因此受损失的，除保管人知道或者应当知道且未采取补救措施外，寄存人应当承担赔偿责任。寄存人寄存货币、有价证券或者其他贵重物品的，应当向保管人声明，由保管人验收或者封存；寄存人未声明的，该物品毁损、灭失后，保管人可以按照一般物品予以赔偿。

保管人不得将保管物转交第三人保管，但是当事人另有约定的除外。保管人违反前款规定，将保管物转交第三人保管，造成保管物损失的，应当承担赔偿责任。保管人不得使用或者许可第三人使用保管物，但是当事人另有约定的除外。第三人对保管物主张权利的，除依法对保管物采取保全或者执行措施外，保管人应当履行向寄存人返还保管物的义务。第三人对保管人提起诉讼或者对保管物申请扣押的，保管人应当及时通知寄存人。保管期内，因保管人保管不善造成保管物毁损、灭失的，保管人应当承担赔偿责任。但是，无偿保管人证明自己没有故意或者重大过失的，不承担赔偿责任。

寄存人可以随时领取保管物。当事人对保管期限没有约定或者约定不明确的，保管人可以随时请求寄存人领取保管物；约定保管期限的，保管人无特别事由，不得请求寄存人提前领取保管物。保管期限届满或者寄存人提前领取保管物的，保管人应当将原物及其孳息归还寄存人。

寄存人未按照约定支付保管费或者其他费用的，保管人对保管物享有留置权，但是当事人另有约定的除外。

三十三、仓储合同

（一）仓储合同的概念

仓储合同是保管人储存存货人交付的仓储物，存货人支付仓储费的合同。仓储合同自保管人和存货人意思表示一致时成立。

（二）仓储合同各方当事人的权利义务

储存易燃、易爆、有毒、有腐蚀性、有放射性等危险物品或者易变质物品的，存货人应当说明该物品的性质，提供有关资料。存货人违反前款规定的，保管人可以拒收仓储物，也可以采取相应措施以避免损失的发生，因此产生的费用由存货人负担。

保管人储存易燃、易爆、有毒、有腐蚀性、有放射性等危险物品的，应当具备相应的保管条件。保管人应当按照约定对入库仓储物进行验收。保管人验收时发现入库仓储物与约定不符合的，应当及时通知存货人。保管人验收后，发生仓储物的品种、数量、质量不符合约定的，保管人应当承担赔偿责任。存货人交付仓储物的，保管人应当出具仓单、入库单等凭证。

仓单是提取仓储物的凭证。存货人或者仓单持有人在仓单上背书并经保管人签名或者盖章的，可以转让提取仓储物的权利。保管人根据存货人或者仓单持有人的要求，应当同意其检查仓储物或者提取样品。保管人发现入库仓储物有变质或者其他损坏的，应当及时通知存货人或者仓单持有人。保管人发现入库仓储物有变质或者其他损坏，危及其他仓储物的安全和正常保管的，应当催告存货人或者仓单持有人作出必要的处置。因情况紧急，保管人可以作出必要的处置，但是事后应当将该情况及时通知存货人或者仓单持有人。

当事人对储存期限没有约定或者约定不明确的，存货人或者仓单持有人可以随时提取仓储物，保管人也可以随时请求存货人或者仓单持有人提取仓储物，但是应当给予必要的准备时间。储存期限届满，存货人或者仓单持有人应当凭仓单、入库单等提取仓储物。存货人或者仓单持有人逾期提取的，应当加收仓储费；提前提取的，不减收仓储费。储存期限届满，存货人或者仓单持有人不提取仓储物的，保管人可以催告其在合理期限内提取；逾期不提取的，保管人可以提存仓储物。储存期内，因保管不善造成仓储物毁损、灭失的，保管人应当承担赔偿责任。因仓储物本身的自然性质、包装不符合约定或者超过有效储存期造成仓储物变质、损坏的，保管人不承担赔偿责任。

三十四、委托合同

（一）委托合同的概念及各方当事人权利义务

委托合同是委托人和受托人约定，由受托人处理委托人事务的合同。

委托人可以特别委托受托人处理一项或者数项事务，也可以概括委托受托人处理一切事务。委托人应当预付处理委托事务的费用。受托人为处理委托事务垫付的必要费用，委托人应当偿还该费用并支付利息。受托人完成委托事务的，委托人应当按照约定向其支付报酬。因不可归责于受托人的事由，委托合同解除或者委托事务不能完成的，委托人应当向受托人支付相应的报酬。当事人另有约定的，按照其约定。

受托人应当按照委托人的指示处理委托事务。需要变更委托人指示的，应当经委托人同意；因情况紧急，难以和委托人取得联系的，受托人应当妥善处理委托事务，但是事后应当将该情况及时报告委托人。受托人应当亲自处理委托事务。经委托人同意，受托人可以转委托。转委托经同意或者追认的，委托人可以就委托事务直接指示转委托的第三人，受托人仅就第三人的选任及其对第三人的指示承担责任。转委托未经同意或者追认的，受托人应当对转委托的第三人的行为承担责任。但是，在紧急情况下受托人为了维护委托人的利益需要转委托第三人的除外。受托人应当按照委托人的要求，报告委托事务的处理情况。委托合同终止时，受托人应当报告委托事务的结果。

受托人完成委托事务的，委托人应当按照约定向其支付报酬。因不可归责于受托人的事由，委托合同解除或者委托事务不能完成的，委托人应当向受托人支付相应的报酬。当事人另有约定的，按照其约定。

有偿的委托合同，因受托人的过错造成委托人损失的，委托人可以请求赔偿损失。无偿的委托合同，因受托人的故意或者重大过失造成委托人损失的，委托人可以请求赔偿损失。受托人超越权限造成委托人损失的，应当赔偿损失。受托人处理委托事务时，因不可归责于自己的事由受到损失的，可以向委托人请求赔偿损失。委托人经受托人同意，可以在受托人之外委托第三人处理委托事务。因此造成受托人损失的，受托人可以向委托人请求赔偿损失。两个以上的受托人共同处理委托事务的，对委托人承担连带责任。

（二）委托人、受托人与第三人关系的处理

受托人以自己的名义，在委托人的授权范围内与第三人订立的合同，第三人在订立合同时知道受托人与委托人之间的代理关系的，该合同直接约束委托人和第三人，但是有确切证据证明该合同只约束受托人和第三人的除外。受托人以自己的名义与第三人订立合同时，第三人不知道受托人与委托人之间的代理关系的，受托人因第三人的原因对委托人不履行义务，受托人应当向委托人披露第三人，委托人因此可以行使受托人对第三人的权利。但是第三人与受托人订立合同时如果知道该委托人就不会订立合同的除外。受托人因委托人的原因对第三人不履行义务，受托人应当向第三人披露委托人，第三人因此可以选择受托人或者委

托人作为相对人主张其权利，但是第三人不得变更选定的相对人。受托人处理委托事务取得的财产，应当转交给委托人。

（三）委托合同的终止和解除

委托人或者受托人可以随时解除委托合同。因解除合同造成对方损失的，除不可归责于该当事人的事由外，无偿委托合同的解除方应当赔偿因解除时间不当造成的直接损失，有偿委托合同的解除方应当赔偿对方的直接损失和合同履行后可以获得的利益。委托人死亡、终止或者受托人死亡、丧失民事行为能力、终止的，委托合同终止，但是当事人另有约定或者根据委托事务的性质不宜终止的除外。因委托人死亡或者被宣告破产、解散，致使委托合同终止将损害委托人利益的，在委托人的继承人、遗产管理人或者清算人承受委托事务之前，受托人应当继续处理委托事务。

因受托人死亡、丧失民事行为能力或者被宣告破产、解散，致使委托合同终止的，受托人的继承人、遗产管理人、法定代理人或者清算人应当及时通知委托人。因委托合同终止将损害委托人利益的，在委托人作出善后处理之前，受托人的继承人、遗产管理人、法定代理人或者清算人应当采取必要措施。

三十五、物业服务合同

（一）物业服务合同的概念及基本合同条款

物业服务合同是物业服务人在物业服务区域内，为业主提供建筑物及其附属设施的维修养护、环境卫生和相关秩序的管理维护等物业服务，业主支付物业费的合同。物业服务人包括物业服务企业和其他管理人。物业服务合同的内容一般包括服务事项、服务质量、服务费用的标准和收取办法、维修资金的使用、服务用房的管理和使用、服务期限、服务交接等条款。物业服务人公开作出的有利于业主的服务承诺，为物业服务合同的组成部分。物业服务合同应当采用书面形式。

（二）物业服务合同的订立

建设单位依法与物业服务人订立的前期物业服务合同，以及业主委员会与业主大会依法选聘的物业服务人订立的物业服务合同，对业主具有法律约束力。建设单位依法与物业服务人订立的前期物业服务合同约定的服务期限届满前，业主委员会或者业主与新物业服务人订立的物业服务合同生效的，前期物业服务合同终止。

物业服务期限届满前，业主依法共同决定续聘的，应当与原物业服务人在合同期限届满前续订物业服务合同。物业服务期限届满前，物业服务人不同意续聘的，应当在合同期限届满前90日书面通知业主或者业主委员会，但是合同对通知期限另有约定的除外。物业服务期限届满后，业主没有依法作出续聘或者另聘物业服务人的决定，物业服务人继续提供物业服务的，原物业服务合同继续有效，但是服务期限为不定期。当事人可以随时解除不定期物业服务合同，但是应当提前60日书面通知对方。

（三）物业服务合同各方当事人的权利义务

物业服务人将物业服务区域内的部分专项服务事项委托给专业性服务组织或者其他第三

人的，应当就该部分专项服务事项向业主负责。物业服务人不得将其应当提供的全部物业服务转委托给第三人，或者将全部物业服务支解后分别转委托给第三人。物业服务人应当按照约定和物业的使用性质，妥善维修、养护、清洁、绿化和经营管理物业服务区域内的业主共有部分，维护物业服务区域内的基本秩序，采取合理措施保护业主的人身、财产安全。对物业服务区域内违反有关治安、环保、消防等法律法规的行为，物业服务人应当及时采取合理措施制止、向有关行政主管部门报告并协助处理。物业服务人应当定期将服务的事项、负责人员、质量要求、收费项目、收费标准、履行情况，以及维修资金使用情况、业主共有部分的经营与收益情况等以合理方式向业主公开并向业主大会、业主委员会报告。

业主应当按照约定向物业服务人支付物业费。物业服务人已经按照约定和有关规定提供服务的，业主不得以未接受或者无须接受相关物业服务为由拒绝支付物业费。业主违反约定逾期不支付物业费的，物业服务人可以催告其在合理期限内支付；合理期限届满仍不支付的，物业服务人可以提起诉讼或者申请仲裁。物业服务人不得采取停止供电、供水、供热、供燃气等方式催交物业费。

业主装饰装修房屋的，应当事先告知物业服务人，遵守物业服务人提示的合理注意事项，并配合其进行必要的现场检查。业主转让、出租物业专有部分、设立居住权或者依法改变共有部分用途的，应当及时将相关情况告知物业服务人。

三十六、行纪合同

（一）行纪合同的概念

行纪合同是行纪人以自己的名义为委托人从事贸易活动，委托人支付报酬的合同。行纪人处理委托事务支出的费用，由行纪人负担，但是当事人另有约定的除外。

（二）行纪合同各方当事人的权利义务

行纪人占有委托物的，应当妥善保管委托物。委托物交付给行纪人时有瑕疵或者容易腐烂、变质的，经委托人同意，行纪人可以处分该物；不能与委托人及时取得联系的，行纪人可以合理处分。行纪人低于委托人指定的价格卖出或者高于委托人指定的价格买入的，应当经委托人同意；未经委托人同意，行纪人补偿其差额的，该买卖对委托人发生效力。行纪人高于委托人指定的价格卖出或者低于委托人指定的价格买入的，可以按照约定增加报酬；没有约定或者约定不明确，依据《民法典》第五百一十条的规定仍不能确定的，该利益属于委托人。委托人对价格有特别指示的，行纪人不得违背该指示卖出或者买入。行纪人卖出或者买入具有市场定价的商品，除委托人有相反的意思表示外，行纪人自己可以作为买受人或者出卖人。行纪人有前款规定情形的，仍然可以请求委托人支付报酬。

行纪人与第三人订立合同的，行纪人对该合同直接享有权利、承担义务。第三人不履行义务致使委托人受到损害的，行纪人应当承担赔偿责任，但是行纪人与委托人另有约定的除外。

行纪人完成或者部分完成委托事务的，委托人应当向其支付相应的报酬。委托人逾期不支付报酬的，行纪人对委托物享有留置权，但是当事人另有约定的除外。

三十七、中介合同

(一) 中介合同的概念

中介合同是中介人向委托人报告订立合同的机会或者提供订立合同的媒介服务，委托人支付报酬的合同。

(二) 中介合同各方当事人的权利义务

中介人应当就有关订立合同的事项向委托人如实报告。中介人故意隐瞒与订立合同有关的重要事实或者提供虚假情况，损害委托人利益的，不得请求支付报酬并应当承担赔偿责任。

中介人促成合同成立的，委托人应当按照约定支付报酬。对中介人的报酬没有约定或者约定不明确，依据《合同法》第五百一十条的规定仍不能确定的，根据中介人的劳务合理确定。因中介人提供订立合同的媒介服务而促成合同成立的，由该合同的当事人平均负担中介人的报酬。中介人促成合同成立的，中介活动的费用，由中介人负担。中介人未促成合同成立的，不得请求支付报酬，但是可以按照约定请求委托人支付从事中介活动支出的必要费用。委托人在接受中介人的服务后，利用中介人提供的交易机会或者媒介服务，绕开中介人直接订立合同的，应当向中介人支付报酬。

三十八、合伙合同

(一) 合伙合同的概念

合伙合同是两个以上合伙人为了共同的事业目的，订立的共享利益、共担风险的协议。

(二) 合伙合同的履行

合伙人应当按照约定的出资方式、数额和缴付期限，履行出资义务。合伙人的出资、因合伙事务依法取得的收益和其他财产，属于合伙财产。合伙合同终止前，合伙人不得请求分割合伙财产。

合伙人就合伙事务作出决定的，除合伙合同另有约定外，应当经全体合伙人一致同意。合伙事务由全体合伙人共同执行。按照合伙合同的约定或者全体合伙人的决定，可以委托一个或者数个合伙人执行合伙事务；其他合伙人不再执行合伙事务，但是有权监督执行情况。合伙人分别执行合伙事务的，执行事务合伙人可以对其他合伙人执行的事务提出异议；提出异议后，其他合伙人应当暂停该项事务的执行。合伙人不得因执行合伙事务而请求支付报酬，但是合伙合同另有约定的除外。

合伙的利润分配和亏损分担，按照合伙合同的约定办理；合伙合同没有约定或者约定不明确的，由合伙人协商决定；协商不成的，由合伙人按照实缴出资比例分配、分担；无法确定出资比例的，由合伙人平均分配、分担。合伙人对合伙债务承担连带责任。清偿合伙债务超过自己应当承担份额的合伙人，有权向其他合伙人追偿。

除合伙合同另有约定外，合伙人向合伙人以外的人转让其全部或者部分财产份额的，须经其他合伙人一致同意。合伙人的债权人不得代位行使合伙人依照合同法相关规定和合伙合同享有的权利，但是合伙人享有的利益分配请求权除外。

合伙人对合伙期限没有约定或者约定不明确，依据《合同法》第五百一十条的规定仍不能确定的，视为不定期合伙。合伙期限届满，合伙人继续执行合伙事务，其他合伙人没有提出异议的，原合伙合同继续有效，但是合伙期限为不定期。合伙人可以随时解除不定期合伙合同，但是应当在合理期限之前通知其他合伙人。合伙人死亡、丧失民事行为能力或者终止的，合伙合同终止，但是合伙合同另有约定或者根据合伙事务的性质不宜终止的除外。合伙合同终止后，合伙财产在支付因终止而产生的费用以及清偿合伙债务后有剩余的，依据《合同法》第九百七十二条的规定进行分配。

第二节 人力资源管理

一、劳动合同的订立

用人单位自用工之日起即与劳动者建立劳动关系。用人单位招用劳动者时，应当如实告知劳动者工作内容、工作条件、工作地点、职业危害、安全生产状况、劳动报酬，以及劳动者要求了解的其他情况；用人单位有权了解劳动者与劳动合同直接相关的基本情况，劳动者应当如实说明。用人单位招用劳动者，不得扣押劳动者的居民身份证和其他证件，不得要求劳动者提供担保或者以其他名义向劳动者收取财物。

建立劳动关系，应当订立书面劳动合同。已建立劳动关系，未同时订立书面劳动合同的，应当自用工之日起1个月内订立书面劳动合同。用人单位与劳动者在用工前订立劳动合同的，劳动关系自用工之日起建立。用人单位未在用工的同时订立书面劳动合同，与劳动者约定的劳动报酬不明确的，新招用的劳动者的劳动报酬按照集体合同规定的标准执行；没有集体合同或者集体合同未规定的，实行同工同酬。

二、固定期限劳动合同和无固定期限劳动合同

劳动合同分为固定期限劳动合同、无固定期限劳动合同和以完成一定工作任务为期限的劳动合同。固定期限劳动合同，是指用人单位与劳动者约定合同终止时间的劳动合同。用人单位与劳动者协商一致，可以订立固定期限劳动合同。无固定期限劳动合同，是指用人单位与劳动者约定无确定终止时间的劳动合同。

用人单位与劳动者协商一致，可以订立无固定期限劳动合同。有下列情形之一，劳动者提出或者同意续订、订立劳动合同的，除劳动者提出订立固定期限劳动合同外，应当订立无固定期限劳动合同：（1）劳动者在该用人单位连续工作满10年的；（2）用人单位初次实行劳动合同制度或者国有企业改制重新订立劳动合同时，劳动者在该用人单位连续工作满10年且距法定退休年龄不足10年的；（3）连续订立两次固定期限劳动合同，且劳动者没有《劳动合同法》第三十九条和第四十条第一项、第二项规定的情形，续订劳动合同的。用人单位自用工之日起满1年不与劳动者订立书面劳动合同的，视为用人单位与劳动者已订立无固定期限劳动合同。以完成一定工作任务为期限的劳动合同，是指用人单位与劳动者约定以某项工作的完成为合同期限的劳动合同。用人单位与劳动者协商一致，可以订立以完成一定

工作任务为期限的劳动合同。

三、劳动合同的主要条款

劳动合同由用人单位与劳动者协商一致，并经用人单位与劳动者在劳动合同文本上签字或者盖章生效。劳动合同应当具备以下条款：（1）用人单位的名称、住所和法定代表人或者主要负责人；（2）劳动者的姓名、住址和居民身份证或者其他有效身份证件号码；（3）劳动合同期限；（4）工作内容和工作地点；（5）工作时间和休息休假；（6）劳动报酬；（7）社会保险；（8）劳动保护、劳动条件和职业危害防护；（9）法律、法规规定应当纳入劳动合同的其他事项。劳动合同除前款规定的必备条款外，用人单位与劳动者可以约定试用期、培训、保守秘密、补充保险和福利待遇等其他事项。

四、劳动合同试用期

劳动合同期限3个月以上不满1年的，试用期不得超过1个月；劳动合同期限1年以上不满3年的，试用期不得超过2个月；3年以上固定期限和无固定期限的劳动合同，试用期不得超过6个月。同一用人单位与同一劳动者只能约定一次试用期。以完成一定工作任务为期限的劳动合同或者劳动合同期限不满3个月的，不得约定试用期。试用期包含在劳动合同期限内。劳动合同仅约定试用期的，试用期不成立，该期限为劳动合同期限。

劳动者在试用期的工资不得低于本单位相同岗位最低档工资或者劳动合同约定工资的80%，并不得低于用人单位所在地的最低工资标准。在试用期中，除劳动者有《劳动合同法》第三十九条和第四十条第一项、第二项规定的情形外，用人单位不得解除劳动合同。用人单位在试用期解除劳动合同的，应当向劳动者说明理由。

五、劳动合同违约金的法定范围

用人单位为劳动者提供专项培训费用，对其进行专业技术培训的，可以与该劳动者订立协议，约定服务期。劳动者违反服务期约定的，应当按照约定向用人单位支付违约金。违约金的数额不得超过用人单位提供的培训费用。用人单位要求劳动者支付的违约金不得超过服务期尚未履行部分所应分摊的培训费用。用人单位与劳动者约定服务期的，不影响按照正常的工资调整机制提高劳动者在服务期期间的劳动报酬。

用人单位与劳动者可以在劳动合同中约定保守用人单位的商业秘密和与知识产权相关的保密事项。对负有保密义务的劳动者，用人单位可以在劳动合同或者保密协议中与劳动者约定竞业限制条款，并约定在解除或者终止劳动合同后，在竞业限制期限内按月给予劳动者经济补偿。劳动者违反竞业限制约定的，应当按照约定向用人单位支付违约金。竞业限制的人员限于用人单位的高级管理人员、高级技术人员和其他负有保密义务的人员。竞业限制的范围、地域、期限由用人单位与劳动者约定，竞业限制的约定不得违反法律、法规的规定。在解除或者终止劳动合同后，前款规定的人员到与本单位生产或者经营同类产品、从事同类业务的有竞争关系的其他用人单位，或者自己开业生产或者经营同类产品、从事同类业务的竞业限制期限，不得超过2年。

六、劳动合同的效力

劳动合同存在下列情形的无效或者部分无效：（1）以欺诈、胁迫的手段或者乘人之危，使对方在违背真实意思的情况下订立或者变更劳动合同的；（2）用人单位免除自己的法定责任、排除劳动者权利的；（3）违反法律、行政法规强制性规定的。

对劳动合同的无效或者部分无效有争议的，由劳动争议仲裁机构或者人民法院确认。劳动合同部分无效，不影响其他部分效力的，其他部分仍然有效。劳动合同被确认无效，劳动者已付出劳动的，用人单位应当向劳动者支付劳动报酬。劳动报酬的数额，参照本单位相同或者相近岗位劳动者的劳动报酬确定。

七、劳动合同的履行和变更

用人单位与劳动者应当按照劳动合同的约定，全面履行各自的义务。用人单位应当按照劳动合同约定和国家规定，向劳动者及时足额支付劳动报酬。用人单位拖欠或者未足额支付劳动报酬的，劳动者可以依法向当地人民法院申请支付令，人民法院应当依法发出支付令。

用人单位应当严格执行劳动定额标准，不得强迫或者变相强迫劳动者加班。用人单位安排加班的，应当按照国家有关规定向劳动者支付加班费。

用人单位变更名称、法定代表人、主要负责人或者投资人等事项，不影响劳动合同的履行。用人单位发生合并或者分立等情况，原劳动合同继续有效，劳动合同由承继其权利和义务的用人单位继续履行。

用人单位与劳动者协商一致，可以变更劳动合同约定的内容。变更劳动合同，应当采用书面形式。

八、劳动合同的解除与终止

（一）协商解除

用人单位与劳动者协商一致，可以解除劳动合同。劳动者提前30日以书面形式通知用人单位，可以解除劳动合同。劳动者在试用期内提前3日通知用人单位，可以解除劳动合同。

（二）单方解除

1. 劳动者单方解除

用人单位有下列情形之一的，劳动者可以解除劳动合同：（1）未按照劳动合同约定提供劳动保护或者劳动条件的；（2）未及时足额支付劳动报酬的；（3）未依法为劳动者缴纳社会保险费的；（4）用人单位的规章制度违反法律、法规的规定，损害劳动者权益的；（5）因《劳动合同法》第二十六条第一款规定的情形致使劳动合同无效的；（6）法律、行政法规规定劳动者可以解除劳动合同的其他情形。

2. 用人单位单方解除

劳动者有下列情形之一的，用人单位可以解除劳动合同：（1）在试用期间被证明不符合录用条件的；（2）严重违反用人单位的规章制度的；（3）严重失职，营私舞弊，给用单位造成重大损害的；(4) 劳动者同时与其他用人单位建立劳动关系，对完成本单位的工作任务造成严重影响，或者经用人单位提出，拒不改正的；(5) 因《劳动合同法》第二十六条第一款第一项规定的情形致使劳动合同无效的；(6) 被依法追究刑事责任的。

有下列情形之一的，用人单位提前30日以书面形式通知劳动者本人或者额外支付劳动者1个月工资后，可以解除劳动合同：(1) 劳动者患病或者非因工负伤，在规定的医疗期满后不能从事原工作，也不能从事由用人单位另行安排的工作的；(2) 劳动者不能胜任工作，经过培训或者调整工作岗位，仍不能胜任工作的；(3) 劳动合同订立时所依据的客观情况发生重大变化，致使劳动合同无法履行，经用人单位与劳动者协商，未能就变更劳动合同内容达成协议的。

有下列情形之一，需要裁减人员20人以上或者裁减不足20人但占企业职工总数10%以上的，用人单位提前30日向工会或者全体职工说明情况，听取工会或者职工的意见后，裁减人员方案经向劳动行政部门报告，可以裁减人员：(1) 依照《企业破产法》规定进行重整的；(2) 生产经营发生严重困难的；(3) 企业转产、重大技术革新或者经营方式调整，经变更劳动合同后，仍需裁减人员的；(4) 其他因劳动合同订立时所依据的客观经济情况发生重大变化，致使劳动合同无法履行的。裁减人员时，应当优先留用下列人员：(1) 与本单位订立较长期限的固定期限劳动合同的；(2) 与本单位订立无固定期限劳动合同的；(3) 家庭无其他就业人员，有需要扶养的老人或者未成年人的。用人单位依照《劳动合同法》第四十一条第一款规定裁减人员，在6个月内重新招用人员的，应当通知被裁减的人员，并在同等条件下优先招用被裁减的人员。

劳动者有下列情形之一的，用人单位不得依照《劳动合同法》第四十条、第四十一条的规定解除劳动合同：(1) 从事接触职业病危害作业的劳动者未进行离岗前职业健康检查，或者疑似职业病病人在诊断或者医学观察期间的；(2) 在本单位患职业病或者因工负伤并被确认丧失或者部分丧失劳动能力的；(3) 患病或者非因工负伤，在规定的医疗期内的；(4) 女职工在孕期、产期、哺乳期的；(5) 在本单位连续工作满15年，且距法定退休年龄不足5年的；(6) 法律、行政法规规定的其他情形。

用人单位单方解除劳动合同，应当事先将理由通知工会。用人单位违反法律、行政法规规定或者劳动合同约定的，工会有权要求用人单位纠正。用人单位应当研究工会的意见，并将处理结果书面通知工会。

(三) 合同终止

有下列情形之一的，劳动合同终止：(1) 劳动合同期满的；(2) 劳动者开始依法享受基本养老保险待遇的；(3) 劳动者死亡，或者被人民法院宣告死亡或者宣告失踪的；(4) 用人单位被依法宣告破产的；(5) 用人单位被吊销营业执照、责令关闭、撤销或者用人单位决定提前解散的；(6) 法律、行政法规规定的其他情形。

用人单位应当在解除或者终止劳动合同时出具解除或者终止劳动合同的证明，并在15日内为劳动者办理档案和社会保险关系转移手续。劳动者应当按照双方约定，办理工作交接。用人单位依照《劳动合同法》有关规定应当向劳动者支付经济补偿的，在办结工作交接时支付。用人单位对已经解除或者终止的劳动合同的文本，至少保存2年备查。

九、经济补偿金

有下列情形之一的,用人单位应当向劳动者支付经济补偿:(1)劳动者依照《劳动合同法》第三十八条规定解除劳动合同的;(2)用人单位依照《劳动合同法》第三十六条规定向劳动者提出解除劳动合同并与劳动者协商一致解除劳动合同的;(3)用人单位依照《劳动合同法》第四十条规定解除劳动合同的;(4)用人单位依照《劳动合同法》第四十一条第一款规定解除劳动合同的;(5)除用人单位维持或者提高劳动合同约定条件续订劳动合同,劳动者不同意续订的情形外,依照《劳动合同法》第四十四条第一项规定终止固定期限劳动合同的;(6)依照《劳动合同法》第四十四条第四项、第五项规定终止劳动合同的;(7)法律、行政法规规定的其他情形。经济补偿按劳动者在本单位工作的年限,每满1年支付1个月工资的标准向劳动者支付。6个月以上不满1年的,按1年计算;不满6个月的,向劳动者支付半个月工资的经济补偿。劳动者月工资高于用人单位所在直辖市、设区的市级人民政府公布的本地区上年度职工月平均工资3倍的,向其支付经济补偿的标准按职工月平均工资3倍的数额支付,向其支付经济补偿的年限最高不超过12年。

用人单位违反本法规定解除或者终止劳动合同,劳动者要求继续履行劳动合同的,用人单位应当继续履行;劳动者不要求继续履行劳动合同或者劳动合同已经不能继续履行的,用人单位应当依照《劳动合同法》第八十七条规定支付赔偿金。

十、集体合同

企业职工一方与用人单位通过平等协商,可以就劳动报酬、工作时间、休息休假、劳动安全卫生、保险福利等事项订立集体合同。企业职工一方与用人单位可以订立劳动安全卫生、女职工权益保护、工资调整机制等专项集体合同。

集体合同订立后,应当报送劳动行政部门;劳动行政部门自收到集体合同文本之日起15日内未提出异议的,集体合同即行生效。依法订立的集体合同对用人单位和劳动者具有约束力。

十一、劳务派遣

(一)劳务派遣及劳务派遣协议

经营劳务派遣业务,应当向劳动行政部门依法申请行政许可;经许可的,依法办理相应的公司登记。未经许可,任何单位和个人不得经营劳务派遣业务。劳务派遣单位是《劳动合同法》所称用人单位,应当履行用人单位对劳动者的义务。劳务派遣单位与被派遣劳动者订立的劳动合同,除应当载明《劳动合同法》第十七条规定的事项外,还应当载明被派遣劳动者的用工单位以及派遣期限、工作岗位等情况。劳务派遣单位应当与被派遣劳动者订立2年以上的固定期限劳动合同,按月支付劳动报酬;被派遣劳动者在无工作期间,劳务派遣单位应当按照所在地人民政府规定的最低工资标准,向其按月支付报酬。

劳务派遣单位派遣劳动者应当与接受以劳务派遣形式用工的单位(用工单位)订立劳务派遣协议。劳务派遣协议应当约定派遣岗位和人员数量、派遣期限、劳动报酬和社会保险费的数额与支付方式以及违反协议的责任。用工单位应当根据工作岗位的实际需要与劳务派遣单位确定派遣期限,不得将连续用工期限分割订立数个短期劳务派遣协议。劳务派遣单位应当将劳务派遣协议的内容告知被派遣劳动者。劳务派遣单位不得克扣用工单位按照劳务派遣协议支付给被派遣劳动者的劳动报酬。劳务派遣单位和用工单位不得向被派遣劳动者收取费用。劳务派遣单位跨地区派遣劳动者的，被派遣劳动者享有的劳动报酬和劳动条件，按照用工单位所在地的标准执行。

（二）用工单位的义务

用工单位应当履行下列义务：(1) 执行国家劳动标准，提供相应的劳动条件和劳动保护；(2) 告知被派遣劳动者的工作要求和劳动报酬；(3) 支付加班费、绩效奖金，提供与工作岗位相关的福利待遇；(4) 对在岗被派遣劳动者进行工作岗位所必需的培训；(5) 连续用工的，实行正常的工资调整机制。用工单位不得将被派遣劳动者再派遣到其他用人单位。

被派遣劳动者享有与用工单位的劳动者同工同酬的权利。用工单位应当按照同工同酬原则，对被派遣劳动者与本单位同类岗位的劳动者实行相同的劳动报酬分配办法。用工单位无同类岗位劳动者的，参照用工单位所在地相同或者相近岗位劳动者的劳动报酬确定。

（三）劳务派遣关系的解除

被派遣劳动者可以依照《劳动合同法》第三十六条、第三十八条的规定与劳务派遣单位解除劳动合同。被派遣劳动者有《劳动合同法》第三十九条和第四十条第一项、第二项规定情形的，用工单位可以将劳动者退回劳务派遣单位，劳务派遣单位依照劳动合同法有关规定，可以与劳动者解除劳动合同。

（四）劳务派遣的适用情形

劳动合同用工是企业基本用工形式。劳务派遣用工是补充形式，只能在临时性、辅助性或者替代性的工作岗位上实施。前款规定的临时性工作岗位是指存续时间不超过6个月的岗位；辅助性工作岗位是指为主营业务岗位提供服务的非主营业务岗位；替代性工作岗位是指用工单位的劳动者因脱产学习、休假等原因无法工作的一定期间内，可以由其他劳动者替代工作的岗位。用工单位应当严格控制劳务派遣用工数量，不得超过其用工总量的一定比例，具体比例由国务院劳动行政部门规定。用人单位不得设立劳务派遣单位向本单位或者所属单位派遣劳动者。

十二、非全日制用工

非全日制用工，是指以小时计酬为主，劳动者在同一用人单位一般平均每日工作时间不超过4小时，每周工作时间累计不超过24小时的用工形式。非全日制用工双方当事人可以订立口头协议。从事非全日制用工的劳动者可以与一个或者一个以上用人单位订立劳动合同，但是后订立的劳动合同不得影响先订立的劳动合同的履行。

非全日制用工双方当事人不得约定试用期。非全日制用工双方当事人任何一方都可以随时通知对方终止用工。终止用工，用人单位不向劳动者支付经济补偿。非全日制用工小时计酬标准不得低于用人单位所在地人民政府规定的最低小时工资标准。非全日制用工劳动报酬结算支付周期最长不得超过15日。

本章思考练习题

1. 白某大学毕业后进入一家银行工作,因为勤奋好学,聪明上进,获得了不少培训机会,在企业中迅速晋升,成为业务骨干。对于业务骨干银行在给予更多业务培训和晋升机会的同时也在与他们签订的劳动合同中加入了竞业限制条款,以防他们"跳槽"。银行在与白某签订的相关劳动合同条款规定,白某如要辞职,必须提前3个月提出,且必须做好手头管理客户的交接工作,不能将客户带走,也不能把其管理的客户名单向任何第三方透露。同时白某辞职后24个月内不能去同业包括银行、保险、证券、信托等在内的金融行业任职,银行会在此24个月内向白某支付竞业限制补偿金,补偿金标准按照当地职工最低工资标准发放。后来白某提出辞职,银行人力资源总经理找她做了最后一次谈话,向她强调了辞职后应该履行竞业限制义务,并让其在离职谈话单上签字,离职谈话单上包含了告知竞业限制义务的内容。从白某离职的第二个月起,银行每个月向白某银行卡打入竞业限制补偿金。银行自白某离职后就密切关注其动向,后打探到白某在离职后马上去了另一家银行担任行长助理,于是银行向当地劳动仲裁委员会提出劳动仲裁,要求白某按劳动合同约定按照其离职前12个月收入的10倍支付竞业限制违约金(注:银行每月向白某支付经济补偿金1100元,白某离职前12个月的收入总计30.3万元,故白某应支付银行违约金303万元)。请大家思考:

(1) 你认为白某是否应该向银行支付竞业限制违约金?

(2) 如果你是银行人力资源部门负责人,你会如何应对白某的辞职,并为后期向白某主张竞业限制义务做好前期准备?

(3) 如果你是一家公司的人力资源负责人,你会如何建立关于员工竞业限制方面的制度规范?

参考资料1——法律依据

《中华人民共和国劳动合同法》第二十三条规定:"用人单位与劳动者可以在劳动合同中约定保守用人单位的商业秘密和与知识产权相关的保密事项。对负有保密义务的劳动者,用人单位可以在劳动合同或者保密协议中与劳动者约定竞业限制条款,并约定在解除或者终止劳动合同后,在竞业限制期限内按月给予劳动者经济补偿。劳动者违反竞业限制约定的,应当按照约定向用人单位支付违约金。"第二十四条规定:"竞业限制的人员限于用人单位的高级管理人员、高级技术人员和其他负有保密义务的人员。竞业限制的范围、地域、期限由用人单位与劳动者约定,竞业限制的约定不得违反法律、法规的规定。在解除或者终止劳动合同后,前款规定的人员到与本单位生产或者经营同类产品、从事同类业务的有竞争关系的其他用人单位,或者自己开业生产或者经营同类产品、从事同类业务的竞业限制期限,不得超过二年。"

如果劳动者掌握一些机密资料或客户资源,公司为了防止竞争公司得到这些信息和人才,就会要求劳动者离职后不能到竞争公司任职。当然同时公司也会向劳动者支付补偿金。

关于竞业限制的补偿金标准,我国目前还没有全国统一的明确和具体的法律规定,实践中由用人单位和劳动者双方以各地方法规为依据进行协商确定。例如深圳,根据《深圳经济特区企业技术秘密保护条例》(1995 年 11 月 3 日深圳市第二届人民代表大会常务委员会第四次会议通过，2009 年 5 月 21 日深圳市第四届人民代表大会常务委员会第二十八次会议修正）第二十四条规定："竞业限制协议约定的补偿费，按月计算不得少于该员工离开企业前最后十二个月月平均工资的二分之一。约定补偿费少于上述标准或者没有约定补偿费的，补偿费按照该员工离开企业前最后十二个月月平均工资的二分之一计算。"该条例第二十五条还规定："竞业限制补偿费应当在员工离开企业后按月支付。用人单位未按月支付的，劳动者自用人单位违反约定之日起三十日内，可以要求用人单位一次性支付尚未支付的经济补偿，并继续履行协议；劳动者未在三十日内要求一次性支付的，可以通知用人单位解除竞业限制协议。"至于竞业限制的期限，上述深圳条例规定最长不得超过解除或者终止劳动合同后两年，超过两年的，超过部分无效。其他关于竞业限制的地方性法规包括《上海市劳动合同条例》《江苏省劳动合同条例》等。

为了规避用工风险与劳动纠纷，对于掌握公司机密的技术人员或中高层管理人员，在办理正规的劳动用工手续时，最好能同时签订保密与竞业限制协议，对双方的权利义务、补偿金、违约责任等作一个明确的书面约定。

2012 年最高院出台的《关于审理劳动争议案件适用法律若干问题的解释（四）》第六条："当事人在劳动合同或者保密协议中约定了竞业限制，但未约定解除或者终止劳动合同后给予劳动者经济补偿，劳动者履行了竞业限制义务，要求用人单位按照劳动者在劳动合同解除或者终止前十二个月平均工资的 30% 按月支付经济补偿的，人民法院应予支持。前款规定的月平均工资的 30% 低于劳动合同履行地最低工资标准的，按照劳动合同履行地最低工资标准支付。"以上规定为对竞业限制补偿金没有约定的情况下，劳动者可以主张的竞业限制补偿金的标准。但是若有关竞业限制补偿金的约定低于以上标准的情况下，劳动者是否可以主张按照上述标准来执行或者直接主张竞业限制协议无效呢？具体要看各地有关竞业限制的具体规定。

参考资料 2——竞业限制与竞业禁止的区别及违反后果

一、竞业限制与竞业禁止的定义

1. 竞业禁止，又称为竞业回避、竞业避让，是用人单位对员工采取的以保护其商业秘密为目的的一种法律措施，是根据法律规定或双方约定，在劳动关系存续期间或劳动关系结束后的一定时期内，限制并禁止员工在本单位任职期间同时兼职于业务竞争单位。限制并禁止员工在离职后从事与本单位竞争的业务，包括不得在生产同类产品或经营同类业务且有竞争关系或其他利害关系的其他业务单位任职；不得到生产同类产品或经营同类业务且具有竞争关系的其他用人单位兼职或任职；不得自己生产与原单位有竞争关系的同类产品或经营同类业务。

2. 竞业限制，是用人单位对负有保守用人单位商业秘密的劳动者，在劳动合同、知识产权权利归属协议或技术保密协议中约定的竞业限制条款，即劳动者在终止或解除劳动合同后的一定期限内不得再生产同类产品、经营同类业务或有其他竞争关系的用人单位任职，也不得自己生产与原单位有竞争关系的同类产品或经营同类业务。限制时间由当事人事先约定，但不得超过两年。竞业限制条款在劳动合同中为延迟生效条款，也就是劳动合同的其他条款法律约束力终结后，该条款开始生效。

二、竞业限制与竞业禁止的区别

1. 竞业禁止是法定义务，不能约定解除；而竞业限制是约定义务，企业违反竞业协议承诺未支付补偿，劳动者经催告后仍不付补偿，此时劳动者可以行使对竞业限制协议的合同解除权，免除相应的竞业限制义务。单位提前1个月通知可以放弃竞业限制。

2. 竞业禁止针对的是公司董事、高级管理人员；而竞业限制针对的是负有保密义务的劳动者，可以包括董事、高级管理人员。

3. 竞业禁止针对的是在职人员；而竞业限制针对的是离职人员。

4. 竞业禁止针对的在职人员只要未离职，就一直适用；而竞业限制针对员工的限制为离职两年以内。

5. 单位对竞业禁止人员不需要支付补偿；而单位对竞业限制人员在离职后必须补偿，而不是在职期间支付保密费。

6. 竞业禁止的生效是依据法律（只要成为公司董事、高级管理人员）；而竞业限制以单位支付补偿金为生效条件，补偿金不明的，双方可协商，协商不成的，用人单位应按照劳动者此前正常工资的20%—50%支付补偿金。

三、违反的后果

1. 违反竞业禁止，根据《公司法》第一百四十九条的规定，董事、高级管理人员违反前款规定所得的收入应当归公司所有。

2. 劳动者违反竞业限制约定的，应当按照约定向用人单位支付违约金。违约金的数额由双方约定，约定的违约金数额畸高的，当事人可以要求适当减少。

3. 根据《上海市劳动合同条例》及相关规定，劳动合同当事人约定违约金的，违约金数额、承担责任和支付办法应由双方当事人按照公平、合理的原则在劳动合同中约定。双方当事人约定的违约金数额高于因劳动者违约给用人单位造成实际损失的，劳动者应当按双方约定承担违约金；约定的违约金数额低于实际损失，用人单位请求赔偿的，劳动者应按实际损失赔偿。因此，违约金约定过高或过低的，仲裁及审判机构可以根据公平合理原则，参照给企业造成损失的大小进行相应调整。

参考资料3——劳动合同限制竞业条款示例

第一，乙方愿意与甲方签订本合同项下的限制竞业条款，并恪守限制竞业义务。

第二，乙方承诺并保证：在其任职期内，或无论何种原因离开甲方企业两年内，无论在何地域，除非获得甲方书面许可，将不会直接或间接实施下列行为：

1. 单独或联同任何其他个人、企业、公司或组织，聘用或唆使或诱导任何甲方的经理或雇员离开甲方；

2. 单独或联同其他个人、企业、公司或组织进行与或可能与甲方的任何业务发生竞争的行为，或唆使或诱导任何在乙方受聘期内曾与任何甲方接触或交易过的客户或供应商成为他方的客户或供应商或终止或重大减少与甲方的业务往来；

3. 单独组建、参与组建或受雇于与甲方生产同类产品或经营同类业务且有竞争关系或者其他利害关系的其他公司或企业或组织，生产、经营与甲方有竞争关系的同类产品或业务。

第三，乙方无论何种原因离开甲方企业两年内，乙方所作的与其在甲方任职工作有关的发明创造应属职务创造，归甲方所有，适用于本合同项下职务发明、创造的有关处理条款规定。

第四，乙方无论何种原因离开甲方两年内，因乙方承担本合同项下限制竞业义务而造成乙方一定的经济损失，甲、乙双方商定，甲方给予乙方竞业限制补偿费，其标准为：按照乙方在离开甲方工作岗位时的最后一个月的基本工资的标准向乙方一次性支付48个月。乙方认同该补偿方案的合理性并接受。

2. 某银行客户王某手机收到银行的一条短信，告诉他如果要继续持有该银行的银行卡必须日均账户余额保持在1万元以上，否则银行将每月收取5元的账户管理费。王某来到银行网点告知客户经理他不同意银行收取账户管理费，因为他当时办卡时银行还未收取账户管理费，合同中也没有此条规定，现在银行必须征得他本人的同意才能收取。但他不同意，所以银行不能收。

银行则称该收费已经过银行监管部门批准，属于合法收费范畴，而且针对所有符合条件的银行客户都收取该笔费用，没有对王某的歧视，王某的要求不合理，银行不能接受。

双方协商未果，诉诸法院，王某要求法院惩戒银行这种欺压消费者的行为，银行则认为如果法院支持王某，则对其他消费者构成不公平。请问：

（1）银行与王某的合同条款修改可否依照银行的单方通知？
（2）银行等金融机构在消费者权益保护方面应该承担更严格的特殊责任吗？
（3）格式合同的变更应该遵循何种程序？

3. 某林业公司向某保险公司投保林木火灾险，保险公司赠送了一份林木盗窃险给林业公司。投保的第二年该地遭遇百年未遇的雪灾，林业公司林木遭到盗窃分子的疯狂盗伐，造成500多万元的经济损失，因恰逢春节假期，林业公司在林场值班人员发现盗窃情况后50小时才报案，保险公司称，林木盗窃险合同明确约定被保险人应在发现保险事故后48小时内向保险公司报案，否则保险公司免赔。林业公司认为只是晚了几个小时报案就不赔一分钱太过分，这样的条款是霸王条款，不应适用，而且保险合同是格式合同，制定合同的一方不能免除自己的主要义务，否则条款无效。保险公司则认为盗窃险合同与通常所见的保险格式合同不一样，只是用A4大小的纸张打印了合同条款，形式上与保险合同差别很大，故应属于双方协商条款，既然是协商条款，就是双方协商一致的结果，不存在霸王条款的问题，双方应该信守合同，否则就是违反诚信原则。如果你是林业公司会如何应对这一事件？

第六章

商事主体经营与创业活动开展（三）

【教学目标】

本章通过商事主体经营中涉及的产品质量和市场竞争问题引出创业中经常遇到的消费者权益保护和反垄断及公平竞争问题，在系统介绍产品质量法、消费者权益保护法、反垄断法和反不正当竞争法的基础上，让学生树立依法经营的意识，熟悉产品质量法律规定及企业对客户的基本义务，对正当参与市场竞争的必要性有充分认识，掌握处理产品和竞争纠纷的基本技巧。

第一节 产品质量和消费者保护

一、消费者及其权利

消费者为生活消费需要购买、使用商品或者接受服务，其权益受法律保护。经营者与消费者进行交易，应当遵循自愿、平等、公平、诚实信用的原则。

（一）人身财产安全保障权

消费者在购买、使用商品和接受服务时享有人身、财产安全不受损害的权利。消费者有权要求经营者提供的商品和服务，符合保障人身、财产安全的要求。

（二）知情权

消费者享有知悉其购买、使用的商品或者接受的服务的真实情况的权利。消费者有权根据商品或者服务的不同情况，要求经营者提供商品的价格、产地、生产者、用途、性能、规格、等级、主要成分、生产日期、有效期限、检验合格证明、使用方法说明书、售后服务，或者服务的内容、规格、费用等有关情况。

（三）自主选择权

消费者享有自主选择商品或者服务的权利。消费者有权自主选择提供商品或者服务的经营者，自主选择商品品种或者服务方式，自主决定购买或者不购买任何一种商品、接受或者不接受任何一项服务。消费者在自主选择商品或者服务时，有权进行比较、鉴别和挑选。

（四）公平交易权

消费者享有公平交易的权利。消费者在购买商品或者接受服务时，有权获得质量保障、价格合理、计量正确等公平交易条件，有权拒绝经营者的强制交易行为。

（五）赔偿请求权

消费者因购买、使用商品或者接受服务受到人身、财产损害的，享有依法获得赔偿的权利。消费者享有依法成立维护自身合法权益的社会组织的权利。

（六）其他权利

消费者享有获得有关消费和消费者权益保护方面的知识的权利。消费者在购买、使用商品和接受服务时，享有人格尊严、民族风俗习惯得到尊重的权利，享有个人信息依法得到保护的权利。

二、经营者及其义务

（一）公平交易和接受监督的义务

经营者向消费者提供商品或者服务，应当恪守社会公德，诚信经营，保障消费者的合法权益；不得设定不公平、不合理的交易条件，不得强制交易。经营者应当听取消费者对其提供的商品或者服务的意见，接受消费者的监督。

（二）安全保障义务

经营者应当保证其提供的商品或者服务符合保障人身、财产安全的要求。对可能危及人身、财产安全的商品和服务，应当向消费者作出真实的说明和明确的警示，并说明和标明正确使用商品或者接受服务的方法以及防止危害发生的方法。宾馆、商场、餐馆、银行、机场、车站、港口、影剧院等经营场所的经营者，应当对消费者尽到安全保障义务。经营者发现其提供的商品或者服务存在缺陷，有危及人身、财产安全危险的，应当立即向有关行政部门报告和告知消费者，并采取停止销售、警示、召回、无害化处理、销毁、停止生产或者服务等措施。采取召回措施的，经营者应当承担消费者因商品被召回支出的必要费用。

（三）信息告知义务

经营者向消费者提供有关商品或者服务的质量、性能、用途、有效期限等信息，应当真实、全面，不得作虚假或者引人误解的宣传。经营者对消费者就其提供的商品或者服务的质量和使用方法等问题提出的询问，应当作出真实、明确的答复。

（四）明码标价、表明身份和开具发票的义务

经营者提供商品或者服务应当明码标价。经营者应当标明其真实名称和标记。租赁他人柜台或者场地的经营者，应当标明其真实名称和标记。经营者提供商品或者服务，应当按照国家有关规定或者商业惯例向消费者出具发票等购货凭证或者服务单据；消费者索要发票等购货凭证或者服务单据的，经营者必须出具。

(五) 质量和权利瑕疵担保义务

经营者应当保证在正常使用商品或者接受服务的情况下其提供的商品或者服务应当具有的质量、性能、用途和有效期限。但消费者在购买该商品或者接受该服务前已经知道其存在瑕疵，且存在该瑕疵不违反法律强制性规定的除外。经营者以广告、产品说明、实物样品或者其他方式表明商品或者服务的质量状况的，应当保证其提供的商品或者服务的实际质量与表明的质量状况相符。

经营者提供的商品或者服务不符合质量要求的，消费者可以依照国家规定、当事人约定退货，或者要求经营者履行更换、修理等义务。没有国家规定和当事人约定的，消费者可以自收到商品之日起 7 日内退货；7 日后符合法定解除合同条件的，消费者可以及时退货，不符合法定解除合同条件的，可以要求经营者履行更换、修理等义务。依照前款规定进行退货、更换、修理的，经营者应当承担运输等必要费用。

(六) 采取网络、电视、电话、邮购等方式销售商品的特别义务

经营者采用网络、电视、电话、邮购等方式销售商品，消费者有权自收到商品之日起 7 日内退货，且无须说明理由，但下列商品除外：（1）消费者定做的；（2）鲜活易腐的；（3）在线下载或者消费者拆封的音像制品、计算机软件等数字化商品；（4）交付的报纸、期刊。除前款所列商品外，其他根据商品性质并经消费者在购买时确认不宜退货的商品，不适用无理由退货。消费者退货的商品应当完好。经营者应当自收到退回商品之日起 7 日内返还消费者支付的商品价款。退回商品的运费由消费者承担；经营者和消费者另有约定的，按照约定。

采用网络、电视、电话、邮购等方式提供商品或者服务的经营者，以及提供证券、保险、银行等金融服务的经营者，应当向消费者提供经营地址、联系方式、商品或者服务的数量和质量、价款或者费用、履行期限和方式、安全注意事项和风险警示、售后服务、民事责任等信息。

(七) 使用格式条款的特别义务

经营者在经营活动中使用格式条款的，应当以显著方式提请消费者注意商品或者服务的数量和质量、价款或者费用、履行期限和方式、安全注意事项和风险警示、售后服务、民事责任等与消费者有重大利害关系的内容，并按照消费者的要求予以说明。经营者不得以格式条款、通知、声明、店堂告示等方式，作出排除或者限制消费者权利、减轻或者免除经营者责任、加重消费者责任等对消费者不公平、不合理的规定，不得利用格式条款并借助技术手段强制交易。格式条款、通知、声明、店堂告示等含有前款所列内容的，其内容无效。

(八) 收集消费者信息应遵循的义务

经营者收集、使用消费者个人信息，应当遵循合法、正当、必要的原则，明示收集、使用信息的目的、方式和范围，并经消费者同意。经营者收集、使用消费者个人信息，应当公开其收集、使用规则，不得违反法律、法规的规定和双方的约定收集、使用信息。经营者及其工作人员对收集的消费者个人信息必须严格保密，不得泄露、出售或者非法向他人提供。

经营者应当采取技术措施和其他必要措施，确保信息安全，防止消费者个人信息泄露、丢失。在发生或者可能发生信息泄露、丢失的情况时，应当立即采取补救措施。

三、消费纠纷解决

（一）纠纷解决方式

消费者和经营者发生消费者权益争议的，可以通过下列途径解决：（1）与经营者协商和解；（2）请求消费者协会或者依法成立的其他调解组织调解；（3）向有关行政部门投诉；（4）根据与经营者达成的仲裁协议提请仲裁机构仲裁；（5）向人民法院提起诉讼。

（二）权利主张对象

消费者在购买、使用商品时，其合法权益受到损害的，可以向销售者要求赔偿。销售者赔偿后，属于生产者的责任或者属于向销售者提供商品的其他销售者的责任的，销售者有权向生产者或者其他销售者追偿。

消费者或者其他受害人因商品缺陷造成人身、财产损害的，可以向销售者要求赔偿，也可以向生产者要求赔偿。属于生产者责任的，销售者赔偿后，有权向生产者追偿。属于销售者责任的，生产者赔偿后，有权向销售者追偿。消费者在接受服务时，其合法权益受到损害的，可以向服务者要求赔偿。

消费者在展销会、租赁柜台购买商品或者接受服务，其合法权益受到损害的，可以向销售者或者服务者要求赔偿。展销会结束或者柜台租赁期满后，也可以向展销会的举办者、柜台的出租者要求赔偿。展销会的举办者、柜台的出租者赔偿后，有权向销售者或者服务者追偿。

消费者通过网络交易平台购买商品或者接受服务，其合法权益受到损害的，可以向销售者或者服务者要求赔偿。网络交易平台提供者不能提供销售者或者服务者的真实名称、地址和有效联系方式的，消费者也可以向网络交易平台提供者要求赔偿；网络交易平台提供者作出更有利于消费者的承诺的，应当履行承诺。网络交易平台提供者赔偿后，有权向销售者或者服务者追偿。网络交易平台提供者明知或者应知销售者或者服务者利用其平台侵害消费者合法权益，未采取必要措施的，依法与该销售者或者服务者承担连带责任。

消费者因经营者利用虚假广告或者其他虚假宣传方式提供商品或者服务，其合法权益受到损害的，可以向经营者要求赔偿。广告经营者、发布者发布虚假广告的，消费者可以请求行政主管部门予以惩处。广告经营者、发布者不能提供经营者的真实名称、地址和有效联系方式的，应当承担赔偿责任。广告经营者、发布者设计、制作、发布关系消费者生命健康商品或者服务的虚假广告，造成消费者损害的，应当与提供该商品或者服务的经营者承担连带责任。社会团体或者其他组织、个人在关系消费者生命健康商品或者服务的虚假广告或者其他虚假宣传中向消费者推荐商品或者服务，造成消费者损害的，应当与提供该商品或者服务的经营者承担连带责任。

四、产品的界定

产品是指经过加工、制作，用于销售的产品。建设工程不适用本法规定。但是，建设工程使用的建筑材料、建筑构配件和设备，属于前款规定的产品范围的，属于产品质量法适用范围。

五、产品标准

可能危及人体健康和人身、财产安全的工业产品，必须符合保障人体健康和人身、财产安全的国家标准、行业标准；未制定国家标准、行业标准的，必须符合保障人体健康和人身、财产安全的要求。禁止生产、销售不符合保障人体健康和人身、财产安全的标准和要求的工业产品。具体管理办法由国务院规定。

国家根据国际通用的质量管理标准，推行企业质量体系认证制度。企业根据自愿原则可以向国务院市场监督管理部门认可的或者国务院市场监督管理部门授权的部门认可的认证机构申请企业质量体系认证。经认证合格的，由认证机构颁发企业质量体系认证证书。国家参照国际先进的产品标准和技术要求，推行产品质量认证制度。企业根据自愿原则可以向国务院市场监督管理部门认可的或者国务院市场监督管理部门授权的部门认可的认证机构申请产品质量认证。经认证合格的，由认证机构颁发产品质量认证证书，准许企业在产品或者其包装上使用产品质量认证标志。

六、生产者、销售者的产品质量责任和义务

（一）生产者的产品质量责任和义务

生产者应当对其生产的产品质量负责。产品质量应当符合下列要求：（1）不存在危及人身、财产安全的不合理的危险，有保障人体健康和人身、财产安全的国家标准、行业标准的，应当符合该标准；（2）具备产品应当具备的使用性能，但是对产品存在使用性能的瑕疵作出说明的除外；（3）符合在产品或者其包装上注明采用的产品标准，符合以产品说明、实物样品等方式表明的质量状况。

产品或者其包装上的标识必须真实，并符合下列要求：（1）有产品质量检验合格证明；（2）有中文标明的产品名称、生产厂厂名和厂址；（3）根据产品的特点和使用要求，需要标明产品规格、等级、所含主要成分的名称和含量的，用中文相应予以标明，需要事先让消费者知晓的，应当在外包装上标明，或者预先向消费者提供有关资料；（4）限期使用的产品，应当在显著位置清晰地标明生产日期和安全使用期或者失效日期；（5）使用不当，容易造成产品本身损坏或者可能危及人身、财产安全的产品，应当有警示标志或者中文警示说明。裸装的食品和其他根据产品的特点难以附加标识的裸装产品，可以不附加产品标识。

生产者不得生产国家明令淘汰的产品。生产者不得伪造产地，不得伪造或者冒用他人的厂名、厂址。生产者不得伪造或者冒用认证标志等质量标志。生产者生产产品，不得掺杂、掺假，不得以假充真、以次充好，不得以不合格产品冒充合格产品。

（二）生产者的产品质量责任和义务

销售者应当建立并执行进货检查验收制度，验明产品合格证明和其他标识。销售者应当采取措施，保持销售产品的质量。销售者不得销售国家明令淘汰并停止销售的产品和失效、变质的产品。销售者销售的产品的标识应当符合《产品质量法》第二十七条的规定。销售者不得伪造产地，不得伪造或者冒用他人的厂名、厂址。销售者不得伪造或者冒用认证标志等质量标志。销售者销售产品，不得掺杂、掺假，不得以假充真、以次充好，不得以不合格产品冒充合格产品。

七、损害赔偿

售出的产品有下列情形之一的,销售者应当负责修理、更换、退货;给购买产品的消费者造成损失的,销售者应当赔偿损失:(1)不具备产品应当具备的使用性能而事先未作说明的;(2)不符合在产品或者其包装上注明采用的产品标准的;(3)不符合以产品说明、实物样品等方式表明的质量状况的。销售者依照前款规定负责修理、更换、退货、赔偿损失后,属于生产者的责任或者属于向销售者提供产品的其他销售者(以下简称"供货者")的责任的,销售者有权向生产者、供货者追偿。销售者未按照前述规定给予修理、更换、退货或者赔偿损失的,由市场监督管理部门责令改正。生产者之间,销售者之间,生产者与销售者之间订立的买卖合同、承揽合同有不同约定的,合同当事人按照合同约定执行。

八、产品缺陷及责任承担

产品缺陷是指产品存在危及人身、他人财产安全的不合理的危险;产品有保障人体健康和人身、财产安全的国家标准、行业标准的,是指不符合该标准。

因产品存在缺陷造成人身、缺陷产品以外的其他财产(以下简称"他人财产")损害的,生产者应当承担赔偿责任。生产者能够证明有下列情形之一的,不承担赔偿责任:(1)未将产品投入流通的;(2)产品投入流通时,引起损害的缺陷尚不存在的;(3)将产品投入流通时的科学技术水平尚不能发现缺陷的存在的。由于销售者的过错使产品存在缺陷,造成人身、他人财产损害的,销售者应当承担赔偿责任。销售者不能指明缺陷产品的生产者也不能指明缺陷产品的供货者的,销售者应当承担赔偿责任。因产品存在缺陷造成人身、他人财产损害的,受害人可以向产品的生产者要求赔偿,也可以向产品的销售者要求赔偿。属于产品的生产者的责任,产品的销售者赔偿的,产品的销售者有权向产品的生产者追偿。属于产品的销售者的责任,产品的生产者赔偿的,产品的生产者有权向产品的销售者追偿。

因产品存在缺陷造成受害人人身伤害的,侵害人应当赔偿医疗费、治疗期间的护理费、因误工减少的收入等费用;造成残疾的,还应当支付残疾者生活自助具费、生活补助费、残疾赔偿金以及由其扶养的人所必需的生活费等费用;造成受害人死亡的,并应当支付丧葬费、死亡赔偿金以及由死者生前扶养的人所必需的生活费等费用。因产品存在缺陷造成受害人财产损失的,侵害人应当恢复原状或者折价赔偿。受害人因此遭受其他重大损失的,侵害人应当赔偿损失。

第二节 反垄断和反不正当竞争

一、垄断行为

垄断行为包括:(1)经营者达成垄断协议;(2)经营者滥用市场支配地位;(3)具有或者可能具有排除、限制竞争效果的经营者集中。

二、反垄断主管机关

国务院设立反垄断委员会,负责组织、协调、指导反垄断工作,履行下列职责:(1)研究拟订有关竞争政策;(2)组织调查、评估市场总体竞争状况,发布评估报告;(3)制定、发布反垄断指南;(4)协调反垄断行政执法工作;(5)国务院规定的其他职责。

三、垄断协议

垄断协议是指排除、限制竞争的协议、决定或者其他协同行为。反垄断法禁止具有竞争关系的经营者达成下列垄断协议:(1)固定或者变更商品价格;(2)限制商品的生产数量或者销售数量;(3)分割销售市场或者原材料采购市场;(4)限制购买新技术、新设备或者限制开发新技术、新产品;(5)联合抵制交易;(6)国务院反垄断执法机构认定的其他垄断协议。《反垄断法》所称垄断协议,是指排除、限制竞争的协议、决定或者其他协同行为。同时反垄断法还禁止经营者与交易相对人达成下列垄断协议:(1)固定向第三人转售商品的价格;(2)限定向第三人转售商品的最低价格;(3)国务院反垄断执法机构认定的其他垄断协议。

如果经营者能够证明所达成的协议属于下列情形之一的,不适用前述规定:(1)为改进技术、研究开发新产品的;(2)为提高产品质量、降低成本、增进效率,统一产品规格、标准或者实行专业化分工的;(3)为提高中小经营者经营效率,增强中小经营者竞争力的;(4)为实现节约能源、保护环境、救灾救助等社会公共利益的;(5)因经济不景气,为缓解销售量严重下降或者生产明显过剩的;(6)为保障对外贸易和对外经济合作中的正当利益的;(7)法律和国务院规定的其他情形。

四、滥用市场支配地位

《反垄断法》禁止具有市场支配地位的经营者从事下列滥用市场支配地位的行为:(1)以不公平的高价销售商品或者以不公平的低价购买商品;(2)没有正当理由,以低于成本的价格销售商品;(3)没有正当理由,拒绝与交易相对人进行交易;(4)没有正当理由,限定交易相对人只能与其进行交易或者只能与其指定的经营者进行交易;(5)没有正当理由搭售商品,或者在交易时附加其他不合理的交易条件;(6)没有正当理由,对条件相同的交易相对人在交易价格等交易条件上实行差别待遇;(7)国务院反垄断执法机构认定的其他滥用市场支配地位的行为。

市场支配地位,是指经营者在相关市场内具有能够控制商品价格、数量或者其他交易条件,或者能够阻碍、影响其他经营者进入相关市场能力的市场地位。认定经营者具有市场支配地位,应当依据下列因素:(1)该经营者在相关市场的市场份额,以及相关市场的竞争状况;(2)该经营者控制销售市场或者原材料采购市场的能力;(3)该经营者的财力和技术条件;(4)其他经营者对该经营者在交易上的依赖程度;(5)其他经营者进入相关市场的难易程度;(6)与认定该经营者市场支配地位有关的其他因素。

有下列情形之一的,可以推定经营者具有市场支配地位:(1)一个经营者在相关市场的市场份额达到1/2的;(2)两个经营者在相关市场的市场份额合计达到2/3的;(3)三个经营者在相关市场的市场份额合计达到3/4的。有第(2)项、第(3)项规定情形,其中经营者市场份额不足 1/10 的不应当推定该经营者具有市场支配地位。被推定具有市场支配地位的经营者，有证据证明不具有市场支配地位的，不应当认定其具有市场支配地位。

五、经营者集中

经营者集中是指下列情形：（1）经营者合并；（2）经营者通过取得股权或者资产的方式取得对其他经营者的控制权；（3）经营者通过合同等方式取得对其他经营者的控制权或者能够对其他经营者施加决定性影响。

经营者集中达到国务院规定的申报标准的，经营者应当事先向国务院反垄断执法机构申报，未申报的不得实施集中。经营者集中有下列情形之一的，可以不向国务院反垄断执法机构申报：（1）参与集中的一个经营者拥有其他每个经营者 50% 以上有表决权的股份或者资产的；（2）参与集中的每个经营者 50% 以上有表决权的股份或者资产被同一个未参与集中的经营者拥有的。

审查经营者集中，应当考虑下列因素：（1）参与集中的经营者在相关市场的市场份额及其对市场的控制力；（2）相关市场的市场集中度；（3）经营者集中对市场进入、技术进步的影响；（4）经营者集中对消费者和其他有关经营者的影响；（5）经营者集中对国民经济发展的影响；（6）国务院反垄断执法机构认为应当考虑的影响市场竞争的其他因素。

经营者集中具有或者可能具有排除、限制竞争效果的，国务院反垄断执法机构应当作出禁止经营者集中的决定。但是，经营者能够证明该集中对竞争产生的有利影响明显大于不利影响，或者符合社会公共利益的，国务院反垄断执法机构可以作出对经营者集中不予禁止的决定。对不予禁止的经营者集中，国务院反垄断执法机构可以决定附加减少集中对竞争产生不利影响的限制性条件。国务院反垄断执法机构应当将禁止经营者集中的决定或者对经营者集中附加限制性条件的决定，及时向社会公布。对外资并购境内企业或者以其他方式参与经营者集中，涉及国家安全的，除依照反垄断法规定进行经营者集中审查外，还应当按照国家有关规定进行国家安全审查。

六、滥用行政权力排除、限制竞争

行政机关和法律、法规授权的具有管理公共事务职能的组织不得滥用行政权力，限定或者变相限定单位或者个人经营、购买、使用其指定的经营者提供的商品。

行政机关和法律、法规授权的具有管理公共事务职能的组织不得滥用行政权力，实施下列行为，妨碍商品在地区之间的自由流通：（1）对外地商品设定歧视性收费项目，实行歧视性收费标准，或者规定歧视性价格；（2）对外地商品规定与本地同类商品不同的技术要求、检验标准，或者对外地商品采取重复检验、重复认证等歧视性技术措施，限制外地商品进入本地市场；（3）采取专门针对外地商品的行政许可，限制外地商品进入本地市场；（4）设置关卡或者采取其他手段，阻碍外地商品进入或者本地商品运出；（5）妨碍商品在地区之间自由流通的其他行为。

行政机关和法律、法规授权的具有管理公共事务职能的组织不得滥用行政权力，以设定歧视性资质要求、评审标准或者不依法发布信息等方式，排斥或者限制外地经营者参加本地的招标投标活动。

行政机关和法律、法规授权的具有管理公共事务职能的组织不得滥用行政权力，采取与本地经营者不平等待遇等方式,排斥或者限制外地经营者在本地投资或者设立分支机构。

七、不正当竞争行为及其表现形式

(一) 不正当竞争行为

不正当竞争行为是指经营者在生产经营活动中,违反不正当竞争法的规定,扰乱市场竞争秩序,损害其他经营者或者消费者的合法权益的行为。

(二) 混淆

经营者不得实施下列混淆行为,引人误认为是他人商品或者与他人存在特定联系:(1) 擅自使用与他人有一定影响的商品名称、包装、装潢等相同或者近似的标识;(2) 擅自使用他人有一定影响的企业名称(包括简称、字号等)、社会组织名称(包括简称等)、姓名(包括笔名、艺名、译名等);(3) 擅自使用他人有一定影响的域名主体部分、网站名称、网页等;(4) 其他足以引人误认为是他人商品或者与他人存在特定联系的混淆行为。

(三) 商业贿赂

经营者不得采用财物或者其他手段贿赂下列单位或者个人,以谋取交易机会或者竞争优势:(1) 交易相对方的工作人员;(2) 受交易相对方委托办理相关事务的单位或者个人;(3) 利用职权或者影响力影响交易的单位或者个人。经营者在交易活动中,可以以明示方式向交易相对方支付折扣,或者向中间人支付佣金。经营者向交易相对方支付折扣、向中间人支付佣金的,应当如实入账。接受折扣、佣金的经营者也应当如实入账。经营者的工作人员进行贿赂的,应当认定为经营者的行为;但是,经营者有证据证明该工作人员的行为与为经营者谋取交易机会或者竞争优势无关的除外。

(四) 虚假宣传

经营者不得对其商品的性能、功能、质量、销售状况、用户评价、曾获荣誉等作虚假或者引人误解的商业宣传,欺骗、误导消费者。经营者不得通过组织虚假交易等方式,帮助其他经营者进行虚假或者引人误解的商业宣传。

(五) 侵犯商业秘密

经营者不得实施下列侵犯商业秘密的行为:(1) 以盗窃、贿赂、欺诈、胁迫、电子侵入或者其他不正当手段获取权利人的商业秘密;(2) 披露、使用或者允许他人使用以前项手段获取的权利人的商业秘密;(3) 违反保密义务或者违反权利人有关保守商业秘密的要求,披露、使用或者允许他人使用其所掌握的商业秘密;(4) 教唆、引诱、帮助他人违反保密义务或者违反权利人有关保守商业秘密的要求,获取、披露、使用或者允许他人使用权利人的商业秘密。经营者以外的其他自然人、法人和非法人组织实施前款所列违法行为的,视为侵犯商业秘密。第三人明知或者应知商业秘密权利人的员工、前员工或者其他单位、个人实施本条第一款所列违法行为,仍获取、披露、使用或者允许他人使用该商业秘密的,视为侵犯商业秘密。

（六）虚假有奖销售

经营者进行有奖销售不得存在下列情形：（1）所设奖的种类、兑奖条件、奖金金额或者奖品等有奖销售信息不明确，影响兑奖；（2）采用谎称有奖或者故意让内定人员中奖的欺骗方式进行有奖销售；（3）抽奖式的有奖销售，最高奖的金额超过5万元。

（七）侵犯他人商誉

经营者不得编造、传播虚假信息或者误导性信息，损害竞争对手的商业信誉、商品声誉。

（八）网络经营不当竞争

经营者利用网络从事生产经营活动，应当遵守反不正当竞争法的各项规定。经营者不得利用技术手段，通过影响用户选择或者其他方式，实施下列妨碍、破坏其他经营者合法提供的网络产品或者服务正常运行的行为：（1）未经其他经营者同意，在其合法提供的网络产品或者服务中，插入链接、强制进行目标跳转；（2）误导、欺骗、强迫用户修改、关闭、卸载其他经营者合法提供的网络产品或者服务；（3）恶意对其他经营者合法提供的网络产品或者服务实施不兼容；（4）其他妨碍、破坏其他经营者合法提供的网络产品或者服务正常运行的行为。

本章思考练习题

1. 阅读论文《互联网行业经营者集中反垄断规制的挑战与解决思路》，谈谈：
（1）你对互联网行业反垄断的看法。
（2）未来在互联网行业创业主要将面临哪些反垄断法律规制？
（3）作为企业管理层你会如何防范和处置这类风险？

一、问题的提出

随着信息技术与网络经济的发展，互联网行业迅速兴起，成为当今社会最具经济活力的领域。互联网行业的蓬勃发展，促成以"GAFAM"即Google（谷歌）、Apple（苹果）、Facebook（脸书）、Amazon（亚马逊）、Microsoft（微软）以及"BAT"即百度、阿里巴巴、腾讯为代表的互联网巨头企业脱颖而出。近年来，合并和收购的浪潮充斥着整个互联网行业，互联网企业之间合纵连横更成为一种常态。在互联网技术创新、社会应用以及产业发展高歌猛进的同时，合并与收购所带来的竞争问题也浮出水面。从市场结构的角度来看，互联网行业的垄断结构已经显现。大企业纷纷展开平台化、多元化经营，主导和推动着企业的合并与收购；与之相对，小企业在初创阶段不得不接受大企业的持股，在获得消费者的青睐并占据一定市场份额之后，则难逃被完全收购的命运。实践中，欧盟与美国已经对互联网行业的经营者集中展开了一系列的反垄断调查，较早案件包括"微软收购雅虎搜索""谷歌收购双击（DoubleClick）""脸书收购WhatsApp"。近期，澳大利亚竞争与消费者委员会（ACCC）也发布了《数字平台调查初步报告》。ACCC在其报告中指出，通过调查，ACCC认为谷歌在网络搜索广告等市场,以及脸书在展示广告等市场均具有实质的市场力量(Substantial Market Power)。我国国家市场监督管理总局也表示正在运用《反垄断法》对"滴滴优步合并案"进行反垄断调查。上述案件中,即便消费者受产品与服务质量下降、选择减少、创新延缓的损害显而易见,可是由于互联网行业的市场边界难以清晰界定、市场份额与市场力量难以度量等原因,在一定程度上降低了反垄断法对上述案件的规制效果。更有甚者,对于互联网行业出现的垄断结构,因其造成的价格损害并不明显,不仅经济学学者对其赞美有加,部分法学学者更视其"本身合法"。受此影响,互联网行业的经营者集中反垄断规制在观念与技术层面受到了双重挑战。因此,需要从互联网行业经营者集中的现实出发,寻找其区别于传统行业的特殊性,在此基础上明确互联网行业经营者集中反垄断规制的目标与框架,以期推动经营者集中的反垄断规制在互联网行业能够发挥实效。

二、互联网行业经营者集中的特殊性

互联网行业历经融合演化,行业内的竞争亦从早期 Web1.0 时代硬件与网络入口,即物理层面的竞争,到 Web2.0 时代的逻辑、应用层面的竞争,步入了依赖内容层细化,针对硬件与软件用户层面的竞争。在 Web3.0 时代,互联网企业通过服务市场的细分,更突出地表现为围绕用户而相互竞争。因此,互联网企业的竞争具备了三项最显著的特质:个人信息竞争、注意力竞争、创新能力竞争。与此同时,互联网行业经营者从竞争走向集中的过程中也呈现出明显的特殊性,即:数据集中、注意力集中、专利与技术标准集中。在此基础上,趁着网络效应影响与锁定效应的助推之势,互联网行业的经营者通过合并与收购,逐渐形成了在静态层面以寡头平台为中心的"垄断结构",互联网行业的竞争也从完全竞争步入寡头竞争。

(一)从个人信息竞争到数据集中

对于广大消费者来说,互联网经济为他们带来了诸多好处。搜索引擎、即时通信为消费者高效解决问题提供了前所未有的便利;社交网站为消费者提供交流的网络媒介;导航地图、网络购票为消费者提供出行、购物的快捷选择。但与此同时,消费者为获取互联网企业提供的产品与服务,实际上支付了大量的个人信息作为对价。个人信息与个人数据常被替换使用,具有相同指向。互联网行业的竞争,也以经营者争夺消费者个人信息的形式而展开。经营者对于消费者个人信息的收集与使用,成为其成长壮大的关键。正因于此,数据成为互联网行业中重要的生产原料、策略资产、流通产品,互联网行业的经营者集中也以数据集中为重心。据 OECD 2015 年的数据显示,2008 年到 2012 年,数据相关并购交易的数量翻了 3 倍以上。数据集中增强了集中后企业通往多个数据库的能力,帮助企业训练与提升算法,从而能够更为精准地锁定消费者,除能够及时准确地回应消费者的需求外,还能创造与拓展消费者的需求。以搜索引擎为例,在"Microsoft/Yahoo! Search Business"一案中,竞争当局注意到,集中后企业能够获取更大规模的搜索请求,提升搜索结果的相关性,以此回应消费者的偏好。再以导航地图为例,2013 年阿里巴巴通过收购高德导航,集中了高德导航所积累的有关用户、商户、地点的海量数据,在此基础上巩固了其在本地生活业务领域的领先地位。

(二)从注意力竞争到注意力集中

除积极参与对个人信息的争夺之外,互联网企业之间的竞争也围绕注意力争夺而展开。从事搜索引擎、社交网络、电子商务等业务的互联网经营者,通过提供产品与服务的各种功能以赢得消费者的关注。与此同时，他们将消费者所付出的关注转卖给注意力中间商以及其他经营者。换言之，消费者关注或者说消费者注意力是互联网领域的稀缺品，注意力因其稀缺性成为兼具使用价值与交换价值的商品。实践当中，互联网企业通过"免费+增值"模式与平台模式，在提供互联网产品与服务时收取"0"价格的做法已经常态化。但形式上的免费，实质是消费者支付个人信息以及注意力成本作为交易对价的结果。也因于此，为了回避注意力竞争，经营者之间"握手言和"式的合并交易非常普遍。举例来说，我国"美团与大众点评的合并""滴滴与快的合并""优酷与土豆的合并""携程与去哪儿的合并"，都实现了对消费者注意力的积聚与整合，将注意力的多重归属变为实质上的单一归属。与之相应，以社交网络作为核心业务的脸书，于2012年花费10亿美元收购社交应用Instagram，于2014年花费190亿美元收购即时通信应用WhatsApp。在收购对方之前，收购企业与目标企业都具有交叉的客户群体，这两项收购均帮助脸书将用户群体予以整合与集中，从而进一步锁定用户群体。

（三）从创新竞争到专利与技术标准集中

互联网企业本身就是基于创新的产物，互联网企业的竞争也自然意味着创新角逐。互联网企业在取得技术创新突破后，首要任务通常是将成果转化为专利等知识产权，创新竞争在一定程度上反映为专利的竞争。此外，互联网的产生与发展依赖于各个独立系统的相互连通、协同工作，这也客观上要求互联网产品与服务能够相互兼容、相互配合。如果一项技术标准设计合理，并能够迎合实际需要，且能够被广泛运用，这样的技术标准就可以发挥创新催化剂的作用。换言之，互联网行业的创新竞争一定程度上也反映为技术标准的竞争。也因于此，互联网行业的经营者为释放其竞争与创新的压力，积极参与涉及专利与技术标准的合并与收购交易。以近年来快速成长的互联网企业Uber为例，除自主研发以外，其通过收购的方式获得9项涉及网约车运营所依赖的关键技术专利。除此之外，互联网经营者针对技术标准的合并与收购交易也愈发频繁。近年来，我国商务部审查的"微软收购诺基亚""谷歌收购摩托罗拉移动""诺基亚收购阿尔卡特朗讯股权"等一系列经营者集中案件，均涉及大量的标准必要专利。以谷歌收购摩托罗拉移动为例，通过该项交易，谷歌获取了1.7万件专利以及1700件专利申请。这意味着，除了通过自主研发创新进行技术抢滩之外，具备先发优势与资本优势的互联网企业也更为频繁地使用合并与收购策略，直接而迅捷地完成专利与技术标准储备，构筑与强化其无形资产护城河。

（四）从完全竞争到寡头竞争

将传统产业组织理论对市场结构的划分适用于互联网行业，从静态角度可以看出，现今的互联网行业当中，不论是在即时通信、搜索引擎还是网络零售领域，均呈现出寡头竞争甚至是垄断的结构特征。上述结构特征一方面源自互联网企业自身发展阶段的影响，另一方面则与互联网行业普遍存在的网络效应与锁定效应密切相关。互联网企业的成长一般会历经3个阶段，即初创期、成长期与成熟期。在初创期与成长期，各个企业专注于通过核心技术与应用加入市场竞争，技术的分享以及用户的转换并不存在过多障碍。此时，市场的集中度很低，企业数量也较多，市场无进入与退出壁垒，竞争者增加供应的可能性以及消费者转向的可能性都相对充足，相当于完全竞争。然而，当互联网企业进入成熟期后，寡头平台通过数据集中、注意力集中、专利与技术标准集中，在网络效应的影响与锁定效应的助推之下，成为"市场上仅剩的几个或一个"的经营者。网络效应，是指一个产品给网络中的某一用户的价值不仅取决于该产品的内在属性,也随着采用相同产品或者兼容产品的用户增加而增加。易言之,随着新用户的不断加入,原有用户可以享受产品与服务所蕴含的新的价值。锁定效应,是指先发技术凭借其进入市场的优势,从便利性、可预期性、高效性、灵活性方面进行锁定,从而实现收益递增的良性循环,进而在竞争中胜出。通过注意力与数据的集中,互联网企业增强了其对消费者的锁定;通过专利与技术标准的集中,互联网企业提升了其借力网络效应的能力。即使从动态角度来看,虽然围绕在位寡头平台的各个应用产品与服务仍可被视为处于动态竞争之中,创新企业要想成功进入寡头平台把守的市场,已越发艰难。举例来说,在互联网零售领域,不论是我国的天猫或者淘宝,抑或是美国的亚马逊,其在市场中的绝对领先地位已持续数年。在搜索引擎以及即时通信领域,我国的百度、腾讯以及美国谷歌、脸书也是独占鳌头。互联网行业寡头竞争甚至垄断的市场结构在近年来呈现出日趋稳定的态势。

三、互联网行业经营者集中反垄断规制面临的挑战

反垄断理论认为,经营者集中造成相关市场中企业的市场力量对比发生变化,集中后的经营者单方或者集中后市场中的经营者协同,可能从事限制竞争的行为,产生排除与限制竞争的效果。传统行业经营者集中产生或加强的市场力量主要指向经营者在竞争水平之上定价的能力,以价格控制力为中心。相比之下,互联网行业经营者集中主要涉及数据集中、注意力集中以及专利与技术标准集中,互联网行业经营者集中所产生与加强的市场力量,主要指向支配产品与服务质量、选择与创新等"非价格"因素的能力。因此,将传统经营者集中规制理念与审查框架运用于互联网行业时,会面临观念与技术的双重挑战。

(一)价值目标的挑战

反垄断法的主旨或者说价值目标,是国家在创制反垄断法的过程中,基于社会、经济、政治等因素的考虑,对其所赋予的特有价值使命。作为一部 21 世纪产生的法律,我国《反垄断法》是站在他人肩膀上的产物。我国《反垄断法》的特色之一即多方面借鉴了竞争政策发达国家和地区的经验,特别是美国法与欧盟法的经验。综观美国与欧盟,由于政治制度的差异和经济发展水平的不同,其经营者集中反垄断规制的价值目标在不同时期也呈现出不同的取向。但近年来,在工业经济向知识经济、数字经济、网络经济转轨的时代背景之下,美国与欧盟借助"消费者福利目标"的表述,在形式上实现了经营者集中反垄断规制价值目标的统一。美国当下的消费者福利目标实际折中了一元派对于价格理论确定性的推崇以及多元派对于消费者剩余的坚守,因此包括:保护消费者不受高价格、低产出的侵害,不受产品质量下降与产品多样性受损的侵害,将创新带来的利益赋予消费者。与此同时,现任欧盟竞争委员会专员的维斯塔格(Vestager)发表声明称:"经营者集中产生的损害并不仅意味着消费者将支出更高的费用,也应包括消费者选择受限、经营者停止创新以及消费者失去获取优质、新颖产品与服务的机会。"在欧盟竞争当局看来,经营者集中反垄断规制应当坚持消费者福利目标,其内容包括:价格降低、产量提高、产品与服务选择多样性的提升、技术创新的提升。因此,不论欧盟还是美国,消费者福利目标囊括了 5 个要素:价格降低、产量提高、质量升级、选择优化、创新提升。与之相应,我国反垄断法的价值目标也指向了经济效率与消费者利益,经营者集中反垄断规制的目标在全球平行审查的背景下通过"消费者福利"的文本表达实现了统一。然而,消费者福利目标中价格、产量、质量、选择与创新这 5 个要素其实是存在不同的指向。如何在现今消费者福利目标的 5 个要素之间进行权衡与

侧重，既决定着经济理论对经济现实的阐释方向，也影响着互联网行业经营者集中审查框架与审查步骤的具体适用。如果将产品与服务的价格、产量作为关注重点，实际秉承了经济效率一元论的价值目标。这样的权重匹配将规制目标定格为生产者剩余与消费者剩余加总的社会总福利目标。以社会总福利为出发点审视互联网行业的经营者集中，只要集中带来的经营者剩余增加超过了消费者剩余的减损，则不应当对其进行斥责，限制竞争也被认为是个别大企业提高经济效率的手段。在此观念指导下，创新与动态效率其实是无须实际测算的不确定期待或者说盖然性假设。在此创新期待下，市场进入相对容易以及市场份额不稳定性成为一种当然结论而非待证前提。经济效率一元论的视阈下，互联网行业普遍的垄断结构被视为"本身合法"。如果将产品与服务的质量、选择与创新相结合作为关注重点，实际延续了多元论的价值目标。这样的考量侧重将经营者集中规制价值目标的天平调回到消费者剩余的一边。为了确保消费者获得价格降低、产量提高、质量升级、选择优化与创新提升的福利，对于消费者数据、注意力的集中，以及对于关键技术与标准的集中，则不应盲目放行；对于集中后企业可能采取拒绝数据接入、拒绝技术许可、拒绝标准兼容等行为仍需严阵以待；从市场进入壁垒以及技术创新壁垒的角度，仍应对寡头平台经营者的市场控制力保持警惕。因此，如何根据互联网行业竞争与垄断的现实来斟酌消费者福利价值目标各考量要素之间的权重，以寻找出科学合理、相对稳定的最佳状态，成为互联网行业经营者集中规制亟待解决的问题。

（二）审查框架的挑战

经营者集中的反垄断审查框架指的是经营者集中审查的实体标准和该实体标准下的具体审查步骤与内容。我国的经营者集中审查以"限制、阻碍竞争"作为实体标准，与美国以及欧盟的"实质性减少有效竞争""严重妨碍有效竞争标准"趋同。然而，囿于实体标准本身的模糊性，经营者集中的反垄断审查框架的适用与落实实际由具体审查步骤来完成。通过学习与借鉴欧美经验，我国经营者集中的反垄断实质审查主要遵循以下步骤：首先，以市场界定为起点；其次，计算参与集中经营者的市场份额、市场集中度，评估集中是否具有排除、限制竞争效果；再次，考察集中是否具有抵消限制竞争效果的因素；最后，作出禁止决定或者设置救济措施。受芝加哥学派的影响，适用于传统行业的经营者集中审查步骤当中，不论是相关市场界定、市场力量推定，还是限制竞争效果的评估，都以价格理论为基础。基于价格理论，"反托拉斯法所要谴责的罪恶，是那种能够将价格提高到边际成本以上而增加利润的力量"。市场界定的目的，旨在判断市场中企业之间通过价格、产量相互制衡的能力。市场份额与市场力量的推定也基于企业对价格与产量的支配力的考察。竞争效果的分析，同样围绕着企业是否具备单方或者协同地提高产品价格、降低产量的动机与能力。也可以说，传统行业的经营者集中审查框架当中，价格与产出成为诠释所有竞争损害仅有的两个指标。相比于其他非价格指标，价格与产出显示出了不成比例的重要性。反观互联网行业，经营者之间的竞争形式已经从单一的价格竞争，转变为创新竞争、数据竞争与注意力竞争。随着互联网行业垄断结构的逐渐凸显，处于市场领先地位的互联网企业，其垄断行为也展现出区别于传统行业的特征：互联网企业可能通过数据集中、技术整合、算法监督，达成明示的共谋协议或默契的协同行为；互联网企业亦可以通过拒绝数据开放、拒绝技术许可、拒绝产品兼容、搭售、搜索引擎排序歧视等"非价格"形式，实施排他行为。互联网企业通过免费模式与平台模式将诸多产品与服务的价格直接设定为"0"，隐藏了显性的价格与产出指标。因此，贯穿于经营者集中审查框架各步骤的价格理论分析工具，在互联网行业面临适用挑战。在价格理论分析工具受限的情况下，市场界定的初衷如何实现，限制竞争效果与抗辩理由的评估如何展开，救济措施如何设置，成为互联网行业经营者集中审查框架无法回避的问题。

四、互联网行业经营者集中反垄断规制的解决思路

（一）价值目标的重塑

价值问题是反垄断立法与实施中的核心和前置问题。互联网行业经营者集中的反垄断规制，也应当首先解决价值目标的前置问题。通过确立合理适当价值目标，指导经营者集中审查的具体实践。市场经济当中，经营者开展竞争活动的根本意图是抢夺与消费者的交易机会。现代市场的竞争本质是一个争夺消费者的过程，竞争过程也是一个指向消费者的过程。从经济活动与经济发展的目的来看，消费者的需求调动了经营者的生产，"吸引消费者"是任一市场竞争行为的本质属性。在竞争关系中，只有确认消费者首先是受益者这个前提，才能够保障自由竞争、市场秩序的良性循环。因此，互联网行业经营者集中的反垄断规制必须坚守"保护消费者不受高价格、低产出的侵害，不受产品质量与产品多样化受损的侵害，将创新带来的利益赋予消费者"的消费者福利目标。进一步说，在互联网行业，经营者提供的产品与服务都以满足消费者需求为起点，也应以其为最终落脚点。互联网不仅成为经营者与消费者往来的媒介，更转变为一种围绕着消费者的生产、分配与交换方式。相较于传统行业，互联网行业的消费者以积极主动的状态参与到信息创造、价值创造的活动当中，消费者作为互联网经济发展的中坚力量也理应获取相应的制度回馈。正是因为消费者对于互联网行业所寄予的信任，促成了互联网行业中经营者"为了消费而生产"，消费者"为了生产而消费"的正向循环。因此，互联网行业经济效率提高所带来的社会财富增加，更应确保消费者共享其成果。由于互联网行业注意力竞争、个人信息竞争、创新能力竞争的特殊性，产品与服务多以价格为"0"的形式出现，这一定程度隐藏了经营者集中对于产品与服务质量、选择与创新可能造成的限制竞争损害。互联网行业经营者表现出的注意力集中、数据集中、技术标准集中等特质，也意味着消费者福利目标中的质量、选择、创新要素的重要性应当得到提升。

（二）审查框架的完善

无论欧美还是我国，均已确立起以"阻碍、限制竞争"为审查标准，以相关市场界定、限制竞争效果评估、救济措施设置为具体内容的经营者集中反垄断审查框架。因此，对于审查框架的完善，实际是在消费者福利目标确立的基础上，将质量、选择与创新的指标融入具体的审查步骤与内容之中。首先，互联网行业经营者集中的实质审查标准应当将侧重质量、选择与创新的消费者福利目标融入其中，从质量、选择、创新角度理解与适用"限制、阻碍竞争"标准。换言之，在互联网行业经营者集中审查时，"限制、阻碍竞争标准"可被进一步解释为判断拟议交易是否将"严重损害产品与服务的质量、选择与创新。"其次，界定互联网行业相关产品市场，可以引入质量指标，借助"SSNDQ"即质量明显且非暂时地下降，或者"SSNIC"即成本明显且非暂时地上升，代替"SSNIP"即价格明显且非暂时地提高，改进假定垄断者测试。在市场力量认定方面，可从消费者面对的转移成本壁垒以及竞争者面对技术创新壁垒两个方面，将以下因素加入市场力量的认定：（1）直接或者间接网络效应；（2）用户多归属以及转换成本；（3）网络效应背景下的规模经济；（4）数据接入；

(5) 创新驱动的竞争压力。再次，互联网行业经营者集中限制竞争效果评估，除了对价格与产量予以关注之外，从静态上，需要评估集中交易是否可能造成经营者对消费者注意力与个人信息的操纵；从动态上，需要评估集中交易是否可能阻碍其他企业的市场进入，是否封锁了数据原料与关键技术，是否延缓了新产品进入市场的速度，是否降低了产品的多样性，是否损害了消费者选择的能力与范围。以互联网企业横向合并的限制竞争效果评估为例，在单方效应评估当中，应当着重评估集中后经营者及其竞争对手对于关键技术、数据的收集、储存、使用、处理的能力对比，以此评估消费者转向其竞争对手的可能性以及竞争对手重新定位产品的可能性。在协同效应的评估当中，除了考察市场结构是否可能造成价格上涨以外，还需考察集中后市场中的企业是否会通过明示共谋与默契协同降低产品与服务的质量，抑或是减缓产品研发与投放市场的速度。再以互联网企业非横向合并限制竞争效果评估为例，在封锁效应的评估当中，纵向合并后企业可能运用的封锁策略，不再仅是收取更高原材料价格，集中后企业可以通过降低供应质量或者施加苛刻的供应条件，甚至拒绝交易来实现原料封锁。最后，在救济措施设置方面，由于互联网行业经营者集中之后主要采取拒绝数据接入、拒绝技术许可、拒绝产品兼容的策略，比起结构性救济措施，开放基础设施与网络以及许可关键技术与知识产权等行为性救济，可以更为有效地实现恢复相关市场竞争水平的目的。因此，以行为性救济措施为主，辅之救济措施的监督机制与矫正机制，可以保障互联网行业经营者集中救济的功能发挥。综上所述，互联网行业经营者集中主要涉及数据集中、注意力集中以及专利与技术标准集中，互联网行业经营者集中所产生与加强的市场力量，主要指向支配产品与服务质量、选择与创新等"非价格"因素的能力。因此，互联网行业经营者集中规制的完善径路可以从价值目标与审查框架入手：一方面，坚持消费者福利目标，保护消费者不受产品与服务质量下降、选择减少、创新延缓的损害；另一方面，将质量、选择与创新作为价格与产量的补充指标引入审查框架，从而提升相关市场界定、竞争效果评估、救济措施设置的合理性。

2. 阅读下面两个政府文件，作为一家生产节能建筑材料的初创企业，你觉得文件对企业产品尽快被市场和消费者认可有何帮助？作为企业应该关注哪些相关法律法规的制定和修改？企业自身应该做好哪些准备工作以迎接可能到来的商机？

【文件一】《国务院办公厅关于建立统一的绿色产品标准、认证、标识体系的意见》（国办发〔2016〕86号）

各省、自治区、直辖市人民政府，国务院各部委、各直属机构：

健全绿色市场体系，增加绿色产品供给，是生态文明体制改革的重要组成部分。建立统一的绿色产品标准、认证、标识体系，是推动绿色低碳循环发展、培育绿色市场的必然要求，是加强供给侧结构性改革、提升绿色产品供给质量和效率的重要举措，是引导产业转型升级、提升中国制造竞争力的紧迫任务，是引领绿色消费、保障和改善民生的有效途径，是履行国际减排承诺、提升我国参与全球治理制度性话语权的现实需要。为贯彻落实《生态文明体制改革总体方案》，建立统一的绿色产品标准、认证、标识体系，经国务院同意，现提出以下意见。

一、总体要求

（一）指导思想。以党的十八大和十八届三中、四中、五中、六中全会精神为指导，按照"五位一体"总体布局、"四个全面"战略布局和党中央、国务院决策部署，牢固树立创新、协调、绿色、开放、共享的发展理念，以供给侧结构性改革为战略基点，充分发挥标准与认证的战略性、基础性、引领性作用，创新生态文明体制机制，增加绿色产品有效供给，引导绿色生产和绿色消费，全面提升绿色发展质量和效益，增强社会公众的获得感。

（二）基本原则。坚持统筹兼顾，完善顶层设计。着眼生态文明建设总体目标，统筹考虑资源环境、产业基础、消费需求、国际贸易等因素，兼顾资源节约、环境友好、消费友好等特性，制定基于产品全生命周期的绿色产品标准、认证、标识体系建设一揽子解决方案。

坚持市场导向，激发内生动力。坚持市场化的改革方向，处理好政府与市场的关系，充分发挥标准化和认证认可对于规范市场秩序、提高市场效率的有效作用，通过统一和完善绿色产品标准、认证、标识体系，建立并传递信任，激发市场活力，促进供需有效对接和结构升级。

坚持继承创新，实现平稳过渡。立足现有基础，分步实施，有序推进，合理确定市场过渡期，通过政府引导和市场选择，逐步淘汰不适宜的制度，实现绿色产品标准、认证、标识整合目标。

坚持共建共享，推动社会共治。发挥各行业主管部门的职能作用，推动政、产、学、研、用各相关方广泛参与，分工协作，多元共治，建立健全行业采信、信息公开、社会监督等机制，完善相关法律法规和配套政策，推动绿色产品标准、认证、标识在全社会使用和采信，共享绿色发展成果。

坚持开放合作，加强国际接轨。立足国情实际，遵循国际规则，充分借鉴国外先进经验，深化国际合作交流，维护我国在绿色产品领域的发展权和话语权，促进我国绿色产品标准、认证、标识的国际接轨、互认，便利国际贸易和合作交往。

（三）主要目标。按照统一目录、统一标准、统一评价、统一标识的方针，将现有环保、节能、节水、循环、低碳、再生、有机等产品整合为绿色产品，到2020年，初步建立系统科学、开放融合、指标先进、权威统一的绿色产品标准、认证、标识体系，健全法律法规和配套政策，实现一类产品、一个标准、一个清单、一次认证、一个标识的体系整合目标。绿色产品评价范围逐步覆盖生态环境影响大、消费需求旺、产业关联性强、社会关注度高、国际贸易量大的产品领域及类别，绿色产品市场认可度和国际影响力不断扩大，绿色产品市场份额和质量效益大幅提升，绿色产品供给与需求失衡现状有效扭转，消费者的获得感显著增强。

二、重点任务

（四）统一绿色产品内涵和评价方法。基于全生命周期理念，在资源获取、生产、销售、使用、处置等产品生命周期各阶段中，绿色产品内涵应兼顾资源能源消耗少、污染物排放低、低毒少害、易回收处理和再利用、健康安全和质量品质高等特征。采用定量与定性评价相结合、产品与组织评价相结合的方法，统筹考虑资源、能源、环境、品质等属性，科学确定绿色产品评价的关键阶段和关键指标，建立评价方法与指标体系。

（五）构建统一的绿色产品标准、认证、标识体系。开展绿色产品标准体系顶层设计和系统规划，充分发挥各行业主管部门的职能作用，共同编制绿色产品标准体系框架和标准明细表，统一构建以绿色产品评价标准子体系为牵引、以绿色产品的产业支撑标准子体系为辅助的绿色产品标准体系。参考国际实践，建立符合中国国情的绿色产品认证与标识体系，统一制定认证实施规则和认证标识，并发布认证标识使用管理办法。

（六）实施统一的绿色产品评价标准清单和认证目录。质检总局会同有关部门统一发布绿色产品标识、标准清单和认证目录，依据标准清单中的标准组织开展绿色产品认证。组织相关方对有关国家标准、行业标准、团体标准等进行评估，适时纳入绿色产品评价标准清单。会同有关部门建立绿色产品认证目录的定期评估和动态调整机制，避免重复评价。

（七）创新绿色产品评价标准供给机制。优先选取与消费者吃、穿、住、用、行密切相关的生活资料、终端消费品、食品等产品，研究制定绿色产品评价标准。充分利用市场资源，鼓励学会、协会、商会等社会团体制定技术领先、市场成熟度高的绿色产品评价团体标准，增加绿色产品评价标准的市场供给。

（八）健全绿色产品认证有效性评估与监督机制。推进绿色产品信用体系建设，严格落实生产者对产品质量的主体责任、认证实施机构对检测认证结果的连带责任，对严重失信者建立联合惩戒机制，对违法违规行为的责任主体建立黑名单制度。运用大数据技术完善绿色产品监管方式，建立绿色产品评价标准和认证实施效果的指标量化评估机制，加强认证全过程信息采集和信息公开，使认证评价结果及产品公开接受市场检验和社会监督。

（九）加强技术机构能力和信息平台建设。建立健全绿色产品技术支撑体系，加强标准和合格评定能力建设，开展绿色产品认证检测机构能力评估和资质管理，培育一批绿色产品标准、认证、检测专业服务机构，提升技术能力、工作质量和服务水平。建立统一的绿色产品信息平台，公开发布绿色产品相关政策法规、标准清单、规则程序、产品目录、实施机构、认证结果及采信状况等信息。

（十）推动国际合作和互认。围绕服务对外开放和"一带一路"建设，推进绿色产品标准、认证认可、检验检测的国际交流与合作，开展国内外绿色产品标准比对分析，积极参与制定国际标准和合格评定规则，提高标准一致性，推动绿色产品认证与标识的国际互认。合理运用绿色产品技术贸易措施，积极应对国外绿色壁垒，推动我国绿色产品标准、认证、标识制度走出去，提升我国参与相关国际事务的制度性话语权。

三、保障措施

（十一）加强部门联动配合。建立绿色产品标准、认证与标识部际协调机制，成员单位包括质检、发展改革、工业和信息化、财政、环境保护、住房城乡建设、交通运输、水利、农业、商务等有关部门，统筹协调绿色产品标准、认证、标识相关政策措施，形成工作合力。

（十二）健全配套政策。落实对绿色产品研发生产、运输配送、消费采购等环节的财税金融支持政策，加强绿色产品重要标准研制，建立绿色产品标准推广和认证采信机制，支持绿色金融、绿色制造、绿色消费、绿色采购等政策实施。实行绿色产品领跑者计划。研究推行政府绿色采购制度，扩大政府采购规模。鼓励商品交易市场扩大绿色产品交易、集团采购商扩大绿色产品采购，推动绿色市场建设。推行生产者责任延伸制度，促进产品回收和循环利用。

（十三）营造绿色产品发展环境。加强市场诚信和行业自律机制建设，各职能部门协同加强事中事后监管，营造公平竞争的市场环境，进一步降低制度性交易成本，切实减轻绿色产品生产企业负担。各有关部门、地方各级政府应结合实际,加快转变职能和管理方式,改进服务和工作作风,优化市场环境,引导加强行业自律,扩大社会参与,促进绿色产品标准实施、认证结果使用与效果评价,推动绿色产品发展。

(十四)加强绿色产品宣传推广。通过新闻媒体和互联网等渠道,大力开展绿色产品公益宣传,加强绿色产品标准、认证、标识相关政策解读和宣传推广,推广绿色产品优秀案例,传播绿色发展理念,引导绿色生活方式,维护公众的绿色消费知情权、参与权、选择权和监督权。

国务院办公厅
2016 年 11 月 22 日

【文件二】《市场监管总局办公厅 住房和城乡建设部办公厅 工业和信息化部办公厅关于印发绿色建材产品认证实施方案的通知》(市监认证〔2019〕61 号)

各省、自治区、直辖市及新疆生产建设兵团市场监管局(厅、委)、住房和城乡建设厅(委、局)、工业和信息化主管部门:

为贯彻落实《质检总局 住房城乡建设部 工业和信息化部 国家认监委 国家标准委关于推动绿色建材产品标准、认证、标识工作的指导意见》(国质检认联〔2017〕544 号),推进绿色建材产品认证工作,市场监管总局、住房和城乡建设部、工业和信息化部制定了《绿色建材产品认证实施方案》,现印发给你们,请结合实际认真组织实施。

市场监管总局办公厅
住房和城乡建设部办公厅
工业和信息化部办公厅
2019 年 10 月 25 日

《绿色建材产品认证实施方案》

为推进实施绿色建材产品认证制度,健全绿色建材市场体系,增加绿色建材产品供给,提升绿色建材产品质量,促进建材工业和建筑业转型升级,根据《质检总局 住房城乡建设部 工业和信息化部 国家认监委 国家标准委关于推动绿色建材产品标准、认证、标识工作的指导意见》(国质检认联〔2017〕544 号,以下简称《指导意见》),制定本方案。

一、组织领导与保障

成立绿色建材产品标准、认证、标识推进工作组(以下简称"推进工作组"),由市场监管总局、住房和城乡建设部、工业和信息化部有关司局负责同志组成,负责协调指导全国绿色建材产品标准、认证、标识工作,审议绿色建材产品认证实施规则和认证机构技术能力要求,指导绿色建材产品认证采信工作。组建技术委员会,为绿色建材认证工作提供决策咨询和技术支持。

各省、自治区、直辖市及新疆生产建设兵团市场监管局(厅、委)、住房和城乡建设厅(委、局)、工业和信息化主管部门成立本地绿色建材产品工作组,接受推进工作组指导,负责协调本地绿色建材产品认证推广应用工作。

二、认证组织实施

(一)从事绿色建材产品认证的认证机构应当依法设立,符合《认证机构管理办法》基本要求，满足 GB/T 27065《合格评定产品、过程和服务认证机构要求》、RB/T 242《绿色产品认证机构要求》相关要求，具备从事绿色建材产品认证活动的相关技术能力。

（二）申请从事绿色建材认证的认证机构，可由省级住房和城乡建设主管部门、工业和信息化主管部门推荐，由市场监管总局商住房和城乡建设部、工业和信息化部后作出审批决定。

（三）绿色建材产品认证机构可委托取得相应资质的检测机构开展与绿色建材产品认证相关的检测活动，并对依据有关检测数据作出的认证结论负责。

（四）绿色建材产品认证目录由市场监管总局、住房和城乡建设部、工业和信息化部根据行业发展和认证工作需要，共同确定并发布。认证实施规则由市场监管总局商住房和城乡建设部、工业和信息化部后发布。

（五）绿色建材产品认证按照《指导意见》、本实施方案及《绿色建材评价标识管理办法》（建科〔2014〕75号）进行实施，实行分级评价认证，由低至高分为一、二、三星级，在认证目录内依据绿色产品评价国家标准认证的建材产品等同于三星级绿色建材。

三、认证标识

按照《绿色产品标识使用管理办法》（市场监管总局2019年第20号公告）要求，对认证目录内依据绿色产品评价国家标准认证的建材产品，适用"认证活动一"的绿色产品标识样式；对按照《绿色建材评价标识管理办法》（建科〔2014〕75号）认证的建材产品，适用"认证活动二"的绿色产品标识样式，并标注分级结果。

四、推广应用

（一）住房和城乡建设主管部门建立绿色建材采信应用数据库，并向社会公开。通过绿色建材评价认证的建材产品经审核后入库。对出现违规行为的企业或认证机构，要及时将相应的建材产品从数据库中清除。

（二）工业和信息化主管部门建立绿色建材产品名录，根据不同地域特点和市场需求，加强与下游用户的衔接，促进绿色建材推广应用，培育绿色建材示范产品和示范企业，推动绿色建材行业加快发展。

（三）各地住房和城乡建设主管部门、工业和信息化主管部门要结合实际制定本地绿色建材认证推广应用方案，鼓励工程建设项目使用绿色建材采信应用数据库中的产品，在政府投资工程、重点工程、市政公用工程、绿色建筑和生态城区、装配式建筑等项目中率先采用绿色建材。

五、监督管理

（一）各级市场监管、住房和城乡建设、工业和信息化部门充分发挥各自职能，对绿色建材产品生产、认证、采信应用等进行监督管理。

（二）对认证活动中出现的违法违规行为，应依法进行处罚，并将涉企行政处罚信息通过国家企业信用信息公示系统及全国绿色建材评价标识管理信息平台公布。

市场监管总局
2019年11月6日

第七章

商事主体融资及创业纠纷解决

【教学目标】

本章通过商事主体经营涉及的融资和商事争议问题引出创业中经常遇到的投资人权益纠纷和融资难题,在系统介绍证券法、民事诉讼法和仲裁法的基础上,让学生树立合法融资和依法解决商业纠纷的意识,了解主要融资品种的基本法律规范,熟悉不同争议解决方式的特点和基本流程,掌握选择融资模式和纠纷解决方式的基本技巧。

第一节 证券法

一、各类证券发行的适用法律

在中华人民共和国境内,股票、公司债券、存托凭证和国务院依法认定的其他证券的发行和交易,适用证券法;证券法未规定的,适用《中华人民共和国公司法》和其他法律、行政法规的规定。

政府债券、证券投资基金份额的上市交易,适用证券法;其他法律、行政法规另有规定的,适用其规定。资产支持证券、资产管理产品发行、交易的管理办法,由国务院依照证券法的原则规定。

二、证券发行、交易活动的基本原则

证券的发行、交易活动,必须遵循公开、公平、公正的原则。证券发行、交易活动的当事人具有平等的法律地位,应当遵守自愿、有偿、诚实信用的原则。证券的发行、交易活动,必须遵守法律、行政法规;禁止欺诈、内幕交易和操纵证券市场的行为。

三、证券发行

(一)公开发行证券

公开发行证券,必须符合法律、行政法规规定的条件,并依法报经国务院证券监督管理机构或者国务院授权的部门注册。未经依法注册,任何单位和个人不得公开发行证券。证券发行注册制的具体范围、实施步骤,由国务院规定。

有下列情形之一的,为公开发行:(1)向不特定对象发行证券;(2)向特定对象发行

证券累计超过200人，但依法实施员工持股计划的员工人数不计算在内；（3）法律、行政法规规定的其他发行行为。非公开发行证券，不得采用广告、公开劝诱和变相公开方式。

发行人申请公开发行股票、可转换为股票的公司债券，依法采取承销方式的，或者公开发行法律、行政法规规定实行保荐制度的其他证券的，应当聘请证券公司担任保荐人。

（二）公开发行新股的条件

公司首次公开发行新股，应当符合下列条件：（1）具备健全且运行良好的组织机构；（2）具有持续经营能力；（3）最近3年财务会计报告被出具无保留意见审计报告；（4）发行人及其控股股东、实际控制人最近3年不存在贪污、贿赂、侵占财产、挪用财产或者破坏社会主义市场经济秩序的刑事犯罪；（5）经国务院批准的国务院证券监督管理机构规定的其他条件。上市公司发行新股，应当符合经国务院批准的国务院证券监督管理机构规定的条件，具体管理办法由国务院证券监督管理机构规定。公开发行存托凭证的，应当符合首次公开发行新股的条件以及国务院证券监督管理机构规定的其他条件。

公司对公开发行股票所募集资金，必须按照招股说明书或者其他公开发行募集文件所列资金用途使用；改变资金用途，必须经股东大会作出决议。擅自改变用途，未作纠正的，或者未经股东大会认可的，不得公开发行新股。

（三）公开发行债券的条件

公开发行公司债券，应当符合下列条件：（1）具备健全且运行良好的组织机构；（2）最近3年平均可分配利润足以支付公司债券1年的利息；（3）国务院规定的其他条件。

公开发行公司债券筹集的资金，必须按照公司债券募集办法所列资金用途使用；改变资金用途，必须经债券持有人会议作出决议。公开发行公司债券筹集的资金，不得用于弥补亏损和非生产性支出。上市公司发行可转换为股票的公司债券，除应当符合前述规定的条件外，还应当遵守《证券法》第十二条第二款的规定。但是，按照公司债券募集办法，上市公司通过收购本公司股份的方式进行公司债券转换的除外。

（四）证券承销

发行人向不特定对象发行的证券，法律、行政法规规定应当由证券公司承销的，发行人应当同证券公司签订承销协议。证券承销业务采取代销或者包销方式。证券代销是指证券公司代发行人发售证券，在承销期结束时，将未售出的证券全部退还给发行人的承销方式。证券包销是指证券公司将发行人的证券按照协议全部购入或者在承销期结束时将售后剩余证券全部自行购入的承销方式。

证券公司承销证券，应当对公开发行募集文件的真实性、准确性、完整性进行核查。发现有虚假记载、误导性陈述或者重大遗漏的，不得进行销售活动；已经销售的，必须立即停止销售活动，并采取纠正措施。

四、证券交易

证券交易当事人依法买卖的证券，必须是依法发行并交付的证券。非依法发行的证券，不得买卖。

(一) 特定身份人员证券交易的限制

依法发行的证券,《中华人民共和国公司法》和其他法律对其转让期限有限制性规定的,在限定的期限内不得转让。上市公司持有5%以上股份的股东、实际控制人、董事、监事、高级管理人员,以及其他持有发行人首次公开发行前发行的股份或者上市公司向特定对象发行的股份的股东,转让其持有的本公司股份的,不得违反法律、行政法规和国务院证券监督管理机构关于持有期限、卖出时间、卖出数量、卖出方式、信息披露等规定,并应当遵守证券交易所的业务规则。

证券交易场所、证券公司和证券登记结算机构的从业人员,证券监督管理机构的工作人员以及法律、行政法规规定禁止参与股票交易的其他人员,在任期或者法定限期内,不得直接或者以化名、借他人名义持有、买卖股票或者其他具有股权性质的证券,也不得收受他人赠送的股票或者其他具有股权性质的证券。任何人在成为前款所列人员时,其原已持有的股票或者其他具有股权性质的证券,必须依法转让。实施股权激励计划或者员工持股计划的证券公司的从业人员,可以按照国务院证券监督管理机构的规定持有、卖出本公司股票或者其他具有股权性质的证券。

为证券发行出具审计报告或者法律意见书等文件的证券服务机构和人员,在该证券承销期内和期满后6个月内,不得买卖该证券。除前款规定外,为发行人及其控股股东、实际控制人,或者收购人、重大资产交易方出具审计报告或者法律意见书等文件的证券服务机构和人员,自接受委托之日起至上述文件公开后5日内,不得买卖该证券。实际开展上述有关工作之日早于接受委托之日的,自实际开展上述有关工作之日起至上述文件公开后5日内,不得买卖该证券。

(二) 证券交易场所

公开发行的证券,应当在依法设立的证券交易所上市交易或者在国务院批准的其他全国性证券交易场所交易。非公开发行的证券,可以在证券交易所、国务院批准的其他全国性证券交易场所、按照国务院规定设立的区域性股权市场转让。

(三) 证券内幕交易

禁止证券交易内幕信息的知情人和非法获取内幕信息的人利用内幕信息从事证券交易活动。证券交易活动中,涉及发行人的经营、财务或者对该发行人证券的市场价格有重大影响的尚未公开的信息,为内幕信息。《证券法》第八十条第二款、第八十一条第二款所列重大事件属于内幕信息。

证券交易内幕信息的知情人包括:(1) 发行人及其董事、监事、高级管理人员;(2) 持有公司5%以上股份的股东及其董事、监事、高级管理人员,公司的实际控制人及其董事、监事、高级管理人员;(3) 发行人控股或者实际控制的公司及其董事、监事、高级管理人员;(4) 由于所任公司职务或者因与公司业务往来可以获取公司有关内幕信息的人员;(5) 上市公司收购人或者重大资产交易方及其控股股东、实际控制人、董事、监事和高级管理人员;(6) 因职务、工作可以获取内幕信息的证券交易场所、证券公司、证券登记结算机构、证券服务机构的有关人员;(7) 因职责、工作可以获取内幕信息的证券监督管理机构工作人员；（8）因法定职责对证券的发行、交易或者对上市公司及其收购、重大资产交易进行管理可以获取内幕信息的有关主管部门、监管机构的工作人员；（9）国务院证券监督管理机构规定的可以获取内幕信息的其他人员。

证券交易内幕信息的知情人和非法获取内幕信息的人，在内幕信息公开前，不得买卖该公司的证券，或者泄露该信息，或者建议他人买卖该证券。

（四）操纵证券市场

禁止任何人以下列手段操纵证券市场，影响或者意图影响证券交易价格或者证券交易量：（1）单独或者通过合谋，集中资金优势、持股优势或者利用信息优势联合或者连续买卖；（2）与他人串通，以事先约定的时间、价格和方式相互进行证券交易；（3）在自己实际控制的账户之间进行证券交易；（4）不以成交为目的，频繁或者大量申报并撤销申报；（5）利用虚假或者不确定的重大信息，诱导投资者进行证券交易；（6）对证券、发行人公开作出评价、预测或者投资建议，并进行反向证券交易；（7）利用在其他相关市场的活动操纵证券市场；（8）操纵证券市场的其他手段。

五、上市公司的收购

（一）收购方式

投资者可以采取要约收购、协议收购及其他合法方式收购上市公司。通过证券交易所的证券交易，投资者持有或者通过协议、其他安排与他人共同持有一个上市公司已发行的有表决权股份达到5%时，应当在该事实发生之日起3日内，向国务院证券监督管理机构、证券交易所作出书面报告，通知该上市公司，并予公告，在上述期限内不得再行买卖该上市公司的股票，但国务院证券监督管理机构规定的情形除外。

（二）收购的实施

投资者持有或者通过协议、其他安排与他人共同持有一个上市公司已发行的有表决权股份达到5%后，其所持该上市公司已发行的有表决权股份比例每增加或者减少5%，应当依照前款规定进行报告和公告，在该事实发生之日起至公告后3日内，不得再行买卖该上市公司的股票，但国务院证券监督管理机构规定的情形除外。

投资者持有或者通过协议、其他安排与他人共同持有一个上市公司已发行的有表决权股份达到5%后，其所持该上市公司已发行的有表决权股份比例每增加或者减少1%，应当在该事实发生的次日通知该上市公司，并予公告。

通过证券交易所的证券交易，投资者持有或者通过协议、其他安排与他人共同持有一个上市公司已发行的有表决权股份达到30%时，继续进行收购的，应当依法向该上市公司所有股东发出收购上市公司全部或者部分股份的要约。

收购要约约定的收购期限不得少于30日，并不得超过60日。采取要约收购方式的，收购人在收购期限内，不得卖出被收购公司的股票，也不得采取要约规定以外的形式和超出要约的条件买入被收购公司的股票。采取协议收购方式的，收购人可以依照法律、行政法规的规定同被收购公司的股东以协议方式进行股份转让。以协议方式收购上市公司时，达成协议后，收购人必须在3日内将该收购协议向国务院证券监督管理机构及证券交易所作出书面报告，并予公告。在公告前不得履行收购协议。

六、信息披露

发行人及法律、行政法规和国务院证券监督管理机构规定的其他信息披露义务人，应当及时依法履行信息披露义务。信息披露义务人披露的信息，应当真实、准确、完整，简明清晰，通俗易懂，不得有虚假记载、误导性陈述或者重大遗漏。

上市公司、公司债券上市交易的公司、股票在国务院批准的其他全国性证券交易场所交易的公司，应当按照国务院证券监督管理机构和证券交易场所规定的内容和格式编制定期报告。

第二节 诉讼与仲裁

一、诉讼管辖

（一）普通管辖

对公民提起的民事诉讼，由被告住所地人民法院管辖；被告住所地与经常居住地不一致的，由经常居住地人民法院管辖。对法人或者其他组织提起的民事诉讼，由被告住所地人民法院管辖。同一诉讼的几个被告住所地、经常居住地在两个以上人民法院辖区的，各该人民法院都有管辖权。

（二）特殊管辖

因合同纠纷提起的诉讼，由被告住所地或者合同履行地人民法院管辖。

因公司设立、确认股东资格、分配利润、解散等纠纷提起的诉讼，由公司住所地人民法院管辖。

下列案件，由专属法院管辖：（1）因不动产纠纷提起的诉讼，由不动产所在地人民法院管辖；（2）因港口作业中发生纠纷提起的诉讼，由港口所在地人民法院管辖；（3）因继承遗产纠纷提起的诉讼，由被继承人死亡时住所地或者主要遗产所在地人民法院管辖。

合同或者其他财产权益纠纷的当事人可以书面协议选择被告住所地、合同履行地、合同签订地、原告住所地、标的物所在地等与争议有实际联系的地点的人民法院管辖，但不得违反本法对级别管辖和专属管辖的规定。

两个以上人民法院都有管辖权的诉讼，原告可以向其中一个人民法院起诉；原告向两个以上有管辖权的人民法院起诉的，由最先立案的人民法院管辖。

二、诉讼参加人及其权利

公民、法人和其他组织可以作为民事诉讼的当事人。法人由其法定代表人进行诉讼。其他组织由其主要负责人进行诉讼。

当事人有权委托代理人，提出回避申请，收集、提供证据，进行辩论，请求调解，提起上诉，申请执行。当事人可以查阅本案有关材料，并可以复制本案有关材料和法律文书。查阅、复制本案有关材料的范围和办法由最高人民法院规定。当事人必须依法行使诉讼权利，遵守诉讼秩序，履行发生法律效力的判决书、裁定书和调解书。

三、举证期限

当事人对自己提出的主张应当及时提供证据。人民法院根据当事人的主张和案件审理情况，确定当事人应当提供的证据及其期限。当事人在该期限内提供证据确有困难的，可以向人民法院申请延长期限，人民法院根据当事人的申请适当延长。当事人逾期提供证据的，人民法院应当责令其说明理由；拒不说明理由或者理由不成立的，人民法院根据不同情形可以不予采纳该证据，或者采纳该证据但予以训诫、罚款。

四、证据保全

在证据可能灭失或者以后难以取得的情况下，当事人可以在诉讼过程中向人民法院申请保全证据，人民法院也可以主动采取保全措施。因情况紧急，在证据可能灭失或者以后难以取得的情况下，利害关系人可以在提起诉讼或者申请仲裁前向证据所在地、被申请人住所地或者对案件有管辖权的人民法院申请保全证据。

五、送达

（一）直接送达

送达诉讼文书，应当直接送交受送达人。受送达人是公民的，本人不在交他的同住成年家属签收；受送达人是法人或者其他组织的，应当由法人的法定代表人、其他组织的主要负责人或者该法人、组织负责收件的人签收；受送达人有诉讼代理人的，可以送交其代理人签收；受送达人已向人民法院指定代收人的，送交代收人签收。受送达人的同住成年家属，法人或者其他组织的负责收件的人，诉讼代理人或者代收人在送达回证上签收的日期为送达日期。

（二）留置送达

受送达人或者他的同住成年家属拒绝接收诉讼文书的，送达人可以邀请有关基层组织或者所在单位的代表到场，说明情况，在送达回证上记明拒收事由和日期，由送达人、见证人签名或者盖章，把诉讼文书留在受送达人的住所；也可以把诉讼文书留在受送达人的住所，并采用拍照、录像等方式记录送达过程，即视为送达。

（三）邮寄、公告及其他送达方式

经受送达人同意，人民法院可以采用传真、电子邮件等能够确认其收悉的方式送达诉讼文书，但判决书、裁定书、调解书除外。采用前款方式送达的，以传真、电子邮件等到达受送达人特定系统的日期为送达日期。

直接送达诉讼文书有困难的，可以委托其他人民法院代为送达，或者邮寄送达。邮寄送达的，以回执上注明的收件日期为送达日期。

受送达人下落不明，或者用本节规定的其他方式无法送达的，公告送达。自发出公告之日起，经过 60 日，即视为送达。公告送达，应当在案卷中记明原因和经过。

六、调解

人民法院审理民事案件，根据当事人自愿的原则，在事实清楚的基础上，分清是非，进

行调解。人民法院进行调解，可以由审判员一人主持，也可以由合议庭主持，并尽可能就地进行。人民法院进行调解，可以用简便方式通知当事人、证人到庭。调解达成协议，必须双方自愿，不得强迫。调解协议的内容不得违反法律规定。调解达成协议，人民法院应当制作调解书。调解书应当写明诉讼请求、案件的事实和调解结果。调解书由审判人员、书记员署名，加盖人民法院印章，送达双方当事人。调解书经双方当事人签收后，即具有法律效力。

七、保全

人民法院对于可能因当事人一方的行为或者其他原因，使判决难以执行或者造成当事人其他损害的案件，根据对方当事人的申请，可以裁定对其财产进行保全、责令其作出一定行为或者禁止其作出一定行为；当事人没有提出申请的，人民法院在必要时也可以裁定采取保全措施。人民法院采取保全措施，可以责令申请人提供担保，申请人不提供担保的，裁定驳回申请。人民法院接受申请后，对情况紧急的，必须在48小时内作出裁定；裁定采取保全措施的，应当立即开始执行。

利害关系人因情况紧急，不立即申请保全将会使其合法权益受到难以弥补的损害的，可以在提起诉讼或者申请仲裁前向被保全财产所在地、被申请人住所地或者对案件有管辖权的人民法院申请采取保全措施。申请人应当提供担保，不提供担保的，裁定驳回申请。人民法院接受申请后，必须在48小时内作出裁定；裁定采取保全措施的，应当立即开始执行。申请人在人民法院采取保全措施后30日内不依法提起诉讼或者申请仲裁的，人民法院应当解除保全。

保全限于请求的范围，或者与本案有关的财物。

八、起诉的条件

起诉必须符合下列条件：（1）原告是与本案有直接利害关系的公民、法人和其他组织；（2）有明确的被告；（3）有具体的诉讼请求和事实、理由；（4）属于人民法院受理民事诉讼的范围和受诉人民法院管辖。

九、管辖权异议和应诉管辖

人民法院受理案件后，当事人对管辖权有异议的，应当在提交答辩状期间提出。人民法院对当事人提出的异议，应当审查。异议成立的，裁定将案件移送有管辖权的人民法院；异议不成立的，裁定驳回。当事人未提出管辖异议，并应诉答辩的，视为受诉人民法院有管辖权，但违反级别管辖和专属管辖规定的除外。

十、上诉和二审

当事人不服地方人民法院第一审判决的，有权在判决书送达之日起15日内向上一级人民法院提起上诉。当事人不服地方人民法院第一审裁定的，有权在裁定书送达之日起10日内向上一级人民法院提起上诉。

上诉应当递交上诉状。上诉状的内容，应当包括当事人的姓名、法人的名称及其法定代表人的姓名或者其他组织的名称及其主要负责人的姓名；原审人民法院名称、案件的编号和案由；上诉的请求和理由。

第二审人民法院对上诉案件，应当组成合议庭，开庭审理。经过阅卷、调查和询问当事人，对没有提出新的事实、证据或者理由，合议庭认为不需要开庭审理的，可以不开庭审理。第二审人民法院审理上诉案件，可以在本院进行，也可以到案件发生地或者原审人民法院所在地进行。

十一、审判监督程序

（一）法院依职权启动再审

各级人民法院院长对本院已经发生法律效力的判决、裁定、调解书，发现确有错误，认为需要再审的，应当提交审判委员会讨论决定。最高人民法院对地方各级人民法院已经发生法律效力的判决、裁定、调解书，上级人民法院对下级人民法院已经发生法律效力的判决、裁定、调解书，发现确有错误的，有权提审或者指令下级人民法院再审。

（二）当事人申请再审

当事人对已经发生法律效力的判决、裁定，认为有错误的，可以向上一级人民法院申请再审；当事人一方人数众多或者当事人双方为公民的案件，也可以向原审人民法院申请再审。当事人申请再审的，不停止判决、裁定的执行。

当事人的申请符合下列情形之一的，人民法院应当再审：（1）有新的证据，足以推翻原判决、裁定的；（2）原判决、裁定认定的基本事实缺乏证据证明的；（3）原判决、裁定认定事实的主要证据是伪造的；（4）原判决、裁定认定事实的主要证据未经质证的；（5）对审理案件需要的主要证据，当事人因客观原因不能自行收集，书面申请人民法院调查收集，人民法院未调查收集的；（6）原判决、裁定适用法律确有错误的；（7）审判组织的组成不合法或者依法应当回避的审判人员没有回避的；（8）无诉讼行为能力人未经法定代理人代为诉讼或者应当参加诉讼的当事人，因不能归责于本人或者其诉讼代理人的事由，未参加诉讼的；（9）违反法律规定，剥夺当事人辩论权利的；（10）未经传票传唤，缺席判决的；（11）原判决、裁定遗漏或者超出诉讼请求的；（12）据以作出原判决、裁定的法律文书被撤销或者变更的；（13）审判人员审理该案件时有贪污受贿，徇私舞弊，枉法裁判行为的。

十二、执行

发生法律效力的民事判决、裁定，以及刑事判决、裁定中的财产部分，由第一审人民法院或者与第一审人民法院同级的被执行的财产所在地人民法院执行。法律规定由人民法院执行的其他法律文书，由被执行人住所地或者被执行的财产所在地人民法院执行。

执行过程中，案外人对执行标的提出书面异议的，人民法院应当自收到书面异议之日起15日内审查，理由成立的，裁定中止对该标的的执行；理由不成立的，裁定驳回。案外人、当事人对裁定不服，认为原判决、裁定错误的，依照审判监督程序办理；与原判决、裁定无关的，可以自裁定送达之日起15日内向人民法院提起诉讼。

十三、仲裁的范围

平等主体的公民、法人和其他组织之间发生的合同纠纷和其他财产权益纠纷，可以仲裁。下列纠纷不能仲裁：（1）婚姻、收养、监护、扶养、继承纠纷；（2）依法应当由行政机关处理的行政争议。

十四、仲裁管辖

当事人采用仲裁方式解决纠纷,应当双方自愿,达成仲裁协议。没有仲裁协议,一方申请仲裁的,仲裁委员会不予受理。当事人达成仲裁协议,一方向人民法院起诉的,人民法院不予受理,但仲裁协议无效的除外。

仲裁委员会应当由当事人协议选定。仲裁不实行级别管辖和地域管辖。仲裁实行一裁终局的制度。裁决作出后,当事人就同一纠纷再申请仲裁或者向人民法院起诉的,仲裁委员会或者人民法院不予受理。裁决被人民法院依法裁定撤销或者不予执行的,当事人就该纠纷可以根据双方重新达成的仲裁协议申请仲裁,也可以向人民法院起诉。

十五、仲裁机构的设置

仲裁委员会可以在直辖市和省、自治区人民政府所在地的市设立,也可以根据需要在其他设区的市设立,不按行政区划层层设立。仲裁委员会由前款规定的市的人民政府组织有关部门和商会统一组建。设立仲裁委员会,应当经省、自治区、直辖市的司法行政部门登记。

仲裁委员会独立于行政机关,与行政机关没有隶属关系。仲裁委员会之间也没有隶属关系。

十六、仲裁协议的内容及效力

仲裁协议包括合同中订立的仲裁条款和以其他书面方式在纠纷发生前或者纠纷发生后达成的请求仲裁的协议。仲裁协议应当具有下列内容:(1)请求仲裁的意思表示;(2)仲裁事项;(3)选定的仲裁委员会。

有下列情形之一的,仲裁协议无效:(1)约定的仲裁事项超出法律规定的仲裁范围的;(2)无民事行为能力人或者限制民事行为能力人订立的仲裁协议;(3)一方采取胁迫手段,迫使对方订立仲裁协议的。

仲裁协议对仲裁事项或者仲裁委员会没有约定或者约定不明确的,当事人可以补充协议;达不成补充协议的,仲裁协议无效。仲裁协议独立存在,合同的变更、解除、终止或者无效,不影响仲裁协议的效力。

当事人对仲裁协议的效力有异议的,可以请求仲裁委员会作出决定或者请求人民法院作出裁定。一方请求仲裁委员会作出决定,另一方请求人民法院作出裁定的,由人民法院裁定。当事人对仲裁协议的效力有异议,应当在仲裁庭首次开庭前提出。

十七、申请仲裁的条件

当事人申请仲裁应当符合下列条件:(1)有仲裁协议;(2)有具体的仲裁请求和事实、理由;(3)属于仲裁委员会的受理范围。

十八、仲裁庭的组成

仲裁庭可以由3名仲裁员或者1名仲裁员组成。由3名仲裁员组成的,设首席仲裁员。当事人约定由3名仲裁员组成仲裁庭的,应当各自选定或者各自委托仲裁委员会主任指定1名仲裁员,第三名仲裁员由当事人共同选定或者共同委托仲裁委员会主任指定。第三名仲裁员是首席仲裁员。事人约定由1名仲裁员成立仲裁庭的,应当由当事人共同选定或者共同委托仲裁委员会主任指定仲裁员。当事人没有在仲裁规则规定的期限内约定仲裁庭的组成方式或者选定仲裁员的,由仲裁委员会主任指定。

十九、仲裁调解

仲裁庭在作出裁决前,可以先行调解。当事人自愿调解的,仲裁庭应当调解。调解不成的,应当及时作出裁决。调解达成协议的,仲裁庭应当制作调解书或者根据协议的结果制作裁决书。调解书与裁决书具有同等法律效力。调解书应当写明仲裁请求和当事人协议的结果。调解书由仲裁员签名,加盖仲裁委员会印章,送达双方当事人。调解书经双方当事人签收后,即发生法律效力。在调解书签收前当事人反悔的,仲裁庭应当及时作出裁决。

二十、申请撤销仲裁裁决

当事人提出证据证明裁决有下列情形之一的,可以向仲裁委员会所在地的中级人民法院申请撤销裁决:(1)没有仲裁协议的;(2)裁决的事项不属于仲裁协议的范围或者仲裁委员会无权仲裁的;(3)仲裁庭的组成或者仲裁的程序违反法定程序的;(4)裁决所根据的证据是伪造的;(5)对方当事人隐瞒了足以影响公正裁决的证据的;(6)仲裁员在仲裁该案时有索贿受贿,徇私舞弊,枉法裁决行为的。人民法院经组成合议庭审查核实裁决有前款规定情形之一的,应当裁定撤销。人民法院认定该裁决违背社会公共利益的,应当裁定撤销。

二十一、仲裁裁决的执行

当事人应当履行仲裁裁决。一方当事人不履行的,另一方当事人可以依照民事诉讼法的有关规定向人民法院申请执行。受申请的人民法院应当执行。

本章思考练习题

1. 结合下面的资料,思考创业者应如何在公司章程中预设机制防范股东控制权纠纷发生?如果纠纷不可避免,那么在诉讼和仲裁这两种争议解决方式上应如何进行取舍?

创业公司股权纠纷和公司控制权

创业公司常见的股权纠纷是这样的:公司的注册资本是100万元,有3个股东,老大出55万元,老二出30万元,老三出15万元,并约定按照持股比例享有表决权和分红权。公司成立后,经过几年的辛苦打拼,占据了一定的市场份额,也吸收了两笔天使投资。就在公司蓬勃发展,蒸蒸日上的时候,问题出现了,股东不合,老二闹着要走,但退股价格谈不妥。老大和老三主张按照出资额加一定收益退股,而老二要求按照吸收天使投资人时的估值水平来退股。站在老大和老三的角度,公司刚刚开始盈利,老二要走就是在拆台。退股的要价高得离谱,是绝对无法接受的。老二则在想,公司的发展离不开自己,现在让自己低价转让股权,有卸磨杀驴之嫌。股权是自己真金白银买的,低价转让不合理。老大和老三就想收回老二的股权,但对于股东离职是否要退股,章程和协议都没有过约定,还收不回来。老二想公司按照合理价格回购股权，根据法律规定，小股东可以请求公司回购股权，但是有条件的。《公司法》第七十四条规定，有下列情形之一的，对股东会该项决议投反对票的股东可以请求公司按照合理的价格收购其股权：（1）公司连续5年不向股东分配利润，而公司该五年连续盈利，并且符合本法规定的分配利润条件的；（2）公司合并、分立、转让主要财产的；（3）公司章程规定的营业期限届满或者章程规定的其他解散事由出现，股东会会议通过决议修改章程使公司存续的。自股东会会议决议通过之日起60日内，股东与公司不能达成股权收购协议的，股东可以自股东会会议决议通过之日起90日内向人民法院提起诉讼。哪一条都不满足，老二只能忍着啦！老大和老三犯愁了，他们确实没理由把老二的股权收回来。但是，公司经营中，老二经常各种使坏（股东拥有N项权利），老大和老三看着他就别扭；以后公司赚钱了，老二躺着赚钱，怎么办？最后，创始人内部陷入无穷尽的内斗，投资人碍于股权纠纷也不敢投资，企业凝聚力散尽。

规划股权结构就是公司的顶层设计，它是公司这座大厦的基础，它的背后是资源如何配置、利益如何分配、公司治理和企业文化。它关系着公司的战略能否落地，经营是否顺利，股东的利益是否得到保护。既然股权结构如此重要，那么如何分配合适呢？创业伙伴多是朋友关系、同学关系、亲属关系。入伙时，大家各种好，什么问题都不说，对困难、问题采取一种理想化的处理方式。这就是典型的只有股权的进入机制，而没有调整机制，更没有退出机制。反思一系列创业事故，股权在设计时，需要把握以下三点：

第一，股权结构要反映股东的真实价值。大多数创业公司的标准组合是互补型的，一个管理，一个技术，一个销售，分配股权的时候，要考虑3个人的真实价值。在考虑3人的真实价值时，从三个维度分析：（1）时间维度，技术研发需要的时间比较长，也会为企业带来核心的竞争力，而销售通常只能带来短期的效应，而管理职能介于中间。（2）财务收益维度，销售会为企业带来直接的收益，立竿见影；而技术转变为销售竞争力则需要很长的时间，不确定性也很大；而管理会带来规范和效率，介于中间。（3）市场稀缺维度，市场稀缺维度决定着价值，技术的稀缺度最高，管理的稀缺度次之，而销售的稀缺度最低。因此，技术、管理、市场对应着老大、老二、老三，这样也是比较稳定合理的方式。其中需要注意，在有多个合伙人的情况下，需要确立一个核心创始人，然后由其组建主导团队的方向。核心创始人应当具备较强的战略规划能力，并集中指挥，使整个团队的执行保持高效；不建议使用多核心的创始人结构，那会导致团队的协调和配合十分低效。

第二，股权结构的核心是控股权。根据《公司法》第四十三条的规定，股东会修改公司章程、增加或者减少注册资本，以及合并、分立、解散或者变更公司形式，必须经代表2/3以上表决权的股东通过。除此之外，如章程没有特殊约定的话，表决权超过1/2即可通过。因此，将控股权分为完美控股、绝对控股、相对控股。（1）完美控股型，这种控股权的典型分配方式是核心创始人占2/3以上的股权，拥有最终的拍板权。其他合伙人和员工持股占剩余的股权。该模式适用于创始人投钱最多，能力最强的情况。（2）绝对控股型，这种控股权的典型分配方式是核心创始人占51%的股权，其他合伙人和员工持股占剩下的股权。这种模型下，除了少数事情（如增资、解散、更新章程等）需要集体决策，其他绝大部分事情还是核心创始人一个人就能拍板。（3）相对控股型，这种控股权的典型分配方式是核心创始人占的股权最多，但没超过50%，其他合伙人和员工持股占剩下的股权。这种模型主要适用于合伙人团队能力互补，每个人能力都很强，老大只是有战略相对优势的情况，所以合伙人的股权就相对平均一些。

控股权模型是最能被接受的公司控制方式，但它不利于吸收投资，在融资过程中有以下3个缺点：（1）股权溢价没归公司而只是肥了股东。为了吸收投资，可能会预留投资人股份，但存在很大的问题。投资人从老股东手里买股份，这属于股权转让。从法律关系上来讲，这是投资人跟创业者个人股份之间的关系，不是跟公司之间的关系。这个钱进不了公司账户，而成为创始人个人变现，不是公司融资。（2）会产生较高的税负。创始人为了维持自身的控股权，会更倾向于转让股权，而不是增资的方式来扩充资本。在转让股权时，投资人出很高的溢价进来，税负很重。具体如下：原始投资100万元，A、B、C股东各占50%、30%、20%股权，D是投资人，希望占有20%股权，投资款为100万元，他有两种投资方式。股权转让方式：用100万元购买A、B、C手中20%的股权，总税费 = (100 − 20) × 20% + 1000000 × 0.05% × 2 = 16.1（万元）。股权增资方式：用100万元增资，总税费 = 1000000 × 0.05% × 2 = 0.1（万元）。与增资方式相比，股权转让的税负很重。（3）强调控股权，将导致股权激励的方式较少。强调控股权，会导致股权激励的手段单一，只能是提前预留部分股权，预留的方式是股权代持或者持股平台。刚开始创业时，合伙人行不行，其实是个未知数。公司发展一段时期以后，如果有更合适的合伙人，如何让其成为股东呢？此时，预留的股权能一部分解决这个问题。但对于公司长久的发展不利。

创业公司在成长过程中，需要不断的融资，因此，股权就会被不断的稀释。在IPO时，创始人占股30%以下是很普遍的情况。这就导致创始人不能通过传统的控股权结构来控制公司，那么有没有其他方法呢？在法律法规允许的范围内，可以采用以下的控制方式。

第一，投票权委托。这种方式，国内最典型的是京东。京东为了完成发展，上市之前"烧"了很多钱，导致刘强东的股份很少。为了维持控制权，京东对后来的投资人设置了投资门槛，要投资就把投票权委托给刘强东，刘强东在上市前只有20%的京东股份，却有超过50%的投票权。

第二，一致行动人约定。股东间约定，所有事项先在董事会内部进行民主协商，得到一致的意见，否则就以老大的意见为准。这种模式不涉及章程的修改，只是在股东之间作出约定。

第三，设立持股平台。持股平台可以是合伙企业，也可以是有限公司。为了满足股权激励的同时，维持控制权，可以设立有限合伙。老大可以把合伙人、员工的股份放在员工持股平台上，以此把合伙人跟员工的股权全部集中到自己手里。这是因为有限合伙企业的合伙人分为普通合伙人和有限合伙人。《合伙企业法》第六十七条规定：有限合伙企业由普通合伙人执行合伙事务。因此，普通合伙人即使只持有1‰的股份，但通过合伙协议的安排，也可以控制持股平台。而有限合伙人取得的是经济利益，没有损害老大的控股权。

第四，AB股结构。AB股，实质是同股不同权。《公司法》第四十二条规定，股东会会议由股东按照出资比例行使表决权，但是公司章程另有规定的除外。因此，通过修改章程，设定AB股，可以维持创始人的控股权。AB股计划，可以是把外部投资人设置为一股有一个投票权，而创始人的一股有10个投票权或者有20个投票权，这样创始人就可以掌握股东会的表决权。

第五，控制型治理结构。控制权可以是多方面的，既可以是股东会层面的控制权，也可以是治理结构层面的控制权。根据《公司法》规定，章程可以对董事会的议事方式和表决程序做出特殊约定。在股权没有稀释以前,通过章程对公司的治理结构、高管分配做出提前设计,就可以维护实际的控制权。如设置创始人的一票否决权和争执不下时的双票制。

2. 某公司打算通过中期票据方式向市场融资,请你结合公司法和证券法相关规定及后文参考资料帮助这家企业拟定一份发行材料清单。

《银行间债券市场中期票据业务指引》

第一条 为规范非金融企业在银行间债券市场发行中期票据的行为,根据中国人民银行《银行间债券市场非金融企业债务融资工具管理办法》及中国银行间市场交易商协会(以下简称"交易商协会")相关自律规则,制定本指引。

第二条 本指引所称中期票据,是指具有法人资格的非金融企业(以下简称"企业")在银行间债券市场按照计划分期发行的,约定在一定期限还本付息的债务融资工具。

第三条 企业发行中期票据应依据《银行间债券市场非金融企业债务融资工具注册规则》在交易商协会注册。

第四条 企业发行中期票据应遵守国家相关法律法规,中期票据待偿还余额不得超过企业净资产的40%。

第五条 企业发行中期票据所募集的资金应用于企业生产经营活动,并在发行文件中明确披露具体资金用途。企业在中期票据存续期内变更募集资金用途应提前披露。

第六条 企业发行中期票据应制定发行计划,在计划内可灵活设计各期票据的利率形式、期限结构等要素。

第七条 企业应在中期票据发行文件中约定投资者保护机制,包括应对企业信用评级下降、财务状况恶化或其他可能影响投资者利益情况的有效措施,以及中期票据发生违约后的清偿安排。

第八条 企业发行中期票据除应按交易商协会《银行间债券市场非金融企业债务融资工具信息披露规则》在银行间债券市场披露信息外,还应于中期票据注册之日起3个工作日内,在银行间债券市场一次性披露中期票据完整的发行计划。

第九条 企业发行中期票据应由已在中国人民银行备案的金融机构承销。

第十条 中期票据投资者可就特定投资需求向主承销商进行逆向询价,主承销商可与企业协商发行符合特定需求的中期票据。

第十一条 企业发行中期票据应披露企业主体信用评级。中期票据若含可能影响评级结果的特殊条款,企业还应披露中期票据的债项评级。

第十二条 在注册有效期内,企业主体信用级别低于发行注册时信用级别的,中期票据发行注册自动失效,交易商协会将有关情况进行公告。

第十三条 中期票据在债权债务登记日次一工作日即可在全国银行间债券市场机构投资者之间流通转让。

第十四条 本指引自公布之日起施行。

参考文献

范健. 商法学 [M]. 北京：高等教育出版社，2019.
范健. 商法总论 [M]. 北京：法律出版社，2020.
米新丽. 商法学：原理与案例 [M]. 2版. 北京：对外经济贸易大学出版社，2015.
施天涛. 商法学 [M]. 6版. 北京：法律出版社，2020.
王传辉. 新编商法教程 [M]. 3版. 北京：清华大学出版社，2015.
杨紫烜. 经济法 [M]. 4版. 北京：北京大学出版社，2013.
赵中孚. 商法通论 [M]. 6版. 北京：中国人民大学出版社，2017.